MARKETING PRICING TACTICS

마케팅 가격전술

곽영식 · 홍재원 · 이윤경

pnc
publishing and culture
피앤씨미디어

머리말 Preface

저자들은 지난 20여 년간 가격책정에 관한 국내외 프로젝트를 수행하면서 우리나라 마케터들이 스스로 자신의 상품(제품 또는 서비스)에 대해 고객 시각으로 가격책정을 할 수 있는 구체적인 방법과 사례를 학습할 수 있는 책이 필요하다고 절감하였다. 저자의 눈에는 많은 기업들이 가격책정 과정에서 숨겨진 이익(hidden profit)을 모두 찾지 못한 채 가격을 결정하고 있는 것으로 보인다. 즉, 시간과 함께 이익을 공중에 흘리고 있다고 느낀다.

첫째, 이 책은 마케터들이 자신이 판매하는 상품의 5가지 가격관련 의사결정을 돕기 위해 쓰여졌다.

1) 가격수준 의사결정

BTS는 Maroon5나 Coldplay보다 유료 온라인 콘서트 관람료를 높게 받아야 하나 낮게 받아야 하나? 그 가격 차이는 얼마인가?

2) 가격체계 의사결정

현재 CGV는 1년에 20번 극장을 찾는 고객과 3번도 관람하지 않는 고객 간에 영화관람료가 동일하다. 관람횟수에 따라 가격을 다르게 매겨야 하지 않을까?

3) 가격지불단위 의사결정

대한항공은 나이를 기준으로 성인요금과 아동요금으로 구분하여 항공운임을 받는다. 사모아항공은 나이와 무관하게 '몸무게'로 항공운임을 받는다. 가격지불단위가 몸무게이다.

4) 가격지불시점 의사결정

한국의 대학교등록금은 선불제이다. 미국의 대학교 등록금은 후불제를 선택할 수 있다.

5) 가격노출 의사결정

스타벅스 메뉴판은 상품별로 군집화되어 있고 군집 내에서 내림차순으로 나열되어 있다. 맘스터치는 내림차순도 오름차순도 아니다. 내림차순이 좋을까? 오름차순이 좋을까? 어떤 식으로 가격을 보여주는 것이 이익이 많이 날까?

우리는 위와 같은 다양한 질문에 대한 답을 이 책을 통해 찾을 수 있도록 했다.

둘째, 대면 및 비대면 상품, 서비스, 콘텐츠의 가격결정에 응용할 수 있도록 사례와 방법론을 준비했다.

셋째, 이 책은 workbook 형태이다. 각 가격주제별로 사례, 방법, 독자들의 연습으로 구성되어 있어서, 마케터가 실전연습을 할 수 있도록 했다.

이 책을 통해 창업자나 마케터가 이익을 길가에 흘리지 말고, 그들의 주머니에 들어갔으면 좋겠다. 그와 동시에 고객들에게는 가치를 제공하면서 말이다.

2021. 3.

곽영식, 홍재원, 이윤경

차 례
Contents

Part 1 가격의 중요성과 그 책정의 어려움

Chapter 01 가격의 이해

Chapter 02 가격에 영향을 주는 요인

01

가격의 중요성과 그 책정의 어려움

가격은 상품(제품(product) 혹은 서비스(service)를 통칭)의 가치를 화폐단위로 표시한 것이다. 상품을 매개체로 해서 판매자(sellers)는 가치를 제공하고 그 대신에 현금을 얻는다. 구매자(buyers)는 상품의 가치를 얻는 대신에 현금을 내어 주어야 한다.

따라서 고객이 지불하고자 하는 가격은 상품의 가치에 달려있다. 그런 측면에서 마케터는 자신의 상품가치에 걸맞는 가격을 책정해야 한다. 하지만 많은 기업들이 고객이 느끼는 상품가치에 대한 측정 없이 원가를 기준으로 가격을 매기거나 경쟁사의 가격에 대응하는 가격을 매기기도 한다. 각 기업이 맞이한 상황에 따라 고객가치에 의한 가격책정이 이루어지지 않거나 관습적인 가격책정방법을 택하고 있는 것이다.

Chapter 1에서는 가격의 중요성을 기업의 생존측면에서 강조하고, 기업 내에서 마케터가 가격책정과 관련하여 내리는 의사결정종류를 나열해 본다. 이를 통해 이 책의 독자는 마케터가 가격과 관련해서 기업에서 무슨 일을 해야 하는지를 알 수 있을 것이다.

Chapter 2에서는 가격을 매길 때 마케터가 고려해야 하는 요인들을 간단히 나열하고, 마케터가 가격의사결정 때 점검해야 하는 checklist를 제공한다.

구매자 입장		판매자(기업) 입장
상품(제품이나 서비스)을 구매하는 대가로 지불하는 금액	거래 (transaction)	상품(제품이나 서비스)을 제공하거나 판매하는 대가로 회수하는 금액
Cash outflow(현금 지출) Loss(손실)	상품 (제품 혹은 서비스)	Cash inflow(현금 유입) or Gain (영업이익을 얻는 유일한 기업의 수단)
Value 획득		Value 제공

Chapter 1

가격의 이해

1. 가격의 중요성: 이익을 창출하는 가격

경영은 사업(業)을 효과적(effective)이고 효율적(efficient)으로 운영하기 위해 사람, 물건, 돈을 잘 짜서 배치하는 것이다. 경영학에서는 사람 및 조직과 관련된 효율적 방안을 배우는 것이 인사조직관리이고, 돈과 관련되어 재무관리와 투자론을 배우며, 상품과 관련해서는 생산방안을 모색하는 생산관리, 고객과 상품거래를 통해 가치를 창조하는 마케팅을 배운다.

이 경영과정에서 회사에 돈이 들어오는 원천(source)은 단 두 개 분야이다. 경영의 이익은 '영업이익'과 '자본이익'으로 구분되는데, 영업이익은 마케팅의 '가격'에서만 창출되고, 자본이익은 '재무관리'에서만 창출된다. 경영의 나머지 요소의 행위들은 모두 '비용(cost)'을 발생시킬 뿐이다.

그림 1-1 이익창출 원천인 가격

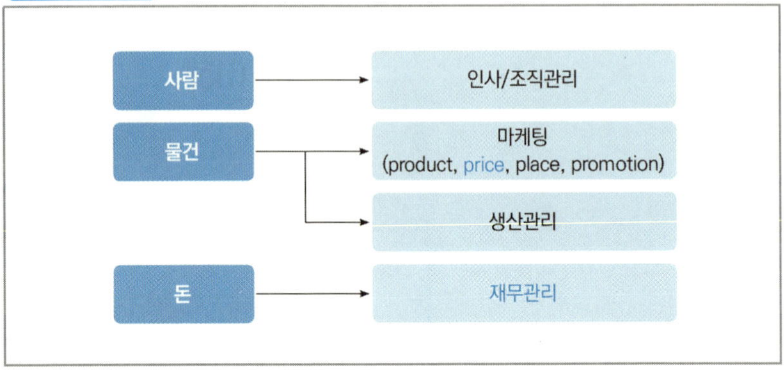

따라서 영업이익의 최선봉에 상품의 가격이 있는데, 우리가 구체적인 상품가격에 대해서는 학교에서 거의 배우지 않는다. 대부분의 사람들은 기업에 들어가서야 그 산업과 그 회사의 관습과 경영자 판단에 의한 가격을 학습하게 된다.

그리고 가격마다 성과를 내는 정도에서 차이가 발생한다. 어느 가격은 손해를 볼 수 있고, 어느 가격은 이익을 최대로 하고, 어느 가격은 판매량을 최대로 할 수 있다. 또한 어느 가격은 고객을 창출하지 못하는 경우도 있다. 그래서 우리는 마케터가 자신의 취급하는 상품마다 〈그림 1–2〉처럼 가격대별 판매량, 판매액, 비용, 이익을 알고 있어야 한다. 그래야 자신의 회사목적에 맞는 가격수준을 결정할 수 있기 때문이다. 이 책의 목적은 〈그림 1–2〉와 같은 표를 마케터마다 가질 수 있도록 사례와 방법 및 실습을 제공하는 것이다.

그림 1-2 가격마다 판매량과 이익창출능력이 다르다!

가격(원)	예상 판매량	판매액	비용	이익	
2,500	17.1	42,754	22,232	20,522	
3,000	20.2	60,731	26,317	34,414	
3,500	22.1	77,485	28,780	48,705	
4,000	22.8	91,390	29,702	61,688	← 판매량 최대가격
4,500	22.6	101,511	29,326	72,186	
5,000	21.5	107,540	27,960	79,579	
5,500	19.9	109,645	25,916	83,729	← 매출액 최대가격
6,000	18.1	108,311	23,467	84,844	← 이익 최대가격
6,500	16	104,189	20,838	83,351	
7,000	14	97,983	18,197	79,786	
7,500	12	90,367	15,664	74,704	
8,000	10.2	81,941	13,315	68,626	
8,500	8.6	73,200	11,195	62,005	

2. 가격의사결정의 종류

경영자가 아닌 실무마케터가 기업활동과정에서 가격 관련하여 내려야 할 의사결정은 아래와 같이 정리할 수 있다. 여기에서는 간단한 개념만 일단 제공하고, 그 상세한 내용은 Part 2에서 가격수준의사결정, Part 3에서 가격체계, 가격지불단위, 가격지불시점, 가격노출전술을 별도로 다룬다.

그림 1-3 가격의사결정의 분류

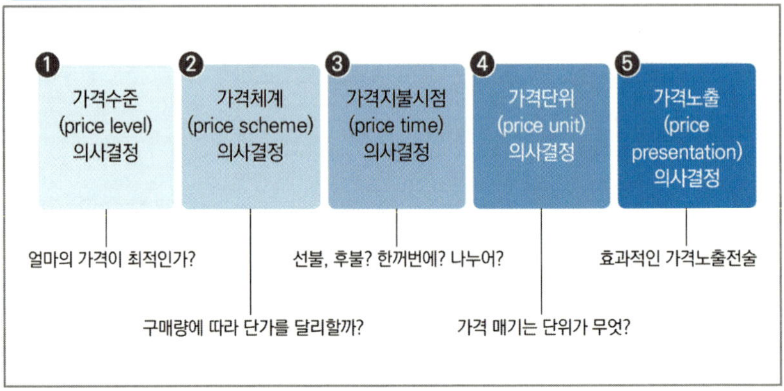

2.1. 가격수준 의사결정

이 의사결정은 상품의 가격을 높게 매길까 낮게 매길까에 관련된

그림 1-4 가격수준 의사결정의 종류

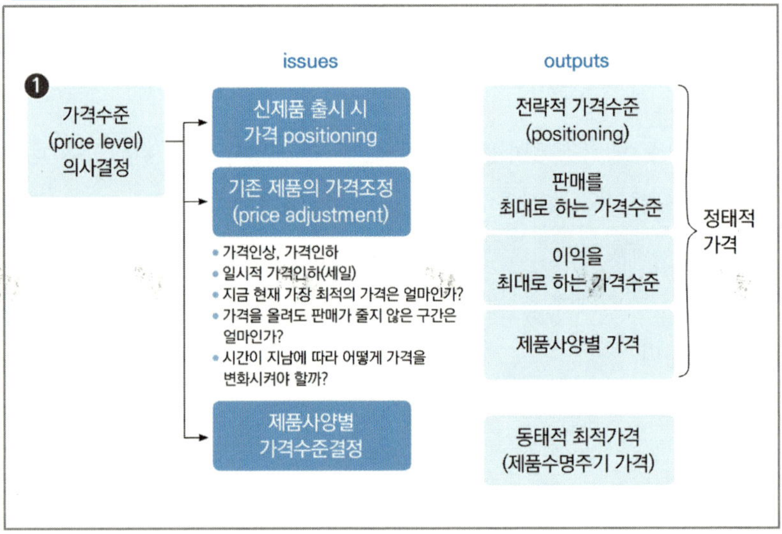

그림 1-5 가격반응함수에 의한 판매량, 판매액, 이익 최대가격수준결정

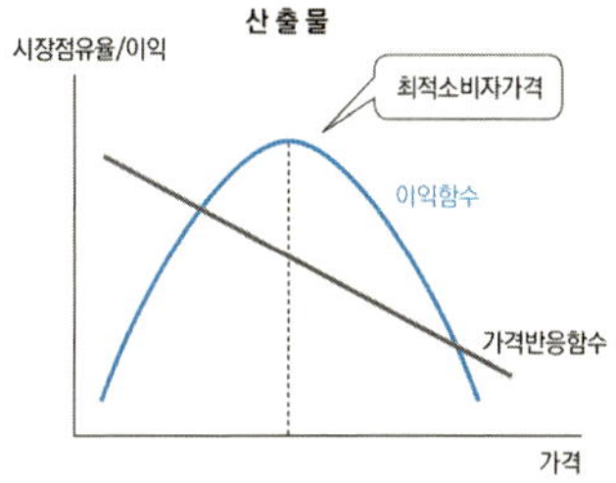

가격(원)	예상판매량	판매액	비용	이익	
2,500	17.1	42,754	22,232	20,522	
3,000	20.2	60,731	26,317	34,414	
3,500	22.1	77,485	28,780	48,705	
4,000	22.8	91,390	29,702	61,688	← 판매량 최대가격
4,500	22.6	101,511	29,326	72,186	
5,000	21.5	107,540	27,960	79,579	
5,500	19.9	109,645	25,916	83,729	← 매출액 최대가격
6,000	18.1	108,311	23,467	84,844	← 이익 최대가격
6,500	16	104,189	20,838	83,351	
7,000	14	97,983	18,197	79,786	
7,500	12	90,367	15,664	74,704	
8,000	10.2	81,941	13,315	68,626	
8,500	8.6	73,200	11,195	62,005	

것이다. 이 의사결정은 포지셔닝과도 관련되어 있다. 이 가격수준은 경영자의 感에 의해 결정할 것이 아니고, 반드시 구매자 시각에서 〈그림 1-5〉와 같은 가격반응을 파악한 후 설정해야 할 문제이다.

즉, 가격수준 의사결정은 크게 ① 신제품 출시가격, ② 기존 제품의 가격변경(price adjustment)로 구분된다. 두 의사결정은 반드시 아래와 같이 가격반응함수에 의한 판매량, 판매액, 이익을 최대로 하는 가격수준을 확인한 다음에 이루어져야 한다.

기존제품의 가격조정(price adjustment)이 이루어지는 것의 바탕에도 고객이 얼마의 가격을 지불할지를 계량적으로 측정하는 것이 필요하다. 예를 들어 제품사양이 변화하였을 때도 고객의 지불용의가격을 측정해야 한다. 아래 사례는 코드리스(cordless) 청소기에 대해 고객은 얼마나 더 지불할 용의가 있을까에 대한 답을 구한 저자들의 프로젝트 결과치이다.

그림 1-6 제품사양변화에 따른 기존제품 가격수준변경

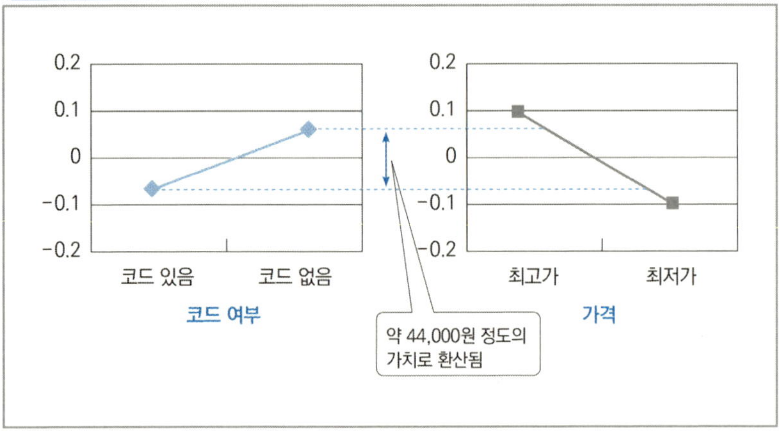

다양한 기업의 다양한 상황에서 가격조정이 필요할 때가 있다.

- 오리온이 중국에서 팔리는 초코파이의 크기를 10% 증가시키려 했을 때 중국목표시장 고객이 얼마나 더 가격을 지불할 용의가 있을까?
- 2020년에 오리온이 컵밥의 용량을 20% 증가시켰는데 얼마의 가격을 인상해야 하나?
- 2020년 이후 코로나19의 팬데믹 상황을 맞이하여 연예기획사들은 기존 오프라인 콘서트를 온라인 콘서트로 변경하고자 한다. 이 경우 온라인콘서트의 유료관람료를 얼마 받아야 하나?
- 핸드폰이 접히거나 크기를 수시로 변경할 수 있는 기능을 가진 신상품이 나온다면 기존 상품대비 얼마의 가격을 인상해야 하나?
- 마트에서 판매하는 우유의 판매유효기간이 다가올수록 가격을 인하해야 하나?

2.2. 가격체계 의사결정

가격체계 의사결정은 고객이 한꺼번에 구매하는 양이 많아지면 단위당 가격을 낮출까, 높일까, 동일하게 할까에 대한 의사결정을 내리는 것을 말한다. 다시 말해 가격체계 의사결정은 ① 선형가격체계를 유지할지(한 상품에 한 가지 가격만 매기는 경우), ② 비선형가격체계(구매량이 달라지면 한 개를 구매할 때 지불가격이 달라지는 경우)를 구축할지를 의사결정하는 것이다. 많은 기업들이 비선형가격체계를 많이 개발하여 사용하지 않는 경우가 많으므로 이 책을 통해 마케터가 아직 사용하고 있지 않은 비선형가격체계를 개발하도록 유도할 예정이다.

그림 1-7 가격체계 의사결정의 구분

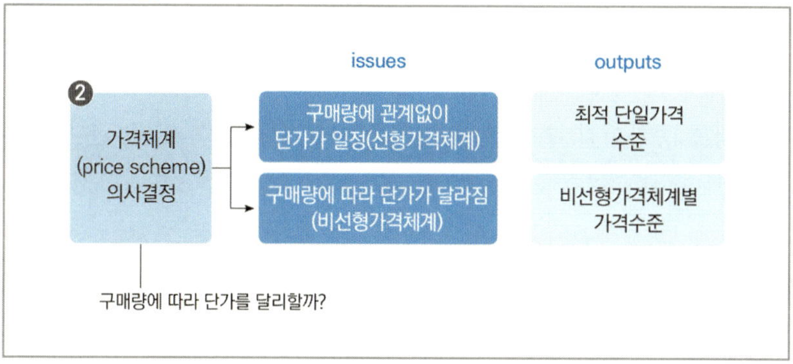

선형가격체계(linear pricing)는 단일상품에 대해 단일한 가격을 매기는 것을 말하고, 비선형가격체계(non-linear pricing)는 단일상품에 대해 고객에 선택할 수 있는 많은 가격옵션을 제공하는 것을 말한다. 비선형가격체계는 판매자의 이익을 선형가격체계보다 증가시킨다. 〈그림 1-8〉의 왼쪽 그림과 같이 선형가격체계는 단일가격수준과 해당판매량의

그림 1-8 선형가격체계와 비선형가격체계의 매출액 차이

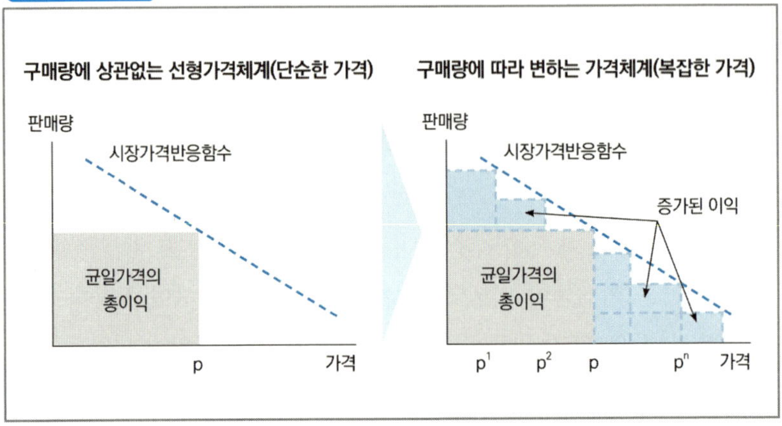

곱하기 값만큼 판매자가 매출액을 가져가게 된다. 반면에 비선형가격체계는 〈그림 1-8〉의 오른쪽과 같이 여러 가격수준의 다양한 판매량의 매출액을 판매자의 것으로 가져갈 수 있어서, 단일 가격체계보다 판매액을 증가시킬 수 있으며 이익증가도 기대할 수 있게 된다.

고객 시각에서 불합리한 현상들

동시에 기업이 가격체계 의사결정을 통해 이익을 증가시킬 수 있는 기회
- K-Pop 아티스트의 VOD 콘텐츠를 v live에서 사면 아무리 많이 구매해도 할인해 주지 않는다!
- 영화관 단골고객과 1년에 한 번 올까 말까 하는 고객은 영화관람료가 동일하다!
- 커피를 두 잔 주문한 커플과 10명이 단체로 와서 주문할 경우, 1잔당 아이스 커피 값이 왜 동일한가?
- 병치레가 많은 아이를 키우는 부모는 자신이 자주 가는 병원에서 할인받고 싶은 욕구가 있다.

2.3. 가격지불시점 의사결정

가격지불시점 의사결정이란 선불(先拂: advance payment)을 받는 게 기업한테 더 유익한가, 아니면 후불(後拂: deferred payment) 받는 게 기업한테 더 유익한가를 따지는 것을 말한다. 산업별, 제품별로 판매자와 소비자가 제품 및 서비스를 제공하는 시점과 가격이 지불되는 시점의 차이를 연구할 필요가 있다.

한편, 판매자는 구매자로부터 가격을 한꺼번에 받을지 여러 기간에 나누어 받을지도 결정해야 한다. 또한 고객이 지불한 돈의 일부를 환불해 주는 것도 이 의사결정에 속한다.

그림 1-9 가격지불시점 의사결정의 종류

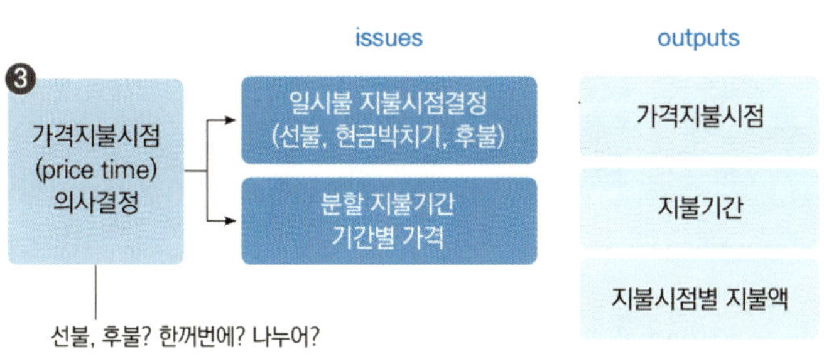

산업의 관행이 선불에서 후불로 바뀐 경우

- 증권사 주식 선물옵션 거래수수료가 선불이었는데, 선물옵션 거래가 후불수수료로 바뀐 사례
- 자동차보험료가 선불밖에 없었는데, 자동차운행거리만큼만 지불하는 후불상품이 등장한 사례

2.4. 가격지불단위 의사결정

마케터는 고객이 가격을 지불하는 단위를 무엇으로 삼을지를 결정해야 한다. 기업마다 업종마다 독특한 가격지불단위(price unit)를 가지고 있다. 〈그림 1-10〉을 보면 매우 다양한 가격지불단위가 산업별로

그림 1-10 다양한 가격지불단위

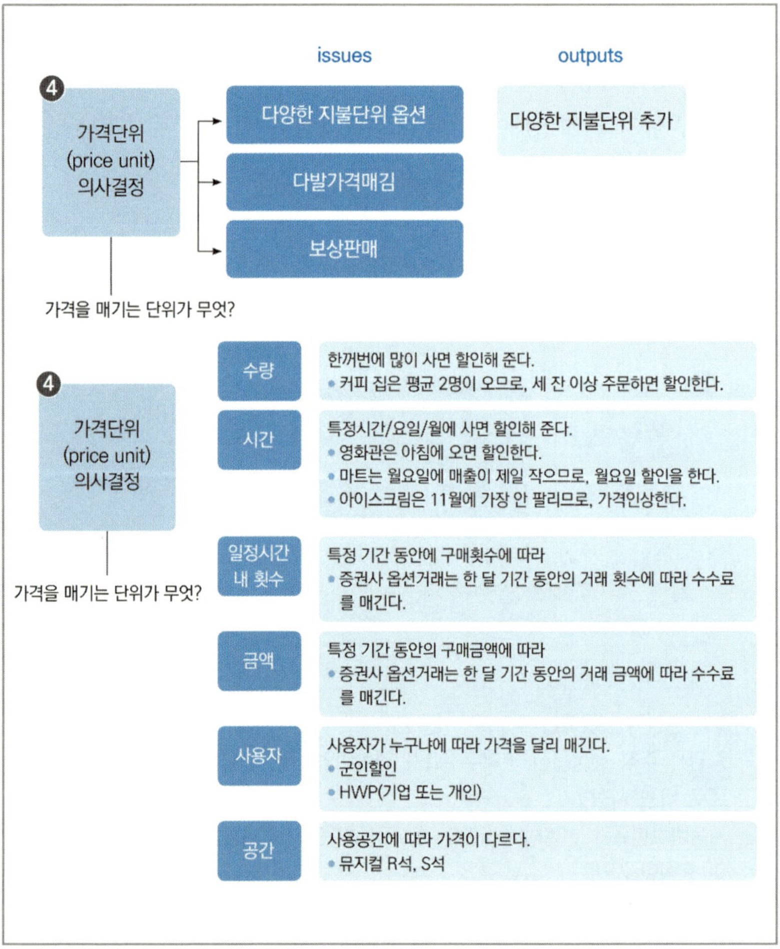

존재함을 알 수 있다. 하지만 특정기업은 다른 산업이나 다른 기업이 사용하는 가격지불단위를 활용하고 있지 않다. 우리가 미처 사용하고 있지 않은 가격지불단위를 도입하여 활용하면 이익이 증가할 것이다.

이 이외에도 다발가격매김이나 보상판매도 모두 가격지불단위가 달라지는 특수한 사례들이다.

2.5. 가격노출 의사결정(price presentation or price display)

기업이 가격을 고객들에게 가격을 어떻게 보여주어야 판매나 이익이 증가할까를 다루는 영역이다. 가격노출에 대해 체계적으로 모아 놓은 참고문헌을 찾을 수 없어서 저자들은 다양한 학문에서 제시된 가격노출에 관련된 조언들을 모아보았다. 저자들은 마케터가 product display뿐만 아니라 price display를 배워야 한다고 생각한다.

보여주는 만큼 돈이 된다!

그림 1-11 가격노출 의사결정의 종류

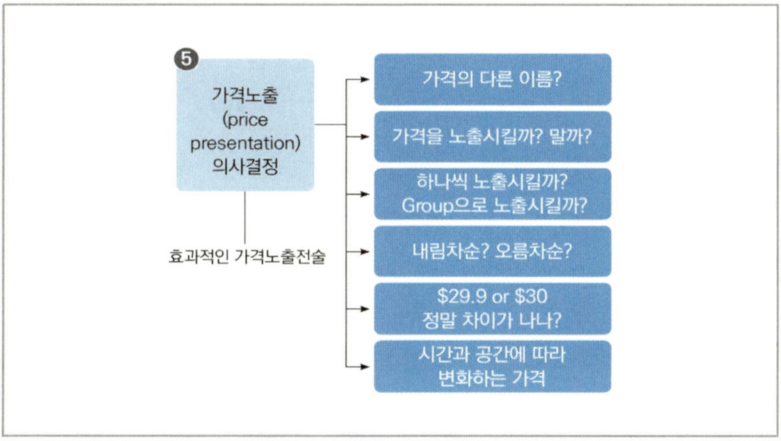

독자들은 이 책에서 위의 5가지 가격의사결정을 구체적으로 실행할 수 있는 방법과 사례를 목격할 것이다. 하지만 이 의사결정이 내려지기 위해서는 선행학습으로 가격을 매길 때 들어가야 하는 많은 요인들을 하나씩 점검해야 한다. 또한 의사결정이 내려진 후에 이를 실행하고 통제하는 과업이 필요하다. 이 책은 이런 일련의 과정으로 구성되어 있다.

이 중 시행과 관련된 조직 내 이슈는 각 가격전술을 설명할 때마다 조금씩 다루어 놓았다. 별도의 chapter로 다루지는 않았다.

그림 1-12 이 책의 구성

Chapter 2
가격에 영향을 주는 요인

1. 가격책정요인

이 장에서는 마케터의 가격의사결정에 영향을 주는 요인을 정리하고 점검한다. Chapter 3에서는 실제 기업의 가격책정방법을 분류하고 평가할 것인데, 이를 통해 Chapter 2에서 요약한 가격책정요인이 실무에서 제대로 반영되는지를 평가반성하고 그 개선책을 도모할 수 있을 것이다.

저자들은 가격을 매길 때 고려하는 요인을 크게 네 영역으로 구분하였다.

그림 2-1 가격책정에 영향을 주는 요인 정리

우리 회사 요인	고객(시장) 요인	경쟁사 요인	외부 요인
가격책정목표 상품의 포지셔닝 우리 제품계열 가격 우리 제품사양(specification) 원가 - 변동비, 고정비 - 물가상승률 유통망 마진 함께 팔리는 제품유무(보완재)와 가격	우리 상품의 절대적 가치 고객의 지불용의가격 고객구매행태스펙트럼 - purchase behavior - 고객의 구매간격 - 1회 구매량 - 수요크기 총비용 - 가격 + 택배비(deliver 비용) 등 구매 시 추가 비용 + 지불화폐비용	우리 상품의 상대적 가치 - 경쟁사 가격수준과 그 변화 - 경쟁사 제품사양과 그 변화 경쟁자 수 - 고려상표군의 크기 - 대체재의 수 경쟁사 신제품 출시시기	담합(명시적 담합, 묵시적 담합) - 시장리더 또는 시장추종자 법적 규제 세금 환율 회색시장

첫째, 우리 회사 내부에서 갖고 있어야 하는 요인이다. 기업이 사전에 결정해 놓아야 하는 가격책정목표과 전략적으로 결정해 놓아야 하는 가격포지셔닝이 있다. 또한 마케터는 정확한 상품별 원가를 정기적으로 업데이트하여 갖고 있어야 한다.

둘째, 고객요인 중 가장 중요한 요인은 우리 상품이 고객경험에 의해 보유하게 되는 '절대적 가치'이다. 또한 마케터는 구매자의 구매행태를 고려해야 한다.

셋째, 경쟁사 요인으로 가장 중요한 것은 경쟁사의 가격과 상품사양으로 발생하는 '상대적 가치'와 경쟁사 범위이다.

넷째, 환경적 요인으로 기업이 통제가 불가능한 외부요인이다. 담합 등 산업적 요인이나 법적 환경의 변경 등이 여기에 속한다.

2. 우리 회사 요인

2.1. 가격책정목적

기업차원의 가격책정목적과 상품차원 가격책정목적이 별도로 존재한다. 이 둘을 임직원이 공유해야 한다. 경영자의 기업경영목표와 일치하지 않는 가격책정을 실시하는 실무부서가 가끔씩 존재하기 때문이다.

그림 2-2 기업의 상품가격책정목적

기업차원 가격책정목적

1. 이익극대화(profitability goals)
2. 매출액극대화 목적(volume or growth goals)
3. 재무적 목적달성(financial goals)
4. 시장에서의 권력확보(Power goals)
5. 사회적 목적(Social goals)
6. 고객충성도 목적(Loyalty goals)
7. 품질 이미지 목적(Quality Image goals)

상품차원 가격책정목적

1. 중점상품(anchor product goals)
2. 자극상품(stimuli goals)
3. 보조상품(assortment or stock product goals)
4. 미끼상품(loss leader goals)
5. 플랫폼(Platform or Module goals)
6. 기본 product goals

그림 2-3 기업차원 가격책정내용

	목적의 분류	내용	사례
❶	이익극대화 (profitability goals)	일반 사기업	삼성전자, LG전자, 포스코
❷	매출액극대화 목적 (volume or growth goals)	장기적인 미래가치를 확보하기 위해 이익 대신 매출량, 매출액 목적을 설정	홈쇼핑, 아마존, 쿠팡
❸	재무적 목적달성 (financial goals)	유동성, 자산부채비율	초기창업기업이나 위기직면기업
❹	시장에서의 권력확보 (Power goals)	시장리더십 확보, 경쟁사 죽이기 등	경쟁이 치열한 시장, 2000년대 증권업
❺	사회적 목적 (Social goals)	고용창출, 종업원만족도, 사회가치실현, 원가 이하의 가격책정	공기업, 사회적 기업, 협동조합, 자활기업, 마을기업
❻	고객충성도 목적 (Loyalty goals)	고객(구매자 및 소비자)의 가치를 극대화	온라인게임, Bighit
❼	품질 이미지 목적 (Quality Image goals)	시장에서 자사의 포지셔닝을 확실히 인식시키려는 가격책정목적	GUCCI, CHANEL 등 벤츠 등

그림 2-4 상품차원 가격책정목적

	목적의 분류	내용	사례
❶	중점상품(anchor product goals)	우리 상품 중 가장 핵심적 상품 대표적 상품, 고객이 우리 매장 오는 이유	하동관 곰탕
❷	자극상품(stimuli goals)	고객 눈에 확 끌려서 고객 동선을 유도하지만 구매에 이르는 확률이 낮은 상품	2020 8세대 글로잉 옐로우 쏘나타
❸	보조상품 (assortment or stock product goals)	중점상품의 판매를 돕기 위해 주변에 배치되는 변종(variants)	Cross-sales up을 위한 상품
❹	미끼상품(loss leader goals)	고객을 유인하기 위한 상품	마트 전단지 전면에 등장하는 저렴한 상품
❺	플랫폼 (Platform or Module goals)	플랫폼이 팔려야만 파생적으로 수요가 창출되는 경우	복사기-복사용지 자동차-타이어
❻	기본 product goals	장기간에 걸쳐 회사의 cash cow 역할을 하는 상품	ZARA의 티셔츠

가격책정목적과 관련하여 몇 가지 관리상에서 점검하여야 할 것이 존재한다.

- 필수적인 조직 내재화작업: 기업 경영자는 반드시 기업차원의 가격책정목적을 전략적으로 선택한 후, 임직원과 공유하는 내재화 작업(시간부여, 업무매뉴얼 등)과정을 갖추고 있어야 한다.
- 장기적 목적: 기업차원 가격책정목적은 수시로 변경되어서는 안 된다. 경영자는 반드시 기업차원의 가격책정목적을 일관성있게 제시하여야 한다.
- 실무적 목적: 마케터 등 실무종사자는 기업차원 가격책정목적을 명심해야 한다. 더 나아가 상품의 성격에 따라 상품차원 가격책정 목적이 다름을 명확히 인식하고 있어야 한다.
- 업무매뉴얼화: 마케터의 가격책정 품의서에 '가격책정목적을 표시하는 난'을 반드시 삽입해 놓아서, 실무종사자가 가격책정목적을 그냥 지나치지 않게 해야 한다.

2.2. 가격-품질 포지셔닝(상품의 포지셔닝)

산업이나 상품군을 분석단위로 하면 〈그림 2-5〉와 같이 크게 3가지 위치의 '가격-품질 포지셔닝'이 구성되어 있다(Simon, 2017). 기업은 자신의 상품이 포지셔닝한 곳의 가격대를 사전에 인지하고 있어야 한다. 상품의 가격은 해당 포지셔닝 안에서만 이루어져야 한다. 목표시장의 고객은 자기 이미지에 맞는 매장과 품질을 좋아하고 방문하고 그 상품을 구매하기 때문이다. 기존 제품 가격수준에 비해 새로운 상품가격이 이 포지셔닝을 벗어나 위치하면 목표시장의 고객구매행동을 저해할 수 있다.

그림 2-5 가격-품질 포지셔닝

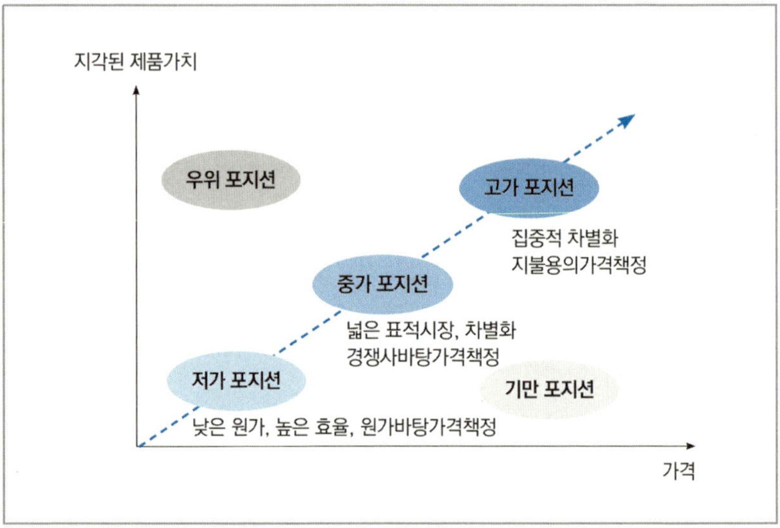

- 가격–품질 포지셔닝은 경영자가 의사결정하는 전략적 영역이다. 예를 들어 BTS가 소속한 빅히트엔터테인먼트사는 '우위포지션'을 전략적으로 선택했다고 인터뷰에서 표명한 바 있다. 실제 BTS의 팬클럽 'ARMY'에 가입하면 기대했던 것 이상의 품질을 갖춘 '팬클럽물품'을 수령할 수 있다.
- 마케터는 전술적으로 새로운 상품의 가격수준이 1) 기존 상품의 가격포지셔닝에서 의도적으로 벗어나게 할 것인지 아닌지, 2) 벗어나지 않기로 했는데 이탈하고 있는가를 점검해야 한다.

2.3. 제품계열 가격

우리가 기존에 판매하는 다른 상품의 가격이 지금 가격을 매기려는 상품의 가격수준에 영향을 미친다. 기존가격은 1) 기존의 단독제품 가격으로 고객이 구매한 경험이 있거나 기억하고 있는 준거가격과 2) 우리 회사가 판매하는 제품계열(여러 개의 제품)의 가격을 모두 포함한다.

그림 2-6 기존 가격이 새로운 가격과 충돌

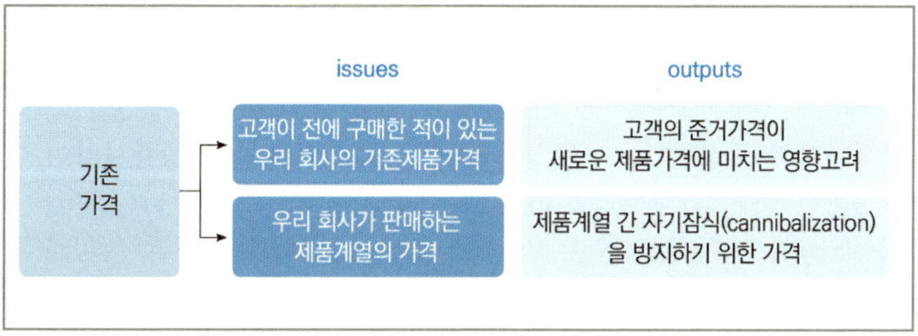

그림 2-7 어느 커피회사의 가격수준: 하나를 변화시키면 다 달라져야!

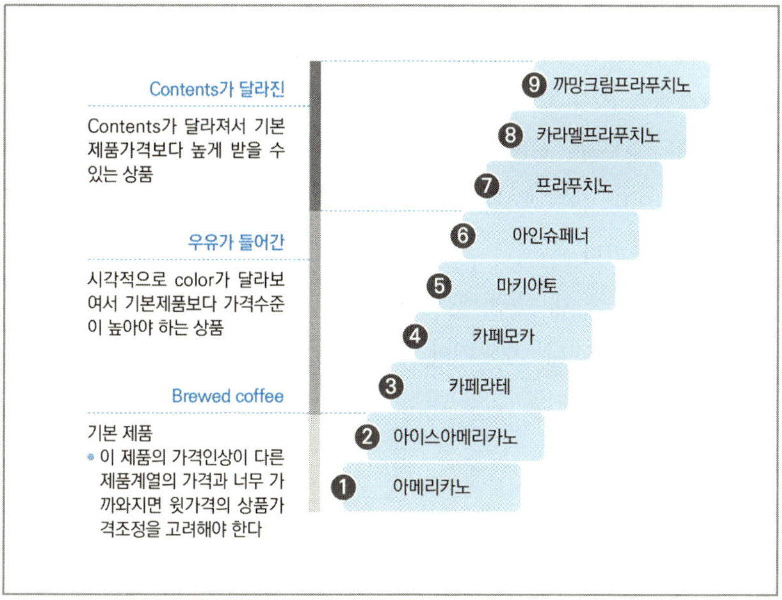

제품계열 간에 가격이 중복되거나 가까워지면 문제가 발생하기 시작한다. 기존 가격수준 때문에 새로운 가격을 변경시키는 데 제약이 있을 수 있고, 제품계열 간 자기잠식(cannibalization)이 발생할 수도 있다.

2.4. 우리 상품의 사양(specification)

인지심리학에서는 형태, 색상, 콘텐츠 순으로 사람들이 다른 사물을 인식한다고 주장한다. 기존 상품의 경우에 고객의 눈에 상품사양이 변화했다는 것은 형태·색상·콘텐츠가 변화했다는 것이다.

- 형태: 형태가 변경되면 사람들이 느끼는 가치가 변화한다. 네모난 수박은 원형의 수박보다 비싸다.
- 색상: 핸드폰 뒷면 색상이 다양하게 출시되면, 특정 색상의 것이 인기가 있다. 인기가 있으면 가격을 올려야 한다. 2020년 메르세데스벤츠 E250은 외장컬러에 따라 추가비용을 받는다. 기본 유료컬러는 selenite grey magno, diamond white bright, hyacinth red metalli이다. 이 색상을 선택하면 74만원에서 395만원의 비용을 추가지불한다.
- 콘텐츠: 제품 내 특징, 장점, 스토리, 문화적 요소 등이 달라지면 가격이 달라진다. 세탁기에 건조기 기능이 추가되면 당연히 가격이 상승해야 한다.

그림 2-8 상품의 형태·색상·콘텐츠가 달라지면 가격이 달라져야 한다

그런데, 우리 상품의 형태·색상·콘텐츠가 고객 눈에 변했다고 느껴질 정도인가요? 마케터는 고객시각에서 이 질문에 답을 갖고 있어야 한다. 고객 눈에 변화했다고 느끼게 된다면 가격을 변경해야 하기 때문이다(예외: 오리온은 초코파이가 10% 커졌는데 가격을 일부러 올리지 않았다!).

2.5. 원가(variable cost)

윤석철은 '프린시피아 메네지멘타'라는 책에서 '생존부등식'이라는 기업의 생존을 위한 기본 원칙을 제시한 바 있다. 생존부등식이란 고객이 느끼는 제품의 가치는 가격보다 높아야 하고, 가격이 제품의 원가보다 높아야 하며, 이 부등식이 유지되어야 기업이 생존할 수 있다는 것이다.

따라서 우리가 측정해야 하는 것은 고객가치와 원가이다. 기업에서는 내부에 정보를 갖고 있는 원가를 반드시 파악하고 있어야 한다. 그런데 이 원가는 물가상승률과 같은 외부요인과 생산성저하 등의 내부요인에 의해 변화하므로, 기업은 이 원가의 변화(변동비와 고정비)를 수시로 추적해야 한다.

그림 2-9 윤석철의 생존부등식

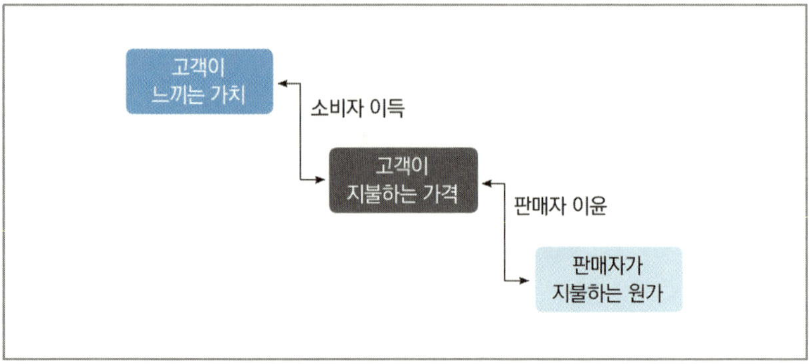

여기에서 주목할 점은 변동비(variable cost)이다. 판매량이 증가할 때 원가가 함께 증가하지 않고 고정되어 있으면 고정비(fixed cost)이고, 판매량이 증가할 때 원가가 함께 증가하면 변동비이다. 한 개의 상품을 생산할 때 직접원가가 증가하는데 이를 변동비라 한다. 가격에는 오직 변동비만 고려해야 한다.

예를 들어, 비행기 승차요금을 책정할 때는 비행기 탑승인원당 제공되는 기내식비는 가격책정에 들어가고, 인건비, 비행기임차료, 공항이용료, 연료비 등의 고정비는 가격책정에 들어가면 안된다. 자세한 원가도출방법은 Chapter 7에서 자세히 다룬다.

2.6. 유통마진

유통채널의 구조가 산업별로 다르다. 유통채널별 단계별 마진이 모두 다르다. 유통마진을 얼마로 부여할지에 따라 우리 상품의 가격수준이 달라진다. 물론 유통마진을 고려하지 않아도 되는 상품도 있다.

그림 2-10 중국화장품시장의 유통망구조와 가상적인 마진

구분	구조 1 : 중국법인 자체 운영	구조 2 : 중국법인 중심 대리 체제	대리상 위임 구조 3 : 대리상 자체 운영	대리상 위임 구조 4 : 하급대리 상/가맹상 활용	구조 5 : 중국법인 자체 가맹상 활용	구조 6 : 직판
개념도	제조사/ 국내 총 대리상 20% 40% Retail 매장	제조사/ 국내 총 대리상 20% 대리상 30% 30% Retail 매장	제조사/ 국내 총 대리상 20% 대리상 30% 20% 대리상 직영 Retail 매장	제조사/ 국내 총 대리상 20% 대리상 40% 30% 하급대리상/ 가맹상 하급대리상/가맹상 Retail 매장	제조사/ 국내 총 대리상 20% 40% 가맹상 가맹상 Retail 매장	제조사/ 국내 총 대리상 20% 60% 소비자
활용 가능 Retail	• 백화점 • 대형마트 • 멀티브랜드숍 • 브랜드숍	• 백화점 • 대형마트 • 멀티브랜드숍	• 백화점 • 브랜드숍 • 대형마트 • 멀티브랜드숍	• 전문브랜드숍 (가맹점) • 백화점	• 전문브랜드숍 (가맹점)	
주요 브랜드	• 다국적 브랜드에서 일부만 채용함	• P&G, R'Oreal, Shiseido 등 다국적 Major 브랜드	• Missha • 중소브랜드	• Missha 일부 • 중소브랜드	• KARAKARA	
매출 규모						

■ 마케터는 우리 상품이 유통마진을 고려해야 하는 상품인가 아닌가에 대한 답을 갖고 있어야 한다. 예를 들어 Naver의 V live+에서 유료VOD콘텐츠를 판매하는 연예기획사와 V live+을 배제하고 자체 플랫폼을 갖춘 연예기획사의 유료VOD콘텐츠 가격은 달라야 한다.

■ 과거 유통마진을 고수할 것인가 그렇지 않을 것인가도 고려해야 한다. 신상품의 가치에 따라 과거 유통망에게 제공하던 마진의 변화를 추진할 수도 있다. 백화점에 입점하는 패션업체의 브랜드력에 따라 협상에 의한 백화점마진이 달라진다.

- 우리 회사가 최종소비자 가격을 통제할 수 있는지 여부가 상품의 가격책정에 영향을 준다. 유통업체의 힘이 센 경우에 이런 일이 자주 일어난다.
- 해외판매가 이루어지는 경우와 그렇지 않은 경우도 고려해야 한다. 나중에 다루어지는 회색시장(gray market)과도 연관된 일이다.

2.7. 함께 팔리는 상품과 그 가격

상품이 보완재 또는 '플랫폼+모듈' 형태로 판매되면 함께 팔리는 상품의 가격도 고려해야 한다. 플랫폼제품의 가격수준은 낮아야 모듈 판매가 증가하여 전체 판매액과 이익이 커지기 때문이다. 예를 들어 복사기+복사용지, 햄버거+콜라의 경우에는 복사기와 햄버거 가격이 낮아야 마진이 좋은 복사용지와 콜라가 많이 팔린다.

그림 2-11 함께 팔리는 상품 고려하기

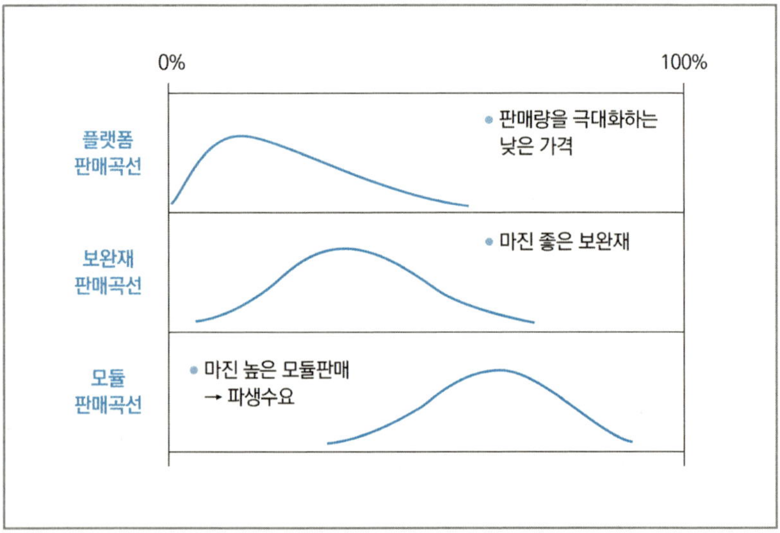

- 제품수명주기+서비스수명주기: 제품이 판매된 후 일정시간이 흐른 뒤에 서비스가 유료로 이루어지는 경우도 고려해야 한다. 예를 들어 자동차판매 후 타이어 교체를 상기해 보라.
- 교차판매(cross-sale): 마마무 콘서트를 보러갔는데, 나만 응원봉이 없다고 생각해 보라. 끔찍하지 않는가? 그래서 콘서트를 이미 가기로 결정한 팬들에게 응원봉은 다소 비싸더라도 교차판매가 발생한다. 하지만 너무 비싸면 팬들을 착취하는 것처럼 보인다. 조심해야 한다.
- 마진 차이: 햄버거와 콜라를 생각해 보자. 햄버거의 마진이 좋을까? 콜라가 좋을까? 콜라가 가격 중 마진비중이 더 높다. 고객 눈에 더 많이 목격되는 제품을 앞세워서 마진 좋은 상품이 자연스럽게 더 팔리게 해야 한다.

3. 고객(시장)요인

3.1. 우리 상품의 절대적 가치

가격을 변경하거나 새롭게 책정하려면 제일 중요한 것이 바로 우리 상품의 '가치'이다. 우리 상품의 가치는 1) 개인별 과거경험의 축적치, 2) 현재 가치, 3) 미래 가치를 합한 것이다. 그 외에 우리 상품의 가치는 〈그림 2-12〉와 같이 다양한 원천에 의해 형성된다.

그림 2-12 가치의 구성

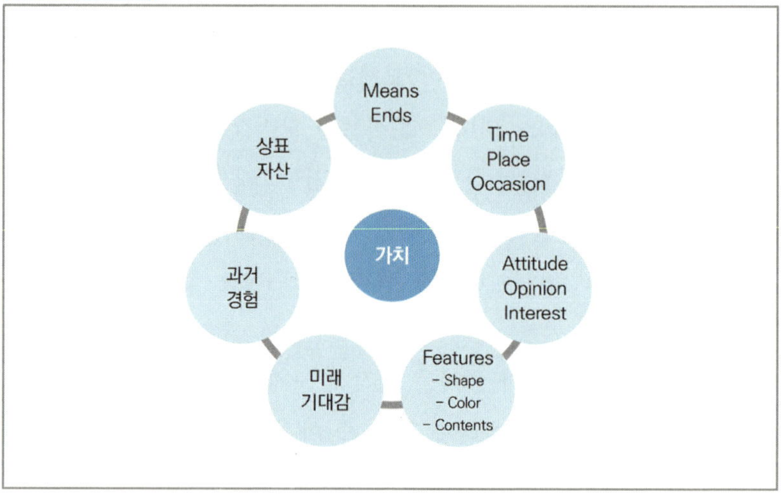

위의 그림과 같이 가치를 구성하는 요인은 그림에 포함된 것 이외에도 너무나 많으므로 매우 측정하기 어려운 것이 사실이다. 그러므로 가치를 과학적·분석적으로 수치화하여 측정하는 과정이 필요하다. 이 책의 Part 2는 바로 이런 고객시각에서 가치를 수치화하는 방법과 작업과정을 제공할 것이다.

3.2. 우리 상품의 상대적 가치

우리 상품의 절대적 가치는 경쟁사 상품의 가치와 시간에 의해 상대적으로 변화한다. 이런 변화를 추적하기 위해 Part 2에서 제공하는 절대적 가치측정 방법을 바탕으로 경쟁사의 가격과 그 변화, 제품사양과 그 변화를 포함한 상태에서 상품의 절대적·상대적 가치에 대한 정기적 측정이 필요하다.

그림 2-13 상품의 상대적 가치

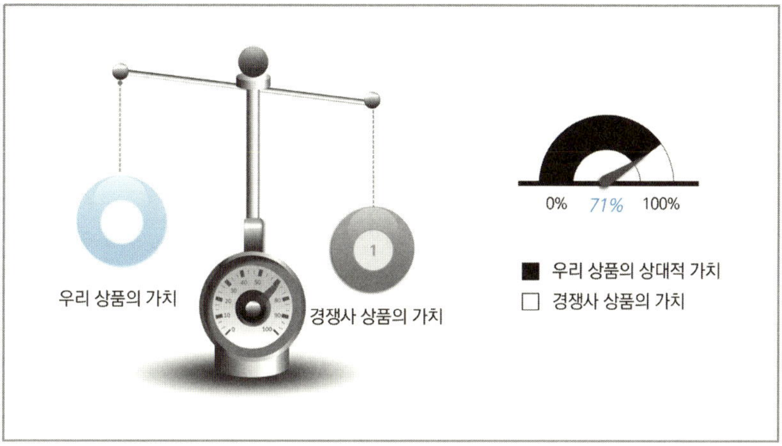

■ 우리 상품의 상대적 가치가 경쟁사보다 높거나 낮은 정도에 따라 가격을 높게 매기거나 낮게 매겨야 한다. 어느 정도 가격차이를 둘 것인지도 Part 2의 계량적 방법에 의해 상대적 가치를 확보한 후 가격을 매겨야 한다.

그림 2-14 상대적 가치를 상표력차이로 측정한 중국칫솔 사례

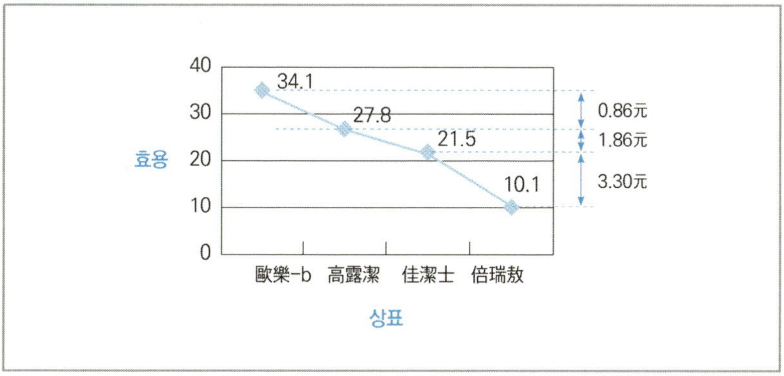

3.3. 지불용의가격(willingness-to-pay)

목표시장의 고객이 우리 상품에 대해 지불하고자 하는 최대가격이 지불용의가격이다. 유보가격(reservation price)과 비슷한 개념이다. 하지만 유보가격은 최소가격과 최대가격을 모두 포함한 가격수용범위와 관련되어 있다.

마케터는 우리 상품의 지불용의가격의 분포에 대해 정보를 갖고 있어야 한다. 유보가격측정 때처럼 최대가격과 최소가격을 모두 측정하고 이것들의 분포를 갖고 있으면 더욱 좋은 가격수준을 매길 수 있다.

그림 2-15 지불용의가격의 개념과 분포

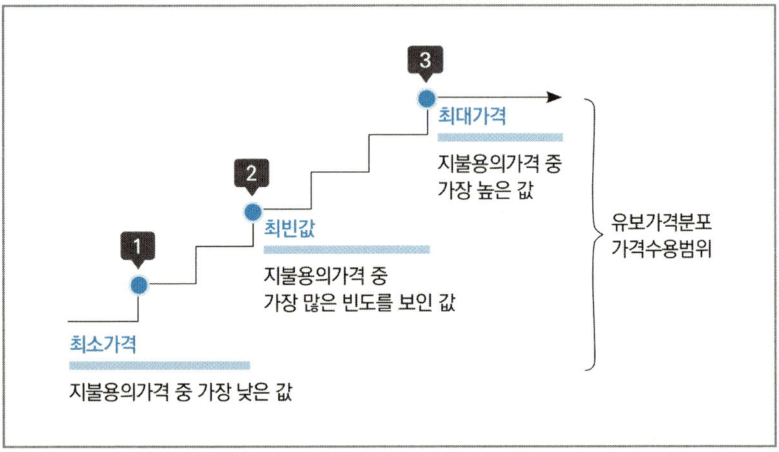

그림 2-16 2020년 일부 K-Pop팬의 지불용의가격 분포 사례(단위: 원)

지불용의가격	최솟값	최댓값	평균값	표준편차
최소가격(콘서트)	0	130,000	44,577	31,790
최대가격(콘서트)	15,000	3,000,000	355,958	369,328
최소가격(응원봉)	0	30,000	11,499	6,059
최대가격(응원봉)	10,000	200,000	58,825	28,064
유보가격(VOD)	400	15,000	2,547	2,018

- 저자들의 제자 중에서는 진주에서 서울로 올라가 잠실종합경기장에서 EXO의 콘서트를 이틀 동안 보기 위해 100만원 정도의 암표를 두 장 구매한 경험이 있다고 말한 적이 있다. 마케터는 구매자의 지불용의가격은 판매자나 일반인의 개념과 매우 다를 수 있음에 유의해야 한다.

3.4. 목표시장 고객의 구매행태 스펙트럼

임직원들 사이에 목표시장의 고객이 누구인지에 대한 정확한 인식 공유가 필요하다. 기업은 고객의 구매행태에 따라 고객들에게 다른 이름을 붙일 수 있으며, 그 이유는 다른 성격을 가진 목표시장은 매우 다른 구매행태를 보이기 때문이다. 다른 구매행태를 보이는 집단마다 우리 상품에 대한 남들과 다른 가치를 갖고 있으며 다른 지불용의가격을 갖게 된다.

그림 2-17 고객구매행태에 따른 목표시장의 다른 이름들

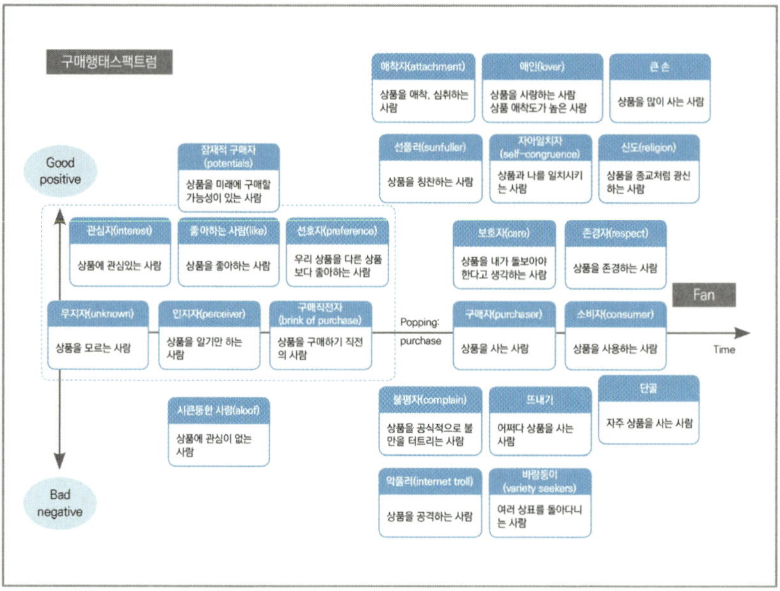

고객집단별 성격에 따라 가격책정 내용이 완전히 달라지게 되는 경우를 간단히 나열해 보자.

- 상품 구매 간 간격: 단골 vs 뜨내기. 단골에게 낮은 가격을 매겨야 한다.
- 상품 구매량: 대량구매자 vs 소량구매자. 대량구매자에게 할인해주어야 한다.
- 애착도 정도: 팬 vs 팬 아닌 사람. 팬들에게 정직한 가격을 항상 제공해야 한다.
- 상품인식 정도: 모르는 사람 vs 잘 아는 사람. 우리 상품을 모르는 사람에게도 구매를 시도할 수 있는 가격이 제공되어야 한다.

우리 상품을 잘 아는 사람에게는 구매량을 증가시키는 자극이 가격에서 나와야 한다.

- 칭찬여부: 선플러 vs 악플러. 공자님 말씀에 사람의 마음을 바꾸는 것은 표범의 무늬를 바꾸는 것이라 했다. 악플러에게 가격혜택을 줄 필요가 없다. 선플러를 위한 가격을 생각해야 한다.

3.5. 구매 간 간격(interpurchase interval)

구매 간 간격을 고려해야 하는 상품이 있고 그렇지 않은 상품이 있다. 상품군에 따라 구매간 간격은 매우 다르다. 구매 간 간격이 짧아서 자주 구매되는 상품과 구매 간 가격이 긴 상품은 가격인상폭과 가격인상 간격이 달라야 한다.

그림 2-18 상품마다 구매 간 간격이 다르다

가격은 근본적으로 고객에게서 돈을 빼앗는 것이다. 따라서 구매 간 간격이 좁다는 것은 자주 고객이 손실을 느끼게 된다. 구매 간 간격이 멀면 고객은 손실을 상대적으로 적게 느끼게 된다.

- 한국의 전기요금이나 통신요금은 1달 기준으로 사용료를 후불로 지불한다. 중국은 선불로 지불한 카드충전금만큼 전기나 통신을 사용할 수 있다. 한국은 요금청구서를 볼 때마다 빼앗기는 느낌인데, 중국의 핸드폰 충전잔액을 볼 때마다 내가 왜 이렇게 많이 사용했을까 하고 내가 잘못했다는 생각이 든다.
- 축구리그인 EPL(영국프리미어리그)의 선수는 '주급'으로 1주일에 1번 임금을 받는다. 한국 K-리그 선수들은 월급을 받는다. 동기부여를 위해 주급이 더 효과적일까? 월급이 효과적일까? (임금도 가격이다)
- 한국의 대학교 등록금은 6개월에 한 번씩 지불한다. 미국 Texas Tech University는 2학기 등록금을 한꺼번에 지불하면 10% 할인해준다. 1년치도 낼 수 있는 것이다. 구매 간 간격이 한국에 비해 2배 길다. 누가 더 '재학생충원율'이 높고 '중도탈락률'이 낮을까?

3.6. 수요의 크기(확장성)

경제학에서는 수요와 공급이 일치하는 곳에서 가격이 형성된다고 생각한다. 하지만 마케팅이 다루는 가격에서는 가격수준에 따라 수요가 결정된다고 생각한다. 따라서 우리 상품을 사는 사람의 수는 가격에 따라 확장될 가능성이 얼마나 있나를 고려해야 한다. 또한 소비자행동관점에서는 인지−태도−행동 모형에 따라 수요가 확장될 가능성이 얼마나 있는가도 고려해야 한다.

그림 2-19 가격에 따른 수요확장성

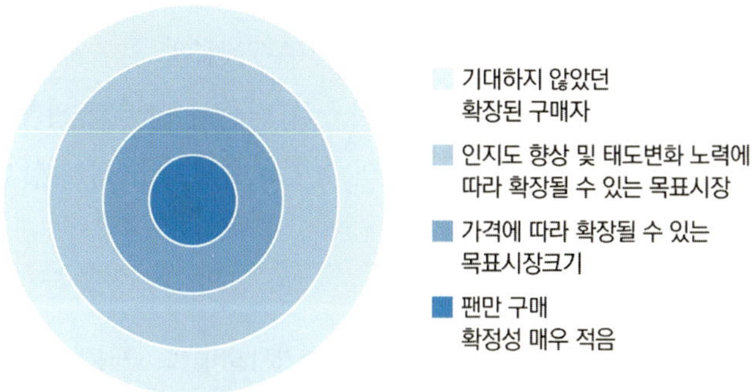

- 엔터테인먼트산업의 K-Pop 오프라인 콘서트는 주로 'fandom'만을 대상으로 정직하고 소중한 가격을 정한다. 공연장공간은 제한되어 있고, 팬들만 콘서트에 올 수 있는 권한이 있으므로!
- 엔터테인먼트산업의 K-Pop 온라인 콘서트는 가격에 따라 fandom 이외에 일반인도 관람이 가능하게 된다. 팬클럽에 가입하지 않아도 온라인유료콘텐츠를 구매하면 되니까! 이 경우 팬과 팬이 아닌 사람 간의 가격차별화도 고려해야 한다. 반면에 단일가격으로 가격을 책정할 경우에는 가격대별 예상 관객 수가 수익에 직결된다.
- 엔터테인먼트산업의 팬텀싱어와 같은 크로스오버팀이나 트로트 가수는 오디션프로그램의 방송시간 증가와 함께 일반인을 대상으로 한 팀에 대한 인지도 향상 및 긍정적 태도를 유도하여 콘서트를 개최하면 일반인이 참여하게 된다. 이 때 가격은 목표시장의 지불용의가격이 중요하다.

3.6. 구매자가 지불하는 총비용

구매자는 상품을 구매할 때 소비자가격만 지불하고 있는 것이 아니다. 상품가격 이외에 교통비, 택배비나 추가세금과 환율차이 비용 등을 지불하는 경우가 있고, 그 추가비용의 비중이 크다면 판매자는 우리 상품의 가격을 책정할 때 고객의 추가비용까지 고려해야 함을 잊지 말아야 한다.

그림 2-20 소비자가격 이외에 고객의 추가지불비용도 고려해야 한다

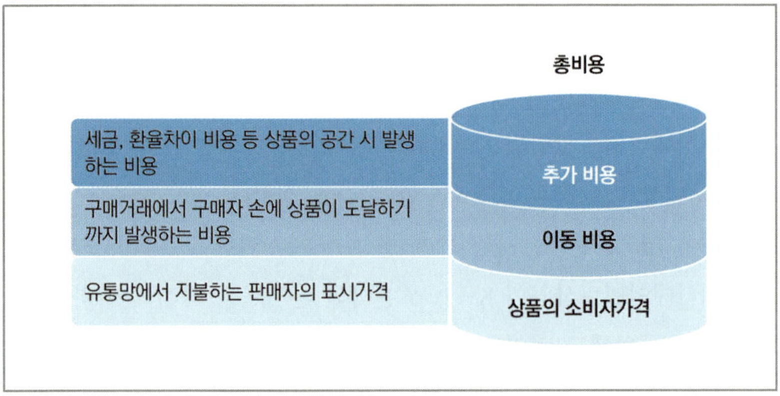

- 증권사 앱으로 홍콩의 알리바바홀딩스 해외주식을 구매하는 경우, 거래를 위한 소비자가격인 증권거래수수료 이외에 홍콩달러로 환전하는 비용이 발생한다. 증권사가 고객의 거래를 활성화하여 거래수수료수익을 증가시키려면 환전비용을 고려하여, 국내 증권거래수수료보다 낮은 수수료를 요구해야 할지도 모른다.
- 걸그룹 '여자친구'의 공식팬클럽 Buddy에 가입하려면 33,000원 (US$30, 3,000엔) 이외에 배송비를 지불해야 한다. 브라질에서 팬클

럽에 가입하는 팬과 한국에서 가입하는 팬이 지불하는 비용이 다르다. 소속사가 이런 문제를 고려해야 할지 여부는 해외 팬이 전체 팬 중에 얼마의 비중을 차지하는가 여부에 달려있다.

- 해외직구 사이트 중에는 한국을 포함한 미국 군대의 주둔지 직원을 이용하여 미국에서 해외로의 택배비를 미국 국내 배송비로 처리하여 고객이 지불하는 비용을 줄여주는 경우가 있다.

4. 경쟁사요인

4.1. 경쟁자 수

목표시장 고객이 구매 시에 우리 상품를 포함해서 구매를 고려하는 다른 상표(고려상표군)의 범위나 대체재 범위의 크기에 따라 우리 상품의 가격수준이 달라진다. 상식적으로 고려상표군이나 대체재의 수가 많으면 많을수록 가격을 인상하기가 어렵다.

- 대체재: 백종원씨는 <골목식당>이라는 프로그램에 등장하여 경희대 앞 컵밥집의 가격이 과다하다고 지적하면서 대학생들이 점심 때 먹는 것은 컵밥 말고도 중국집도 있고 분식집도 있다고 지적한다!
- 고려상표군: 자동차 시장의 '프리미엄'시장에는 독일의 3사와 해외상표 고급 차량 및 현대자동차의 G시리즈가 경쟁한다고 할 수 있다. 이 포지셔닝의 한 회사의 가격은 다른 상표의 매출량에 영향을 준다.

그림 2-21 여성 속옷시장의 가상적인 경쟁자 지도

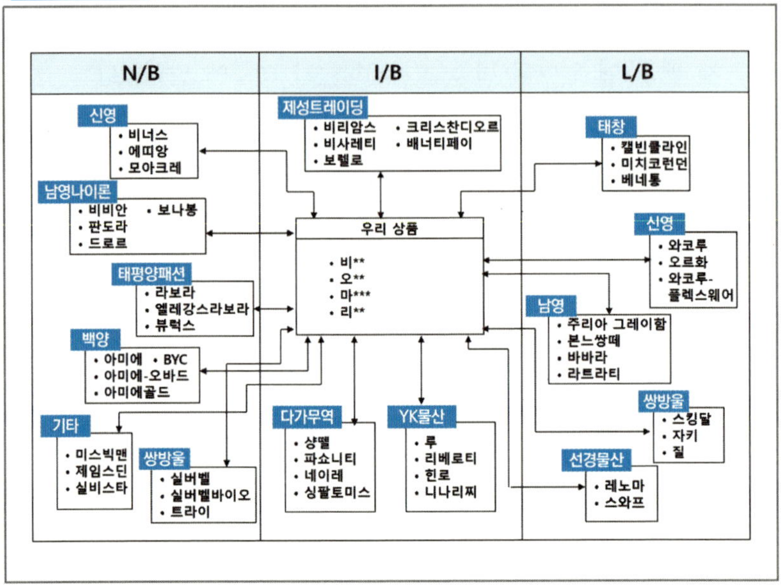

4.2. 경쟁자 신제품 출시시기

우리 상품의 출시시기가 경쟁사보다 나중에 출시하는가 먼저 출시하는가에 따라 가격수준이 달라져야 할 때가 있다. 그 경쟁사의 상품 출시시기와 가격이 우리 상품의 가격결정에 영향을 미치기 때문이다.

우리는 우리 상품의 가격이 경쟁사의 출시시기가 영향을 미치는 상품인지 아닌지를 먼저 판단해야 한다. 예를 들어, 애플의 핸드폰은 9월에 출시되는 경향이 있고, 삼성전자의 갤럭시시리즈는 봄에 출시하며 노트시리즈가 가을 초에 출시되는 경향이 있다. 그러면 중국시장에서 화웨이는 언제 출시될까? 이제 중국에서는 당연히 화웨이의 출시시기가 나머지 외국회사의 가격책정에 영향을 미칠 정도가 된 것 같다.

유필화(2013)는 경쟁사보다 먼저 출시하기, 경쟁사와 동일한 시기에 출시하기, 경쟁사보다 나중에 출시하기의 세 경우의 가격정책에 대해 자세히 논의한 바 있다.

그림 2-22 갤럭시와 애플 핸드폰의 출시시기가 가장 많았던 경우

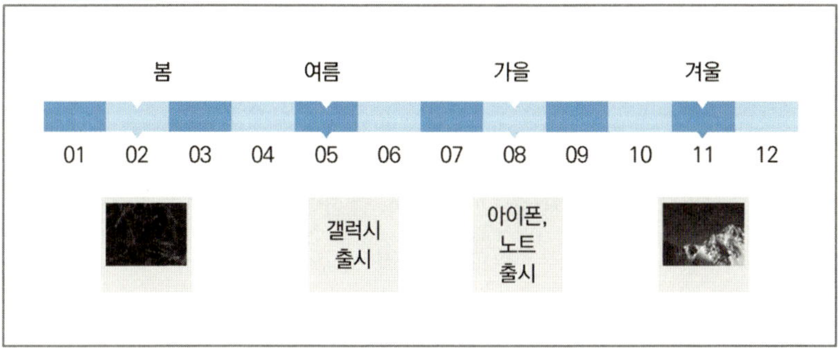

- 경쟁사가 먼저 출시하면서 가격을 정하면, 우리 상품은 상표력 등을 고려하여 그 경쟁사 대비 가격을 매길 수 있다. 우리나라 스포츠운동화 시장에서 FILA가 가격결정이 이루어진 후 한국토종상표들이 가격을 결정하는 경우가 있다는 인터뷰 경험을 저자들은 갖고 있다.
- 경쟁사보다 우리 상품이 먼저 출시하면 시장리더가 아닌 이상, 나중에 출시하는 경쟁사 가격으로 인해 우리 상품의 매출량에 영향이 있을 수 있다.
- 묵시적 담합을 이루어져 있는 경우에는 신제품 출시시기보다는 시장리더인가 시장추종자인가가 가격책정에 필요한 판단이 된다.

5. 외부요인

5.1. 담 합

담합여부 및 시장에서의 기업의 지위에 따라 가격수준과 가격변경 시기가 달라진다. 시장리더이면 가격을 인상하는 행동을 주기적으로 하면 되지만, 시장추종자는 시장리더가 가격을 변경해야만 가격을 변경할 수 있다.

담합은 명시적 담합이 있고 묵시적 담합이 있다. 명시적 담합을 하면 불법이다. 시장에서는 주로 묵시적 담합을 시도하는데 이는 모든

그림 2-23 어느 증권사의 수수료체계

	묵시적 단합	경쟁(face-to-face) inter-brand competition	경쟁회피(Value 경쟁!) (Show customers another ways!) Inner-brand choice
오프라인 주식	약정금액별 수수료책정 정비 (neutral-positive)		약정금액 수수료 후불제, Master 특진제, Analyst 특진제 오프라인+수익증권 Bundling
온라인 주식	약정금액별 수수료책정 정비 (neutral-positive)	선불(선취)제 도입 (neutral-negative)	약정금액 수수료 후불제/ 매매건수별 수수료 후불제, on-mate 추천종목 할인제, on-mate+수익증권 Bundling
선물	약정금액별 수수료책정 정비 (neutral)		
옵션	약정금액/매매건수별 수수료 (neutral-positive)		온라인주식+옵션 Bundling
금융상품			오프라인+수익증권 Bundling 온라인+옵션 Bundling On-mate+수익증권 Bundling

premium pricing: 세분시장에서 경쟁사 중에서 가장 높은 가격을 받는 것
neutral-positive pricing: 세분시장에서 경쟁사의 평균 가격에서 약간 높은 가격을 받는 것
neutral-negative pricing: 세분시장에서 경쟁사의 평균 가격에서 약간 낮은 가격을 받는 것

시장참여자의 이익을 보전하기 때문이다. 주로 시장리더가 정기적으로 가격을 인상하거나 특정 세분시장에서만 가격을 인상하면 시장추종자가 가격인상을 따라가는 형태를 보이는데 이것은 불법이 아니기 때문이다. 이런 행동을 시장리더의 signal이라고 하는데 시장리더가 이런 신호(signal)를 정확하고 정기적으로 시행하는 것이 시장전체 이익을 보전하게 된다.

위의 사례는 어느 증권사가 묵시적 담합과 경쟁 및 경쟁회피로 수수료를 체계적으로 관리한 사례를 보여준다. 어느 수수료분야에서는 묵시적 담합을 지속하고, 특정거래영역에서는 경쟁을 시도하며, 어느 거래영역에서는 경쟁회피를 시도한 것이다. 이렇게 정교한 가격경쟁 체계를 개별회사별로 구상할 필요가 있다.

5.2. 법적 문제와 세금

먼저 세금을 살펴보자. 국내에서 지불해야 하는 세금뿐만 아니라 국가 간 이동 및 외국 국내 세금까지 고려해야 할 때가 있다. 이는 앞서 살펴본 추가비용이나 총비용과도 관련있는 사항이다.

상품마다 특별한 세금이 부과되는 경우가 많다.

- 고객이 자동차를 구매하는 경우에는 한국에서 특별소비세라는 것이 추가된다.
- 자동차가 미국으로 판매되는 경우에는 관세·연방세·주세가 포함될 것이다.
- 주택을 거래하면 양도세 등이 발생한다

그림 2-24 소비자가격에 추가되는 세금

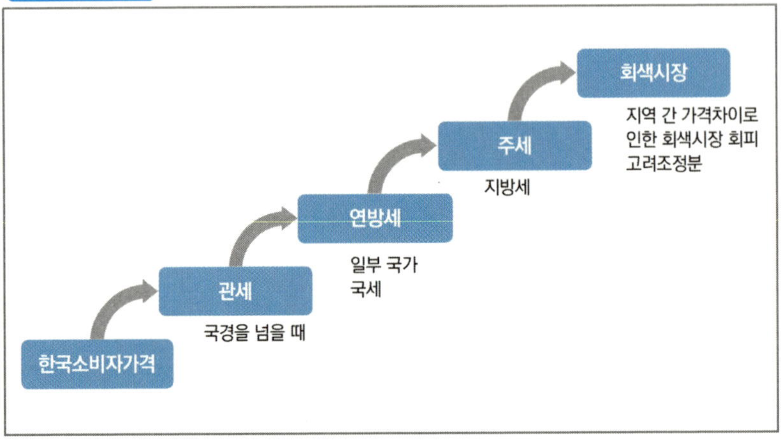

이제 법적인 문제를 살펴보자. 중국에서 판매되는 어느 회사의 특정 스타일의 자동차의 경우에는 색상이 달라도 절대 가격이 다르면 안된다. 색상이 달라도 가격은 동일해야 하는 것이 중국법이다. 한국에서는 물가에 영향이 큰 일부제품의 경우에 가격수준변경시 정부의 허가를 묵시적으로 받아야 하는 경우도 있다. 가능하면 법적인 규제가 없는 상품으로 비즈니스를 하는 것이 경영자의 고생을 더는 방법이다.

5.3. 회색시장

마지막으로 회색시장도 고려해야 한다. A라는 국가와 B라는 국가에서 팔리는 특정 상품의 가격차이가 많이 발생하면, 정상적인 판매망이 아닌 제3자가 낮은 가격의 국가에서 상품을 구매하여 비싼 가격의 국가에 재판매를 시도하게 된다. 그러면 기업의 정상적인 판매망에서 매출량이 줄게 되는데 이를 회색시장(gray market)이라 한다.

예를 들어 미국의 제재로 2019년도에 이란이 경제위기에 처하자 환율이 급등하였다. 이에 이란에서 팔리는 에르메스 캘리백의 가격이 상대적으로 한국이나 유럽에 비해 갑자기 저렴해졌다. 일부 사람들이 이란에서 이 제품을 구매하여 한국 명품관에서 팔리는 정가보다 낮은 가격으로 온라인에서 판매를 시도하였다.

그림 2-25 2019년 이란의 경제위기로 발생한 에르메스 회색시장

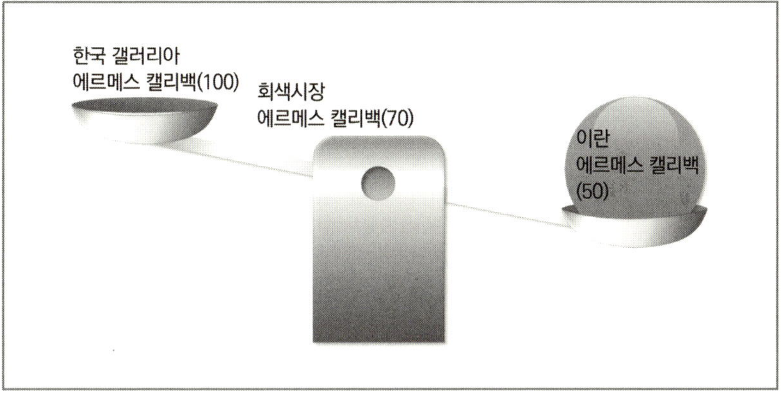

Simon(2018)은 이런 현상이 비단 명품뿐만 아니라 생활용품, 가전, 식음료품에서도 발생한 사례가 있다고 지적하고 있다. 이런 문제를 발생시키지 않기 위해 기업은 여러 대책을 갖고 있다.

- 우리나라 어느 가전회사는 전 세계적 가격을 통제하는 부서를 서울에 갖고 있다. 서울에서 전 세계 소비자판매가격을 결정한다.
- 국가 간 지역 간 가격차이를 사전에 적당히 좁혀 놓기도 한다.
- 유통망별 가격차이를 추적하는 전담부서를 갖추기도 한다.

5.4. 환 율

이 환율문제는 앞서 다룬 총비용과도 관련이 있다. 고객이 여러 나라에 분포해 있고 구매를 위한 결제가 여러 나라 화폐로 이루어지는 경우에 환율을 가격책정에 고려해야 한다. 이 때 외국화폐로 결제가 가능하다는 것은 기업이 환율변동 위험을 감안한 가격수준을 책정해야 한다는 것을 의미한다. 우리 상품의 가격은 아래 두 조건을 갖추고 있어야 한다.

- 적절하게 환율변동리스크를 감안하고
- 고객시각 측면에서도 불편하지 않은 가격수준을 제시

아래는 weverse shop이라는 앱에서 구매가능한 걸그룹 '여자친구' 팬클럽의 가입비가 여러 화폐로 결제가능한 모습을 보여주고 있다.

그림 2-26 3개의 화폐로 결제가능한 2020년 Buddy가입비

한국통화 결제시: 2020년 7월 기준
33,000원

미국 달러화 결제시:
$33

일본 엔화 결제시:
3,000엔

위의 사례를 보면 한국돈으로 결제할 경우 33,000원(부가세 포함)인데 미국달러화로 결제하면 $33를 결제하고, 일본 엔화결제 시에는 3,000

엔으로 결제할 수 있다. 미국달러나 엔화에 환율을 적용하면 한국돈 33,000원을 살짝 넘는다. 이 회사는 시각적으로는 '3'이라는 숫자를 제시하여 시각적으로 통일성도 주고, 실제는 환율의 변동을 회피하는 아주 좋은 가격수준을 제시하고 있는 것이다.

6. 정 리

지금까지 가격을 책정하는데 필요한 요인들을 하나씩 살펴보았다. 이들 요인을 성격을 살펴보면 다음과 같이 정리할 수 있다.

- 가격을 매기는 데 정말 많은 것을 고려해야 한다.
- 가격은 판매자시각이 아닌 구매자인 고객시각으로 매기는 것이 중요하다.
- 가격은 경쟁전략적 요인을 고려해야 한다(담합, 포지셔닝 등).
- 가격은 감각으로 매기는 것이 아니라 분석적이어야 한다.
- 가격은 경영자를 포함한 임직원들이 공유하는 작업이 필요하다.
- 가격은 체계적 관리조직이 필요하다.

그림 2-27 가격책정의 미래 방향성

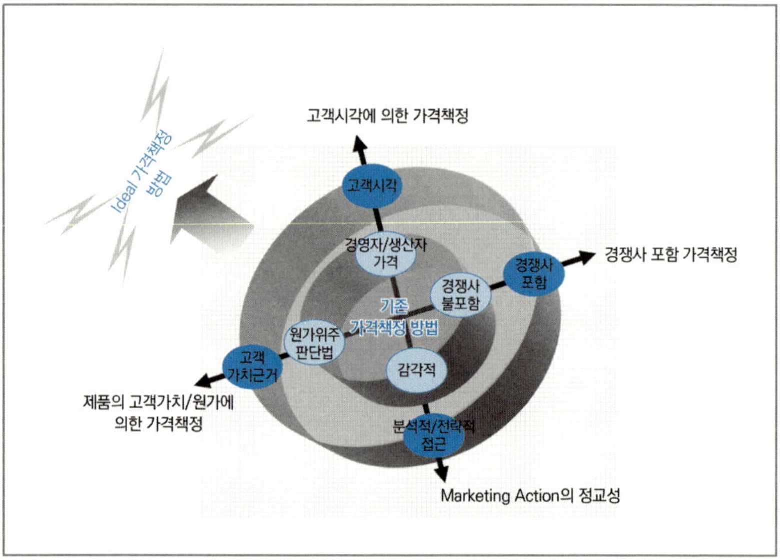

6.1. 가격책정 점검표

물론 저자가 미처 포함하지 않은 요인까지 생각한다면 더 많은 요인이 가격책정에 영향을 미칠 것이다. 마케터가 자신의 상품가격을 측정할 때 혹시 놓치는 요인이 발생할 것을 우려하여 저자들은 가격책정이 기업성과에 미치는 영향을 고려할 때 마케터가 가격을 책정하기 전에 아래의 사전점검표를 만들어 운영할 것을 권하고 싶다.

그림 2-28 가격책정 점검표(check list)

기업차원 가격책정목적	해당사항에 ✓표 하십시오
❶ 이익극대화(profitability) goals	☐
❷ 매출액극대화(volume or growth goals)	☐
❸ 재무적 목적달성(financial goals): 유동성, 자산부채비율	☐
❹ Power goals: 시장리더십, 경쟁사 죽이기, 경쟁사 대비 가격	☐
❺ Social goals: 고용창출, 종업원만족도, 사회가치실현	☐
❻ Loyalty goals: 고객에게 봉사실현	☐
❼ Quality Image goals: 고객과 주주에게 특정품질이미지 제공	☐

상품차원 가격책정목적	해당사항에 ✓표 하십시오
❶ 중점상품(anchor product) goals	☐
❷ 자극상품(stimuli product) goals	☐
❸ 보조상품(assortment or stock product) goals	☐
❹ 미끼상품(loss leader) goals	☐
❺ 플랫폼(Platform or Module) goals	☐
❻ 기본 product goals	☐

우리 회사 요인	해당사항에 ✓표 하십시오	
❶ 우리 기존 제품계열 가격을 고려해야 하나요?	예 ☐	아니오. 해당사항없음 ☐
❷ 상품의 형태, 색상, 콘텐츠가 고객 눈에 변화해 보이나요?	예 ☐	아니오. 해당사항없음 ☐
❸ 원가가 변화했나요? 물가상승률이 있나요?	예 ☐	아니오. 해당사항없음 ☐
❹ 유통망 마진을 고려해야 하나요?	예 ☐	아니오. 해당사항없음 ☐
❺ 함께 팔리는 보완재가 존재하나요?	예 ☐	아니오. 해당사항없음 ☐
❻ 플랫폼과 모듈로 판매되는 상품인가요?	예 ☐	아니오. 해당사항없음 ☐
❼ 제품과 서비스가 별도로 판매되는 상품인가요?	예 ☐	아니오. 해당사항없음 ☐

고객 요인

해당사항에 ✓표 하십시오

❶ 우리 상품 가치가 고객 눈에 변화했나요?	예 ☐	아니오. 해당사항없음 ☐
❷ 우리 상품의 가치가 경쟁사 상품 대비 변화했나요?	예 ☐	아니오. 해당사항없음 ☐
❸ 우리 상품에 대한 지불용의가격을 아시나요?	예 ☐	아니오. 해당사항없음 ☐
❹ 구매자가 지불하는 금액 중 소비자가격 이외에 추가비용이 많나요?	예 ☐	아니오. 해당사항없음 ☐

• 우리 상품을 구매하는 사람을 아래 그림 중 하나를 선택하여 ✓표 하십시오

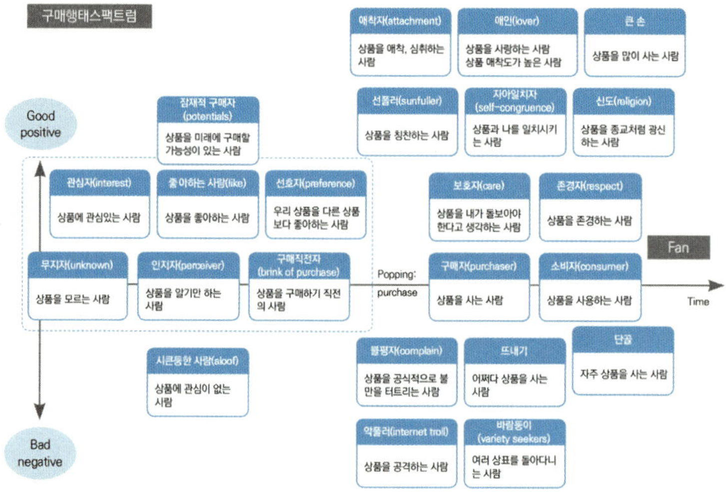

경쟁자 요인

❶ 우리 상품 경쟁자 이름을 모두 적으시오

경쟁자 요인

❷ 우리 상품의 대체재 이름을 모두 적으시오

아니오. 해당사항없음 ☐

경쟁자 요인

❸ 경쟁자의 출시 시기를 적으시오

아니오. 해당사항없음 ☐

6.2. 가격요인 중 우선순위

마케터가 이 많은 요인을 모두 체계적으로 고려하지 못하는 상황이라면, 마케터가 우선순위를 두고 제일 먼저 확보해야 하는 요인을 정해두는 것이 경영에 편리할 것이다. 저자들은 아래와 같은 순위를 매겼다.

- 1순위: 고객시각에서 우리 상품의 절대적 가치(경쟁사가 없는 경우)
- 2순위: 고객시각에서 우리 상품의 상대적 가치(경쟁사가 강력한 경우)
- 3순위: 원가(변동비)

이제 저자들은 Chapter 3에서 위에서 지적한 1~3순위의 요인을 바탕으로 실무종사자가 사용하는 가격책정방법을 소개하고, 산업별로 적당한 가격책정방법론과 그 장단점을 비교해 볼 것이다.

가격책정방법

Chapter 3

1. 가격책정방법의 분류

Chapter 2에서 너무나 많은 요인이 가격책정에 영향을 주고 있다는 것을 독자들은 발견했을 것이다. 이들 요인 모두를 동시에 동일한 중요도로 취급하여 가격책정에 반영할 필요는 없다. 저자들은 이미 가격책정에 미치는 영향에 우선순위를 지적한 바 있다. Chapter 3에서는 이 중요요인을 중심으로 기존 산업에서 사용하는 가격책정방법의 장단점을 명확히 제공하고자 한다. 이 때 독자인 마케터 여러분은 자신이 사용하는 방법의 약점을 명확히 인식하고 이 약점을 보강해 가기를 바란다.

저자들은 기존의 많은 가격관리 관련 책을 점검하고, 더불어 지난 20여 년간 실무종사자와 함께 일하면서 그들이 사용하는 가격책정방법을 〈그림 3-1〉과 같이 네 가지로 정리하였다. 독자 여러분은 각 가격책정방법 아래에는 다양한 변형된 세부가격책정방법도 존재함을 발견할 수 있다.

그림 3-1 가격책정방법의 분류

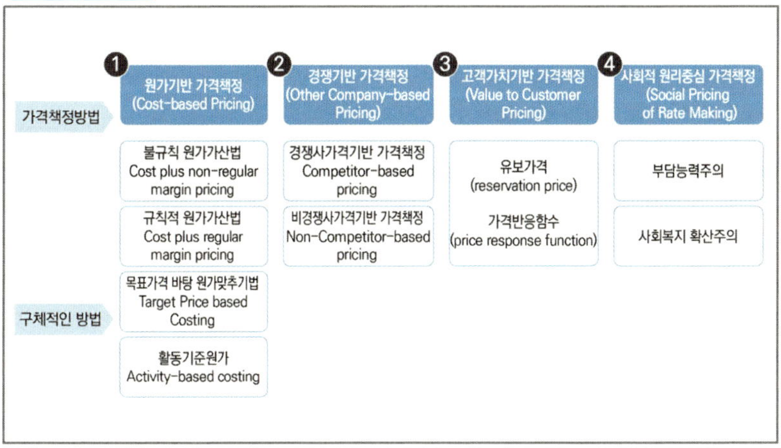

이 방법들의 특징은 다음과 같다.

- 산업별 특징: 산업별로 특정 가격책정방법이 많이 사용되는 것을 발견한다. 핸드폰 시장은 경쟁기반 가격책정이 많이 사용된다.
- 영리기업 vs 비영리기업: 비영리기업은 주로 원가기반 가격책정과 사회적 원리중심 가격책정이 많이 이루어진다.
- 가격요인 충실정도: 가격에 영향을 미치는 요인을 충실하게 많이 사용하는 고객가치기반 가격책정이 존재하기도 하지만, 반대로 아주 적은 수의 가격책정영향요인을 사용하는 경우도 발견할 수 있다.

그림 3-2 가격책정방법 중 많은 요인을 고려하는 방법에서 적은 요인을 고려하는 방법으로 내림차순으로 정리

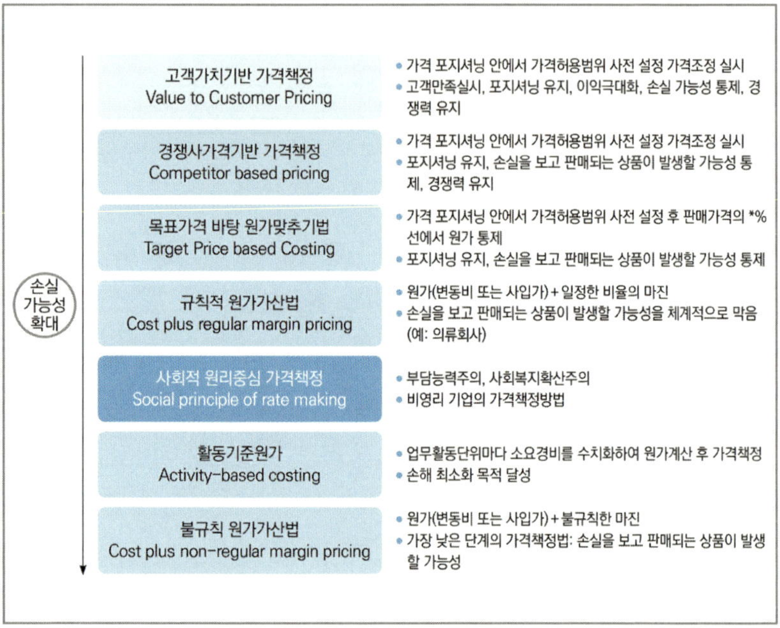

〈그림 3-2〉는 Chapter 2에서 정리한 가격을 매길 때 고려하는 요인을 충실히 반영한 정도에 따라 가격책정방법을 분류하여 높은 수준의 방법부터 낮은 수준의 방법으로 내림차순으로 정리한 것이다. 이 그림에서 위에 있는 방법은 회사가 가격으로 인해 손실가능성이 상대적으로 적고, 아래 방법으로 갈수록 가격으로 인한 손실가능성이 상대적으로 커질 것으로 예상할 수 있다.

2. 원가바탕 가격책정(Cost-based Pricing)

원가바탕 가격책정방법은 제품단위당 원가에 일정량의 마진을 붙여서 가격을 산출하는 방법이다. 이 방법은 현실적으로 많은 제품의 가격을 동시에 매길 경우에 사용하기에 편리한 방법이다.

- B 의류브랜드의 상품기획 실무자는 1년에 몇 번씩 200여 개 제품의 가격을 단 며칠 만에 매겨야 하는 상황이라고 말한다. 따라서 원가바탕 가격책정 이외에 다른 가격책정을 현실적으로 적용할 시간이 없다고 말했다.
- 국내 항공사들은 유가나 환율상승으로 인해 원가가 상승하여 어쩔 수 없이 항공요금을 인상한다고 발표하곤 한다. 하지만 유가 등이 떨어질 때 운임을 낮추었다는 보도는 소비자는 자주 접하지 못한다.

그러나 원가기준 가격책정 방법은 다음과 같은 한계가 있다. 첫째, 원가가산법의 기초인 단위상품당 원가에서 모든 문제가 발생한다. 일단 판매가 감소하고 있는 상황을 예상해 보자. 총비용이 일정할 때 판매가 감소하면 단위 상품당 평균원가가 상승할 수밖에 없다. 원가바탕 가격책정 방법을 따르게 되면, 단위당 원가에 일정한 마진을 더해 가격을 책정한다. 따라서 매출이 줄어드는 상황에서는 단위당 원가가 상승했으므로 여기에 마진을 더하면 가격을 상승시키는 의사결정을 내리게 된다. 그러나 판매가 부진한 상황에서 가격인상은 더 심각한 판매부진으로 이어지는 악순환에 직면하게 된다.

왜 이런 현상이 나타나는가? 그것은 원가기준 가격책정 방법이 '판매가 감소하고 있다는 상황'을 판매자의 입장에서 해석하고 있기 때문이다. 실제로 판매가 감소하고 있다는 것은 고객의 입장에서는 제품에 대해 느끼는 가치가 감소하고 있는 것인데, 고객의 입장은 배제하고 원가상승만을 더 고려하기 때문에 시장의 수요에 능동적으로 대처하지 못하는 것이다. 결국, 이 방법의 가장 큰 단점은 제품을 구매하고 회사의 이윤을 창출하는 본질이 고객이라는 사실을 망각하고 있다는 사실이다.

둘째, 판매가와 고객이 우리 제품에 대해 느끼는 가치(고객이 지불하고자 하는 가격) 간의 차이에서 손해가 발생한다. 예를 들면, 고객이 555만원까지 지불할 용의가 있는데, 원가기준 가격책정에 의해 535만원에 가격을 매겼다면 하나 팔 때마다 20만원을 손해 보게 된다. 반면에 고객이 555만원에 가격을 지불할 용의가 있는데 575만원에 가격을 매겼다면 판매가 감소할 수 있다.

셋째, 원가기준 가격책정은 경쟁사의 가격을 고려하고 있지 않다. 예를 들어 경쟁사가 가격을 낮출 경우, 원가기준 가격책정은 경쟁사 제품가격과 비교하여 구매하는 고객행동을 반영하지 못함으로써 우리 제품의 판매가 감소하거나 경쟁사에게 고객을 빼앗길 우려가 있다. 따라서 원가기준 가격책정 방법을 사용하는 회사는 고객이 제품에 대해서 느끼는 가치를 측정할 필요가 있으며 경쟁사의 가격변화에 대응하려는 시도가 필요하다.

그림 3-3 원가바탕 가격책정 기본원리

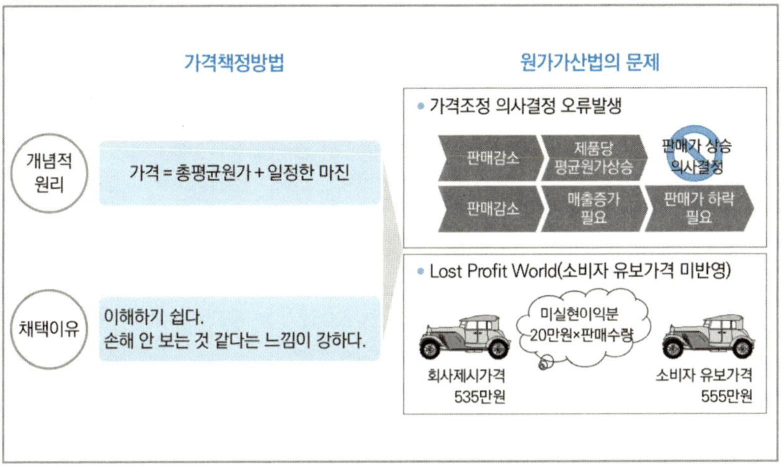

2.1. 원가바탕 가격책정의 종류와 비교

원가바탕 가격책정 방법은 세부적용방법에 따라 다시 네 종류의 하위방법으로 구분할 수 있는데 이들의 책정방법의 근거, 적용방식, 장단점, 적용산업은 〈표 3−1〉과 같다.

〈표 3-1〉 원가바탕 가격책정의 종류와 비교

구분	근거	적용방식	장점	단점	고려요인	적용산업
불규칙 마진 원가가산법 (Cost plus non-regular margin pricing) - 총괄원가보상	- 단시간에 많은 상품의 가격을 책정할 때 - 공공요금	- 원가+불규칙한 마진율 또는 마진을 더하기 - 총괄원가+적정투자보수	빠른 시간에 가격을 매길 수 있음	고정비 및 일반관리비를 마진이 보전할 수 없으면, 고객이 지불할 가격보다 낮으면 손해	오직 원가	- 소량다품종 판매업종(다이소, Health & beauty 산업, 완구점, 문방구 등 - 공공요금

규칙 마진 원가가산법(Cost plus regular margin pricing)	단시간에 많은 사품의 가격을 책정할 때	원가+규칙적 마진율 또는 마진율 더하기	빠른 시간에 가격을 매길 수 있음	고정비 및 일반관리비를 마진이 보전할 수 없으면, 고객이 지불할 가격보다 낮으면 손해	오직 원가	소량다품종 판매업종(다이소, Health &beauty 산업, 완구점, 문방구 등
목표가격 바탕 원가맞추기법(Target price based Costing) - 목표수익률 가격책정(Target return pricing)	사전에 결정한 포지셔닝에 맞는 가격에 원가를 맞추기	사전 결정한 가격과 마진을 확보할 수 없는 원가산출 시 상품출시포기	포지셔닝을 유지, 확실한 마진 확보	목표가격대비 원가율 확보를 위한 비용증가	포지셔닝(경쟁사 포함), 원가	대형식품업(라면 등) 저가 의류회사
활동기준원가(Activity-based costing)	업무활동 소요경비를 수치화 후 가격책정(원가만 받기)	원가(변동비 또는 사입가)+마진(일반적으로 적은 마진)	구매자와의 가격 충돌 적음	마진이 거의 발생 안함	원가	회사의 인력이나 생산시설의 회전을 목적으로 할 때, 고객에게 서비스개념

- 위의 네 방법은 적용방식은 약간씩 다르지만 근본적으로 원가를 가장 중요시한다는 점에서 원가바탕 가격책정방법으로 분류되었다.
- 기본적으로 원가와 마진으로만 구성되어 있다는 특징이 있다.
- 원가계산이 이 가격책정방법들의 핵심과업이 된다.
- 주로 다품종 소량생산, 일시적으로 판매되는 제품, 주력제품 등 다양한 생산 및 판매가 이루어지는 산업에서 사용되는 가장 일반화된 가격책정방법이라 할 수 있다.

2.2. 불규칙 마진 원가가산법(Cost plus Non-Regular Margin Pricing)

이 방법은 오직 원가만을 고려한 후 여기에 '불규칙한 마진'을 더하고 있는 경우이다. 이 방법은 상품마다 들쭉날쭉한 마진이 원가에 부과되는 현상이 벌어진다. 사기업이나 공기업에서 모두 사용하는 방법이다. 먼저 사기업의 경우를 보면 불규칙 원가가산법은 다품종 소량

생산 및 판매가 이루어지는 산업이나 다품종의 상품을 사입하여 동시에 많은 상품의 가격을 정하고 이들을 동시에 진열하여 판매하는 산업에서 사용하고 있는 방법이다.

저자들은 저가 회전상품 중점 판매기업, H&B(health and beauty)업체, 식자재 기업, 최근 다양한 물품과 서비스를 온라인으로 판매하는 K-Pop 온라인굿즈 판매기업에서 이 방법을 사용하고 있을 가능성을 목격한 바 있다.

그림 3-4 불규칙 마진 원가가산법

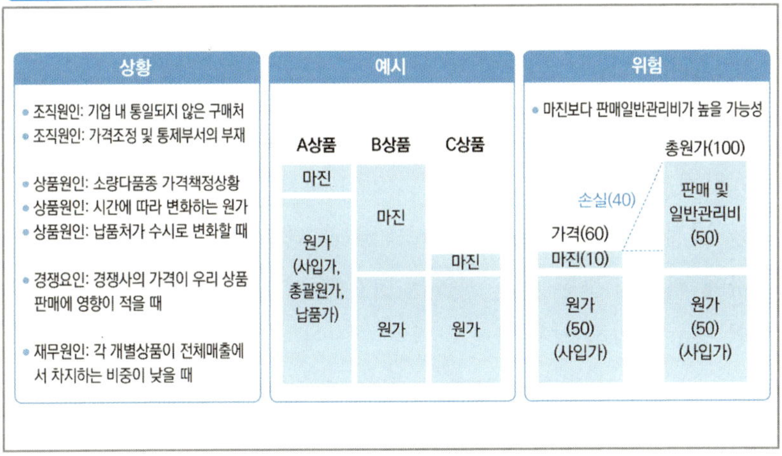

우리 저자들은 이런 방법을 사용하는 회사들을 인터뷰하거나 조사하여 다음과 같은 특징을 발견하였다.

- 신생회사이어서 해당업종에서 상품을 많이 판매해 본 경험이 적은 경우가 많다(조직 내 종사자가 해당산업에서 일한 지가 얼마 안 되는 것을 발견하기도 한다).

- 기업 내에 여러 부서에서 각기 다른 구매과정을 통해 상품이 사입되는 경우도 있다.
- 가격을 통제하는 부서를 갖고 있지 않은 경우가 많다.
- 경쟁사의 상품가격이 우리 상품판매에 영향이 거의 없어서, 우리가 어느 가격을 상품에 매겨도 해당 가격에 판매가 이루어진 경험이 누적되었을 때 나타나는 가격책정방법일 가능성이 높다.
- 각 개별상품이 전체매출에서 차지하는 비중이 낮아서 조직 내에서 개별상품의 가격책정에 별로 신경을 안 쓴다는 인상을 저자가 받는다.

하지만 불규칙 마진 원가가산법은 기업의 이익을 보장할 수 없다. 그 이유는 마진과 일반 및 판매관리비와의 관계 때문이다. 기업이 불규칙하게 매긴 마진이 다행히도 기업이 생산 및 유통 판매를 위해 사용한 간접비(판매 및 일반관리비)를 초과하면 다행이다. 불규칙한 마진을 원가에 더하다 보면 어느 상품은 마진이 간접비를 초과하고 또한 반대의 경우도 발생한다. 따라서 만약 마진이 간접비 미만으로 책정되는 불규칙한 경우가 많으면 판매가 증가할수록 회사가 손실을 입게 되는 것이다.

> 불규칙 마진 원가가산법은 기업이 절대 피해야 하는 가격책정방법이다.

저자들은 이런 위험을 방지하는 대책을 조직 내 내재화시키기 위해 아래와 같은 점검을 시도할 것을 권고한다. 독자여러분도 아래 그림에서 starting point를 찾아 시작해 보자.

우리의 대책은 아래와 같다.

- 구매담당 부서의 통일
- 가격통제 회의나 협의체의 공식적 존재
- 가격통제 회의의 정기적 개최 및 환류(feedback)체계 운영
- 원가(직접비, 간접비) 계산의 정기적 실시와 정보공유
- 다른 가격책정방법론 시도해 보기

그림 3-5 불규칙 마진 원가가산법을 가진 회사의 위험 극복 흐름도

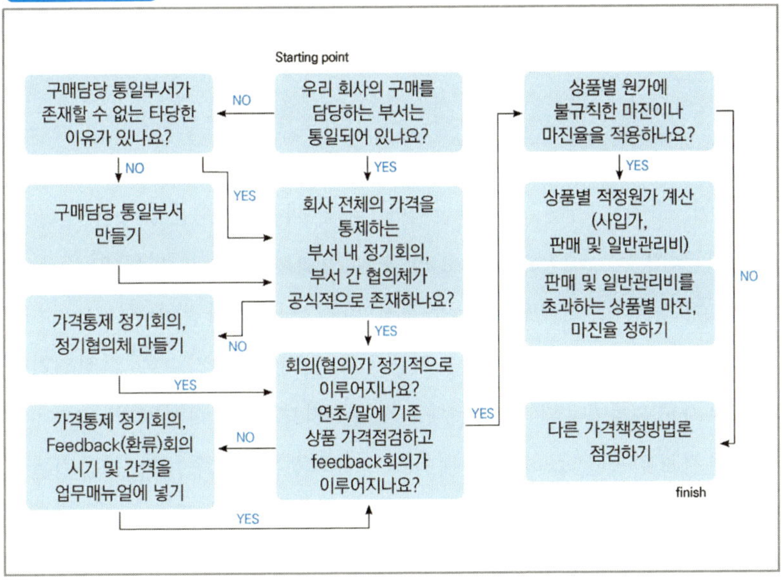

그림 3-6 공공요금 산정기준〈기획재정부훈령 제345호〉 구조

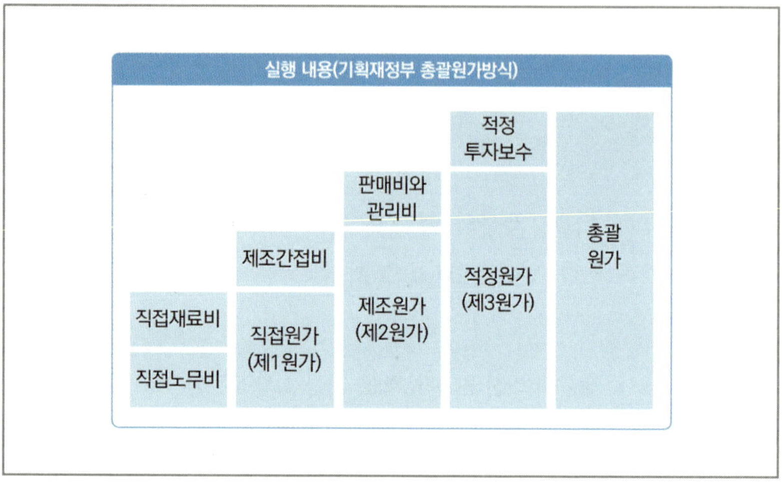

공기업의 경우에도 불규칙 원가가산법이 사용된다. 공공요금책정이 바로 이 불규칙 마진 원가가산법에 의해 책정된다. 공공기관은 '공공요금 산정기준(기획재정부 훈령 제345호가 제시한 총괄원가계산 방식)'을 따르고 있는데, 이 훈령의 기본원리가 불규칙 마진 원가가산법이다.

공공요금산정은 총괄원가를 기준으로 한다. 총괄기준은 적정원가에 적정투자보수를 더해 산출된다. 적정투자보수는 적정원가(요금기저)에 적정투자보수율을 곱하여 산정한다. 이 적정투자보수율이 공공기관마다 다르므로 불규칙 마진 원가가산법에 해당한다.

2.3. 규칙적 마진 원가가산법(Cost plus Regular Margin Pricing)

기업이 상품마다 원가에 '일정률의 마진이나 일정폭의 마진'을 부가하여 가격을 책정하는 방법이다. 기업은 사전에 간접비를 보전하고 적정이윤을 확보하는 마진율을 계산해 놓고, 상품의 원가가 계산될 때마

다 이 사전결정된 마진율을 원가에 곱하는 방식을 취한다. 기업의 손실을 방지하는 장치가 '사전결정마진율'이다. 이 방법을 사용한 경우를 저자들은 패션업체에서 발견하였다. 의류업체나 운동화 제조판매업체에서 이 방법을 사용하였다.

그림 3-7 규칙적 마진 원가가산법

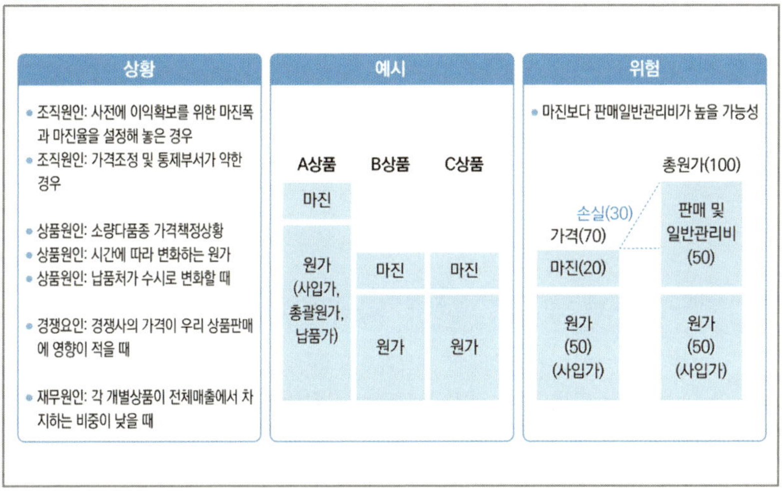

이 방법이 제대로 작동하기 위해서는 정기적인 원가계산이 필수적이다.

- 원가 정기점검: 간접비를 보전하는 사전마진율이 제대로 작동하고 있어도 상품의 원가가 수시로 변화하는 상황에서 이를 통제하지 못하면 자칫 기업의 손실을 자초하게 한다.
- 사전결정마진율 점검: 판매 및 일반관리비 등이 수시로 변화할 수 있기 때문에 사전결정마진율도 정기적인 점검을 위한 부서와 업

무매뉴얼이 필요하다. 왜냐하면 간접비 배부에는 시간과 노력이 투자되기 때문에 한 번 사전결정된 마진율이 장기적으로 사용될 가능성을 배제하기 위함이다.

이 방법의 단점은 앞서 지적한 대로 고객의 지불하고자 하는 가격을 반영하지 못한다는 점 이외에 자칫 포지셔닝을 벗어나는 상품가격이 매겨지곤 한다는 점이다. 특정상품의 원가가 매우 높으면 원가에 사전결정된 마진율을 더하면 마진도 커져서 상품의 가격이 굉장히 높아지고, 고객이 원하는 포지셔닝에서 상품의 가격이 벗어날 수도 있게 된다.

원가 때문에 포지셔닝이 벗어난 사례

저자 중 한 명은 첫 직장으로 의류회사를 다녔는데 이 회사는 중가구두와 중가의류를 생산 판매하였다. 이 '중가'라는 포지셔닝을 유지하기 위해 개발되는 상품의 원가를 철저히 통제하고 있었다. 그런데 의류개발담당 이사가 새롭게 부임하였는데 이 분은 '고가' 의류에서 상품개발을 담당한 경력이 있었다. 이 새로운 의류개발담당 이사가 마음에 드는 의류 디자인의 원가는 평상 시 이 회사가 경험한 원가의 두 배가 넘는 것이다. 이 원가에 마진을 더하면 더 이상 '중가' 의류가 아니어서 목표시장이 지불할 수 없는 가격의 상품이 되었다. 마케팅부서장과 의류개발담당 이사와는 가끔 이 문제로 갈등이 조성되었다.

규칙적 마진 원가가산법을 책정하는 순서는 아래와 같다. 독자들이 한 번 작성해 보자. 다음 사례는 매우 간단한 순서를 보여주고 있다. 실제는 엄청난 양의 회계적 직접비·간접비 배부과정이 필요하다.

그림 3-8 규칙적 마진 원가가산법 적용순서 연습

1) 상품을 하나 선택하십시오. __________ 어느 채널(유통망)에서 팔리나요? _____
2) 이 상품의 1개 상품당 직접원가(사업가 등)를 적으십시오. __________ (A)
3) 직접원가 이외에 회사전체가 1년간 사용하는 '일반 및 판매관리비(인건비 포함)'를 적으십시오. __________ (B)
4) 1)번 상품의 연간 판매량을 적어보십시오. __________ (C)
5) 3)번 '일반 및 판매관리비(인건비 포함)(B)'를 4)번 연간판매량(C)으로 나누어 보십시오. '1개 상품당 일반 및 판매관리비'가 도출될 것입니다. 이것을 적으십시오. __________ (D)
6) (A) 직접원가 + (B) 1개 상품당 일반 및 판매관리비 = __________를 계산하십시오. (E)
7) (E)에서 (D)가 차지하는 비중을 계산하십시오. __________ 이것이 최소마진율입니다. (F)
8) 최소마진율(F)에 추가적으로 더해질 것으로, 독자가 생각하는 '적정추가마진율'을 적어보십시오. __________ (G)
9) 최종가격 __________ = (A) '1개 상품당 직접원가 + (A)*(F) 최소마진율 + (A)*(G)'입니다.

2.4. 목표가격 바탕 원가맞추기법 (Target Price Based Costing)

목표가격 바탕 원가맞추기법은 '목표수익률 가격책정(Target return pricing)'이라고도 불리운다. 이 방법의 시작은 포지셔닝이다. 기업은 제일 먼저 포지셔닝 등을 감안하여 미래 소비가격대를 설정해 놓는다. 이 포지셔닝에 걸맞는 제품사양을 확정한 후 이 목표제품사양에 맞추어 추후 개발된 상품에 대해 원가측정이 이루어진다. 이 개발된 상품의 원가와 기업의 목표마진을 더한 값이 사전에 결정된 소비자가격을 부합시킬 때만 상품출시가 이루어진다. 저자는 식품회사 중 시장선도자 기업에서 이 방법을 사용한다는 연구결과를 보고한 적이 있다. 또한 낮은 가격대의 정장의류상표가 많이 사용하는 방법이기도 하다.

그림 3-9 목표가격 바탕 원가맞추기 의사결정도

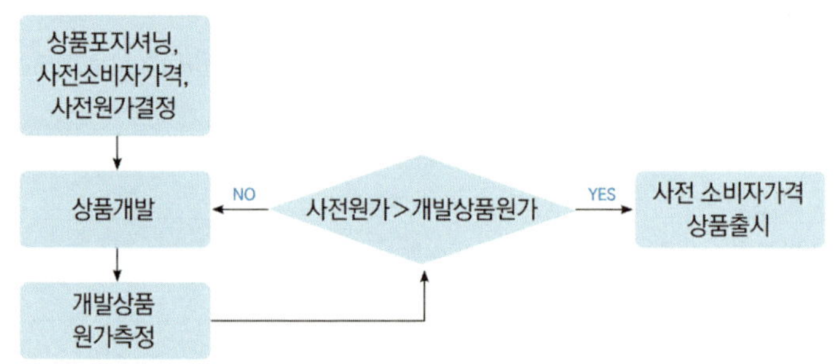

그림 3-10 목표가격 바탕 원가맞추기 연습

사례

- 라면: 시장추종자가 시장선도자의 90% 선에 소비자가격을 매기기로 하고, 회장님의 입맛에 맞는 라면을 개발한 뒤, 상품개발부서에 ***원이 넘지 않는 원가가 가능한 원부자재조달처를 세계각국에서 구해오라고 지시한 사례
- Fast fashion 의류: 판매가를 100으로 했을 때, 직접원가(원부자재값)가 무조건 40이 넘지 않아야 한다는 기준을 가졌던 과거 이랜드 사례
- 수제햄버거집: '골목식당'에서 점포주와 백종원 씨가 판매가를 사전에 결정해 놓고 원가가 소비자가격의 *%선을 넘지 않게 상품을 조정해 나가는 사례

작성

- 귀하가 관심있어 하는 신상품을 하나 적으시오.
(______________________________)
- 그 상품이 팔리는 유통망이나 매장의 위치를 적으시오.
(______________________________)
- 경쟁사나 그 매장의 직접경쟁매장을 적으시오.
(______________________________)
- 사전 가격수준을 적으시오.
(______________________________)
- 사전에 결정된 가격수준 대비 원가율을 적으시오.(　　　　　)
- 그렇게 원가율이 설정된 이유를 적으시오.(　　　　　)

독자들도 목표가격 바탕 원가맞추기 연습을 〈그림 3-10〉으로 해보자.

2.5. 원가계산(Costing)

지금까지 살펴본 여러 원가가산법의 핵심요소는 원가계산과 마진부여이다. 이 중 원가계산이 가장 중요하다. 기업 스스로 제품을 생산하지 않아서 납품을 받는 경우에는 사입가 또는 납품가가 '변동비이자 직접비'이다. 여기에 '판매 및 일반관리비'인 간접비를 더한 것이 원가이다. 기업 스스로 제품을 생산하는 경우에는 직접원가와 간접원가를 합한 것이 원가이다. 기업성격에 따라 원가계산 방식이 상이할 수 있다. 아래 사례는 영상물등급위원회의 원가계산과정이다.

그림 3-11 영상물등급위원회의 원가산출과정

1단계: 원가분류기준규명	2단계: 분야별 집행액 파악	3단계: 분야별 간접비 배부	4단계: 분야별 관리비 배부	5단계: 분야별 원가산출
• 수지결산서의 계정을 • 직접원가 • 간접원가 • 관리비로 규명 • 기획재정부 훈령에 근거하면 영등위의 간접원가와 관리비는 '공통비'	• 직접원가: 영화 비디오 광고 공연분야별 직접지출액. 직접원가의 분야별 지출비중을 파악함 • 공통비 (=간접원가+관리비) • 간접원가: 사업비 중 등급분류 정보화, 교육홍보, 조사연구의 지출액 • 관리비: 경영기획의 지출	• 대상: 등급분류 정보화, 교육홍보, 조사연구비용의 합 • 기준: 분야별 직접비 비중을 분야별 간접비로 배부	• 대상: 관리비인 경영기획 비용 • 기준: 분야별 직접비 비중을 분야별 관리비로 배부	• 분야별 총괄원가 = 분야별 직접원가 + 분야별 간접원가 + 분야별 관리비 • 영화 비디오 공연 분야별 단위당원가 = 분야별 총괄원가 / 심의건수 • 광고 분야별 단위당원가 = 분야별 총괄원가 / 총심의시간

영상물등급위원회의 홈페이지에 들어가면 공시된 원가산출보고서가 5년에 한 번 정도 게시되어 있다. 이 기관에서 공시한 자료를 보면 원가계산은 수지결산서의 계정을 이용하고 있다. 이 기관은 직접원가와 공통비로 원가를 구분하였다. 4개 심의분야별 직접원가는 쉽게 파악된다. 이 기관은 3개의 사업과 경영기획이라는 관리부서의 비용을 공통비로 삼고 4개 분야별로 배부하였는데 그 기준은 분야별 직접비 비중으로 하였다. 따라서 아래와 같이 가격(심의수수료)이 부과된다.

- 분야별 총괄원가 = 분야별 직접원가 + 분야별 간접원가 + 분야별 관리비
- 분야별 단위당원가 = 분야별 총괄원가 / 심의건수
- 분야별 단위당원가 = 심의수수료(가격)

2.6. 활동기준원가와 가격책정(activity-based Costing and Pricing)

활동기준원가 가격책정이란 활동단위로 업무를 세분화하고, 활동단위마다 소요경비를 수치화 후 여기에 마진을 더하거나 마진을 더하지 않는 방법을 말한다. 주로 상품제작이나 제공에 들어간 행위에 관련된 비용에 초점을 맞추는 경우를 말한다. 기존 '불규칙적 마진 원가가산법'이나 '규칙적 마진 원가가산법'은 원가산출에 관심을 두기보다는 마진에 관심을 둔 것이라면, 활동기준원가는 상품제공과 관련된 일련의 행위에 노출된 비용과 기회비용 등의 노출되지 않은 비용까지 모두 수치화하는 '원가계산' 방식에 더 집중한 경우이다. 이렇게 활동기준으로 원가계산 후 마진을 붙이는 방법을 활동기준원가 가격책정이라 부른다.

예를 들어 기업이 주력상품이 아닌 서비스개념으로 고객에게 마진 없이 제공하는 소품이 여기에 해당된다. 제공활동에 들어간 원가만을 계산하여 가격을 책정한 상황과 사례를 보자.

귀하가 아래 상황의 가격책정자라면 얼마의 콜라가격을 매기겠는가? 이 회사는 실제 1,000원 내외의 낮은 가격으로 제공했다. 자기 팬들에게 서비스하는 것이니까?

그림 3-12 활동기준원가와 가격책정 가상사례

상황	사례
• 조직원인: 간접비 배부계산을 1년에 아주 드물게 계산되는 경우 • 조직원인: 간접비 배부과정이 매우 복잡하여 직원시간을 너무 뺏을 때 • 상품원인: 중점상품이 아닌 경우 • 상품원인: 일시적으로 판매되는 경우 • 재무원인: 각 개별상품이 전체매출에서 차지하는 비중이 낮을 때	• 방탄소년단의 잠실주경기장 일요일 막콘(마지막 콘서트)은 7시. 하지만 오전 9시부터 잠실경기장 주차장에서 팬들끼리 놀 수 있는 공간을 마련했다. 이 때 설치한 Kiosk에서 콜라는 얼마로 팔아야 할까? • BigHit사의 콜라가격은 얼마로 해야 하나? • 활동(activity)시중 온라인 판매가: 355ml 24캔이 17,220원(1can 717원) + 냉장필요 + 택배비부담 필요 + Kiosk설치비 • 참조: 롯데리아 420ml(R) 1,700원

당신의 선택가격은?
________원

3. 타사기반 가격책정(Other Company-based Pricing)

우리 상품의 가격을 다른 회사 상품 가격수준의 일정거리 수준에서 가격을 매기는 방법이다. 즉, 이 방법은 다른 회사 상품의 가격에 의존하여 가격을 책정하는 방법으로, 경쟁사 대비 몇 % 수준에서 우리 상품의 가격을 매기는 것이다. 다음 사례를 보자.

- 국내 K기업의 스포츠신발사업부장은 FILA의 90% 수준에서 가격을 책정한다고 말했다.
- 국내 초코파이의 경우 O사의 초코파이에 비해 L사의 초코파이는 항상 저렴하다. 24개 묶음판매의 경우 약 50% 수준에서 가격책정이 이루어지고 있는 듯하다. 10g을 기준으로는 70% 수준의 가격 차이를 유지하는 것처럼 저자 눈에 보인다. 2020년의 경우에 하루 기준 이마트 판매가격으로 O사의 초코파이는 1개당 320원의 소비자가격을 가졌고 L사의 초코파이는 160원이다. 10g당 O사는 82원이고 L사의 초코파이는 57원이다.

그림 3-13 타사가격 기반 가격책정방법

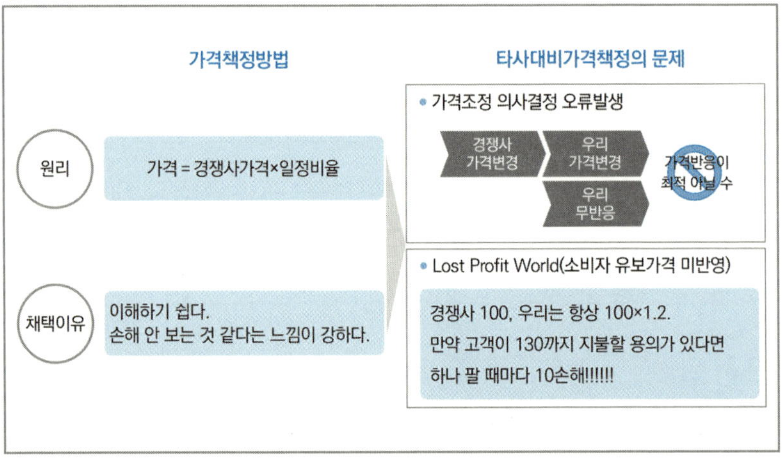

실무에서 많이 사용되고 있는 경쟁사기준 가격책정은 두 가지 한계를 지니고 있다. 첫째, 원가기준 가격책정 방법에서 충실히 반영하고 있는 원가가 반영되지 못한다. 둘째, 원가기준 가격책정과 마찬가지로 고객이 지불하고자 하는 가치를 제품별로 반영하지 못한다. 예를 들어, 우리 제품의 가격을 경쟁사 제품의 120% 수준에서 정하고 있다고 하자. 이 경우 만약 고객이 지불하고자 하는 가격이 130% 수준 이상이었다면 우리 회사는 10% 정도 손해를 보고 판매를 하고 있는 셈이다.

물론 경쟁사기준 가격책정이 최선일 경우도 있다. 가령, 중국 시장에서 PC Monitor와 같이 경쟁사가 수시로 가격을 올리거나 내리는 제품일 경우에는 원가기준 가격 책정은 의미가 없기 때문에 이 방법을 사용하곤 한다. 또한 제품별 고객가치 측정이 필요하지만 제품경쟁이 치열한 산업의 실무자는 고객가치에 의한 가격책정을 할 시간을 충분히 갖고 있지 못하기 때문에 이 방법을 사용하곤 한다. 그러나 여기서 경쟁사 대비 어느 정도에 제품가격을 측정할 것인가에 대한 문제는 여전히 남아 있다. 바로 이와 같은 상황에서 중요한 것은 상표력 차이에 따른 고객가치를 화폐가치로 측정해 놓았다가, 경쟁사의 가격변경 시 상표력 차이만큼의 가격변경을 실시하는 것이 최적일 때가 있다. 따라서 시장상황에 따라 어쩔 수 없이 경쟁사기준 가격책정을 이용할

〈표 3-2〉 타사가격 기반 가격책정방법

구분	근거	적용방식	장점	단점	고려요인	적용산업
경쟁사 대비 가격책정 (Competitor-based Pricing)	시장점유율 유지 또는 획득	경쟁사가격* 일정률	시장변화 추적	고객의 지불용의 가격을 무시, 기회비용가능성 상존	오직 경쟁사가격	담합 중인 산업 주유소 스포츠신발산업
비경쟁사 대비 가격책정 (non-competitor-based pricing)	완벽한 신상품일 때, 고객의 준거가격이 없을 때	경쟁사가격* 일정률	빠른 시간에 가격을 매길 수 있음	고객의 지불용의 가격을 무시, 기회비용가능성 상존	오직 경쟁사가격	VOD콘텐츠 가격을 책정하기 위해 음원가격을 참조로 한 경우

경우에도, 고객가치를 반영함으로써 경쟁사기준 가격책정방법의 한계를 다소 보완할 수 있을 것이다.

타사가격 기반 가격책정방법은 어느 타사를 기준으로 했느냐에 따라 두 가지로 구분된다.

첫째, 경쟁사 대비 가격책정(competitor-based pricing)은 직접 경쟁사의 가격수준에 대비하여 가격을 매기는 것이다. 여러분은 주유소 가격에서 이런 현상을 자주 목격한다. 이 때 기업들은 경쟁사 가격수준 대비 일정간격을 유지하려고 노력하는데, 이 간격이 너무 좁으면 시장추종자는 급격한 시장점유율 하락을 맞이하게 된다. 너무 멀면 저급 포지셔닝으로 변화한 것처럼 고객의 머릿속에 인식되게 되는 위험이 있다.

둘째, 비경쟁사 대비 가격책정(non-competitor-based pricing)은 경쟁사가 없거나 완벽한 신제품이거나 공공요금처럼 독점적 공급을 하는 조직에서 사용하는 방법이다. 벤치마킹 가격책정(benchmarking pricing)이라고도 부를 수 있다.

독자 여러분은 아래 기업들의 대표상품을 하나씩 선정해서 이들 간에 경쟁사 대비 가격책정이 이루어지고 있는지를 생각해 보자

- 농심신라면과 오뚜기 진라면(이들은 담합하지 않았다고 무죄판결을 받은 바 있다!)
- 애플의 아이폰과 삼성전자의 갤럭시의 지난 10년간의 가격변화
- 동원참치와 사조참치

또한 독자들은 〈그림 3-14〉의 빈칸을 채워보자. 이를 통해 경쟁사 대비가격책정의 간격에 대한 感을 잡기 바란다.

그림 3-14 경쟁사 대비 가격책정방법

예시

- 동일한 가격-품질 포지셔닝에 있어야 한다.
- 시장리더: 동원참치
- 경쟁사: 사조참치, 오뚜기참치
- 항상 동원참치보다 후발주자인 사조참치와 오뚜기참치가 낮은 가격을 매긴다
- 동원참치가 가격을 변화시키면 나머지 회사도 가격을 변화시킨다

작성

- 동일한 가격-품질 포지셔닝에 있어야 한다.
  상품군 ________________
- 시장리더: ________________
- 경쟁사: ________________
- 평상시 가격차이 ____________원
  (거의 동일 스펙의 경우)

반면에 마케터가 어려움을 겪는 타사기반 가격책정방법은 비경쟁사 기반 가격책정이다. 〈그림 3-15〉에 답을 해 보자. 경쟁사가 없는 완벽한 신제품의 경우에 고객이 준거로 사용할 만한 다른 제품카테고리의 가격을 중심으로 가격을 책정하는 방법이다.

그림 3-15 비경쟁사 대비 가격책정 연습

예시

- 온라인 유료콘서트를 하려는 슈퍼엠이나 BTS는 얼마의 티켓가격을 매겨야 할까? → 오프라인 콘서트의 *%! 당신의 선택가격은? ________원
- 강다니엘은 VOD 콘텐츠로 30분 정도의 episode을 유료화한다고 하면 얼마를 받아야 하나? → EXO의 VOD요금은 1,650원에서 아이튠즈의 콘텐츠 가격대인 4,200원 수준. 당신의 선택가격은? ________원
- 영화 백투더퓨처에 등장하는 브라운 박사가 타고 다니는 '바나나와 물'을 연료로 사용하는 비행기 겸 자동차는 출시가격을 얼마로 해야 하나? → 경비행기 가격? 전기자동차 가격? 당신의 선택가격은? ________원
- 전염력이 강한 신종코로나22가 발생할 경우, 환자 전담 간호사의 시간당 임금을 얼마로 해야 하나? → 참고 및 벤치마킹원천을 적어보자. 당신의 선택가격은? ________원

그림 3-16 우리나라 영상품등급위원회가 참조한 영국의 심의기관 수수료

외국 유사기관 수수료부과현황조사

영국 BBFC(The British Board of Film Classification): 다양한 부과단위, 이부요금제

- 영국은 가장 다양한 '수수료지불단위'를 갖고 있음
- 수수료부과체계가 이부요금제(기본료(handling charge) + 분당 심의료)임. 택시요금과 동일함

수수료부과단위 (극장용 영화)

- 1분

(단위: GBP)

작품형태	수수료
기본	106.97 + 7.46/분
3D영화의 2D버전	기본금액의 50%
3D + 2D DCP 파일	-3D: 기본금액과 같음 -2D: 기본금액 + 106.97
라이브	106.97
학생 단편영화	-20분 이하: 53.49, -21~40분: 106.97
1982. 11. 1 이전 심의완료영화의 modern 버전	기본금액의 75%
1982.11.1~1989.7.31 심의완료영화의 modern 버전	기본금액의 75%
심의 필요 없다고 판단된 1989.8.1 이후 심의완료 영화	106.97

수수료부과체계

- 비선형가격체계 중 이부요금제(이중요율)
  기본료(handling charge) EUR 106.97 + 분당 EUR 7.46

수수료지불시점

- 선불
  심사 전일 오후 3시 이전까지 납부완료

지금까지 우리는 원가나 경쟁사가격을 기준으로 가격을 책정하는 방법이 갖는 장단점을 정리하면서 바람직한 가격책정을 위해서는 1) 고객이 느끼는 제품의 가치, 2) 경쟁사 요인(가격과 사양), 3) 원가요인이 반영되어야 함을 알 수 있었다. 이제 이러한 조건들을 모두 충족시키는 고객가치기반 가격책정을 살펴보자.

4. 고객가치기반 가격책정(Value-to Customer Pricing)

이 접근법은 고객별로 고객이 제품에 대해 지불하고자 하는 가격을

산출하고, 가격대별로 몇 명이 구매할 지의 정보를 바탕으로 가격을 책정하는 방법이다. 〈그림 3-17〉은 손목시계의 가격을 고객가치를 기반으로 책정하는 예다. 이해를 쉽게 하기 위해서 손목시계 시장의 고객은 6명이라고 가정하고 원가는 2만원이라고 하자. 각 사람이 해당 제품에 대해 지불할 용의가 있는 가격을 〈그림 3-17〉과 같이 측정하였다(측정 방법에 대해서는 Part 2를 참고). 고객별로 지불하고자 하는 가격은 개인별 고객가치에 의해 측정된 것이다.

그림 3-17 개별고객별 시계 가치를 지불용의가격으로 표시한 사례

이처럼 고객들이 제품에 대해 지불하고자 하는 가격을 마케터가 알고 있다면, 각 가격대별로 몇 개가 팔리고, 그 가격대별 이익이 얼마인지를 알 수 있다. 〈표 3-3〉에서 보듯이, 마케터가 가격을 5만원으로 책정할 경우, 5명(고객 1~고객 5)이 모두 5만원 이상을 지불할 용의가

〈표 3-3〉 위의 시계사례의 가격대별 매출과 이익을 도출하는 예

가격(p)	원가(c)	구매할 고객 수(q)	매출(p*q)	비용(c*q)	이익(매출-비용)
5만원	2만원	5명	25만원	10만원	15만원
6만원	2만원	5명	30만원	10만원	20만원
7만원	2만원	5명	35만원	10만원	25만원
8만원	2만원	5명	40만원	10만원	30만원
9만원	2만원	4명	36만원	8만원	28만원
10만원	2만원	4명	40만원	8만원	32만원
11만원	2만원	2명	22만원	4만원	18만원

있으므로 5개가 팔리고, 이때의 총 매출은 25만원(=5만원×5개)이 된다. 그러나 5개의 제품을 만드는 비용이 10만원(=2만원×5개)이기 때문에 이 회사는 15만원(=25만원-10만원)의 이익을 보게 된다. 10만원으로 가격을 책정할 경우 총 4명이 손목시계를 구매하기 때문에(고객 1, 고객 3, 고객 4, 고객 5), 매출은 40만원(=10만원×4개)이 되고 비용은 8만원(=2만원×4개), 이익은 32만원(=40만원-8만원)이 된다. 이렇게 가격을 몇 가지로 변경시켜 보면서 몇 명이 구매하는지를 예측해 보면, 판매량 또는 매출을 극대화하는 가격에 최종소비자가격을 매길 수 있을 뿐만 아니라, 제품당 원가를 고려하여 이익을 극대화하는 가격에 최종소비자가격을 매길 수도 있다. 위의 가상적인 사례에서는 매출액을 극대화하려면 8만원이나 10만원에 가격을 매기면 되고, 이익을 극대화하려면 10만원에 가격을 매기면 된다.

이렇게 이익을 극대화하는 가격이나 매출액을 극대화하는 가격의사

결정이 가능한 이유는 두 가지 정보를 갖고 있기 때문이다.

> 1. 고객별로 제품에 대해 지불하고자 하는 가격을 찾아 냈기 때문이다.
> 2. 가격대별로 몇 명 구매할지를 예측(가격반응함수)했기 때문이다.
>
> 이를 통해 〈표 3-3〉을 계산할 수 있었기 때문이다.
>
> 우리는 Part 2에서 중점적으로 위의 두 가지 정보를 고객시각에서 분석적으로 찾아가는 방법을 배울 것이다.

〈표 3-3〉에서 가격대별(p) 제품의 판매량(q)의 변화를 예측한 것을 '가격반응함수(price response function)'라고 하는데, 이 함수를 알아냈기 때문에 판매액이나 이익을 극대화하는 가격을 찾을 수 있게 된 것이다. 이 책의 목적은 바로 〈표 3-3〉과 같은 표를 독자 스스로 만들 수 있게 하는 것이다.

〈표 3-3〉이 작성되는 과정에서 들어가는 정보를 정리해보자.

- 가격대별 판매량 정보
- 이 판매량은 우리 상품과 경쟁사 제품사양이나 가격을 동시 고려
- 원가정보
- 이익정보

위와 같이 정리하고 보니, Chapter 2에서 저자들이 제시한 가격책정 시 고려해야 하는 요인 중 중요한 것이 많이 들어가 있음을 발견할 수 있다(경쟁사 제품사양과 가격의 반영은 제2부를 참고).

결론적으로 고객가치기반 가격책정은 경쟁관계를 반영한 우리의 제품에 대해 고객이 느끼는 가치를 고객이 지불하고자 하는 가격으로 환산하여 판매량을 예측하고, 여기에 원가를 대비시켜 해당 가격에 따른 매출과 이익을 계산하는 방법이다. 이 방법은 1) 고객이 느끼는 제품의 가치, 2) 경쟁사요인(제품사양 및 가격), 3) 원가요인을 모두 반영할 수 있기 때문에 기존의 원가기준 가격책정이나 경쟁사기준 가격책정과 비교하여 많은 장점을 가지고 있음을 알 수 있다.

이 방법을 반드시 사용해야 하는 회사는 아래와 같다.

- 회사의 판매상품 중 매출비중이 높은 상품의 경우
- 자주 가격을 매기지 않는 상품
- 급격한 제품사양의 변화(형태, 색상, 콘텐츠)가 발생한 상품

예를 들어 1년에 한 번 나오는 갤럭시 핸드폰가격, 자동차 신차가격, 피자가격, K－Pop 콘서트 티켓가격, 응원봉가격 등이 그 사례이다. 구체적인 가치기반 가격책정방법은 Part 2에서 아주 자세한 방법이 소개된다.

상표가치를 화폐가치로 환산 후 경쟁사 대비 가격책정을 한 사례

F사는 중국시장에 칫솔을 판매하고자 했다. 그러나 칫솔은 칫솔모의 크기나 모양, 손잡이의 재질, 항균기능 여부에 따라 다양한 제품군이 존재한다. 따라서 각 제품군별 고객가치를 개별적으로 측정하기 전에, 중국시장에서 F사의 상표력이 경쟁사에 비하여 어느 정도 가격대로 인식되고 있는지를 먼저 조사하는것이 필요했다. 저자는 중국시장의 고객을 대상으로 F사의 상표력을 측정하여 화폐가치로 환산한 결과, 고객들은 F사의 칫솔에 대해 경쟁사 3보다 3.30위안 정도

더 지불할 의사가 있으나, 선발주자인 경쟁사 2에 대해서는 E사보다 1.76위안 정도 더 지불할 의사가 있는 것으로 분석되었다.

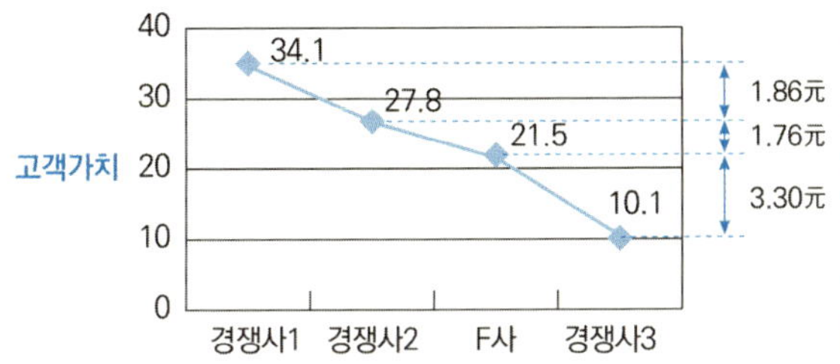

5. 사회적 원리중심 가격책정(social pricing of rate making)

사회적 원리중심 가격책정이란 공기업의 요금을 사회적 수요 혹은 사회적 비용을 기준으로 결정하는 방법이다(이재기 외, 2005). 이 가격책정방식은 사기업의 가격책정방법에서는 거의 활용되지 않는 방법이다. 사회적 원리중심 가격책정은 크게 부담능력주의와 사회복지 확산주의로 나눈다.

부담능력주의는 이용자의 부담능력을 고려하여 서비스나 재화의 요금을 결정하는 방법이다. 이는 공기업의 서비스나 재화가 생활필수품이므로 부담능력이 없다는 이유로 서비스나 재화의 이용을 배제할 수 없다는 사회경제 정책적 배려에서 나온 것이다. 개별 수요자별로 부담능력에 따라 요금을 차등 부과하는 것이 대부분이다.

- 시내버스요금 학생할인제 등
- 영상물등급위원회의 '독립 예술영화' 수수료 할인제. 일반영화 심의수수료 대비하여 아주 낮은 수수료를 내는 방안 등
- LH공사가 혼자 사는 사람들을 위해 관광호텔을 개조하여 원가보다 훨씬 저렴한 가격으로 월세집을 제공하는 경우

이는 고객가치중심 가격책정에서와 같이 개인이 재화나 서비스에 대해 지불하고자 하는 가격에 주목하지 않고, 지불할 수 있는 능력에 집중하는 방법이라는 데 차이가 있다. 하지만 개인의 부담능력을 고려하는 방법의 측정 및 부담능력별로 요금을 차등적으로 책정하는 기술적 어려움이 존재한다. 하지만 누구에게는 부담능력이 있다고 높은 가격을 매기고, 누구에게는 부담능력이 적다고 낮은 가격을 차등적으로 매길 경우, 가격부담자와 수혜자, 가격부담자 간의 갈등이 초래할 가능성이 있다.

사회복지 확산주의는 공익서비스의 혜택을 더 많은 사람에게 제공하는 것이 국민 전체의 복지를 최대한으로 보장할 수 있다는 가정하에 공익기업의 서비스를 직접 이용하는 자 혹은 그 서비스를 이용하여 생산된 상품을 소비하는 자 등이 얻게 될 사회적 가치를 고려하여 서비스 요금을 결정하는 방법이다.

- 서울시 수도요금은 수원지에서 개별 가정까지 수돗물을 보내는데 들어간 비용을 중심으로 매긴다. 하지만 모든 원가를 시민에게 부담시키지는 않는다.
- 서울시 수도요금의 일부에 물을 원천적으로 공급하는 경기도에

지불해야 하는 비용을 포함하고 있다. 하지만 이 비용도 서울시민에게 전액 부담시키지 않는다.

- 한국의 자동차회사 중 어느 회사가 자영업자가 사용하는 조그만 트럭을 생산 판매할 때 모든 원가와 마진을' 포함하여 가격을 매기지 않는다. 손해를 보고 판매한다. 그 손해분을 국가가 보조한다. WTO위반 소지가 발생하고 있다. 하지만 사회복지 확산주의에 의한 가격책정이다.

이 방법은 고객가치중심 가격책정과 혼동될 가능성이 있고, 과연 '사회적 가치'를 어떻게 측정할 수 있는가 하는 어려움이 존재한다. 또한 서비스의 원가 또는 가치를 무시하고 사회 전체의 이익만을 고려하여 요금을 결정할 경우 경제적 효율성을 저해할 수 있다는 단점이 있다.

6. 가격책정의 상황적 접근

우리는 앞서 고객가치기반 가격책정이 Chapter 2에서 다룬 많은 요인을 담을 수 있고, 원가, 경쟁사요인, 가치 등 주요요인을 담을 수 있는 좋은 방법이라고 판단했다. 그렇다면 모든 기업이 고객가치기반 가격책정을 사용해야 하는가? 그렇지 않다. 자신의 기업과 상품이 처한 상황에 맞게 가격책정방법을 선택하면 된다. 다만 한 회사가 한 가지 가격책정방법을 고집할 필요가 없다는 점을 지적하고 싶다. 가격책정방법은 산업별·상품별 매출, 가격수준, 가격책정 빈도에 따라 상황적(contingency pricing)으로 대처하면 된다. 더불어 다른 가격책정방법이 우리 회사에 도움이 되는지를 둘러보기를 권한다. 저자들이 실무종사자를 위해 아주 간단한 조언표를 제시하면 다음과 같다.

그림 3-18 가격책정방법의 상황적 접근

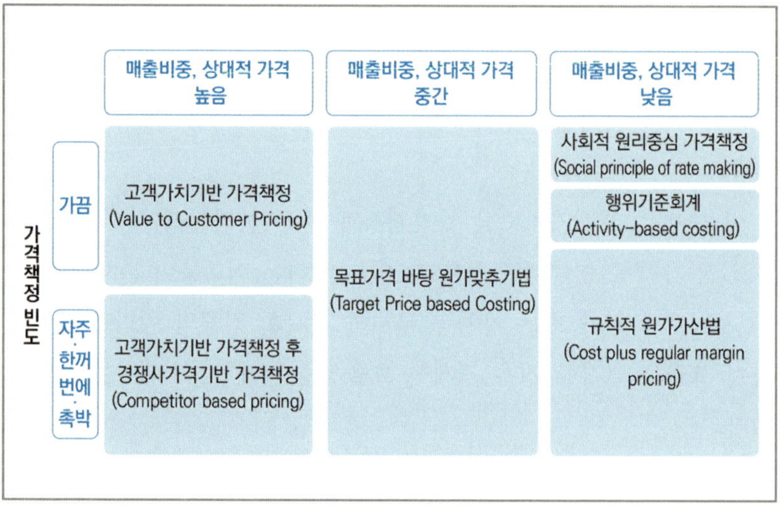

위의 조언표를 기업상황에 맞게 적용할 수 있다. 예를 들어 BTS, 여자친구, TXT, seventeen의 굿즈를 판매하는 weverse shop라는 사이트에 들어가면 많은 제품카테고리를 만나볼 수 있다. 이 많은 제품카테고리의 가격책정방법을 〈그림 3-19〉와 같이 권고할 수 있다.

그림 3-19 weverse shop에 전시제품별 가격책정방법 상황적 접근사례

가격책정 빈도	매출비중, 상대적 가격 높음	매출비중, 상대적 가격 중간	매출비중, 상대적 가격 낮음
가끔	고객가치기반 가격책정 (Value to Customer Pricing) 콘서트. Light stick, Art toy, 음반 CD, 국내전시, 해외전시. 영상DVD	목표가격 바탕 원가맞추기법 (Target Price based Costing) 의류, 패션잡화(ACC), Cosmetics	사회적 원리중심 가격책정 (Social principle of rate making) 글로벌 ARMY 가입비 행위기준회계 (Activity-based costing) 팝업스토어 F&B
자주·한꺼번에·촉박	고객가치기반 가격책정 후 경쟁사가격기반 가격책정 (Competitor based pricing) Mobile Game(음악리듬게임)		규칙적 원가가산법 (Cost plus regular margin pricing) Stationary

독자들도 연습을 해 보자. 여러분! 롯데리아, 스타벅스, 삼성전자, LG전자, 비비고 사이트에 들어가 보자. 이 중에서 하나 사이트를 결정하라. 여러분이 발견하는 제품카테고리별로 가격책정방법을 선택하여 〈그림 3-20〉에 위치시켜 보자.

그림 3-20 가격책정방법 상황적 접근 연습표

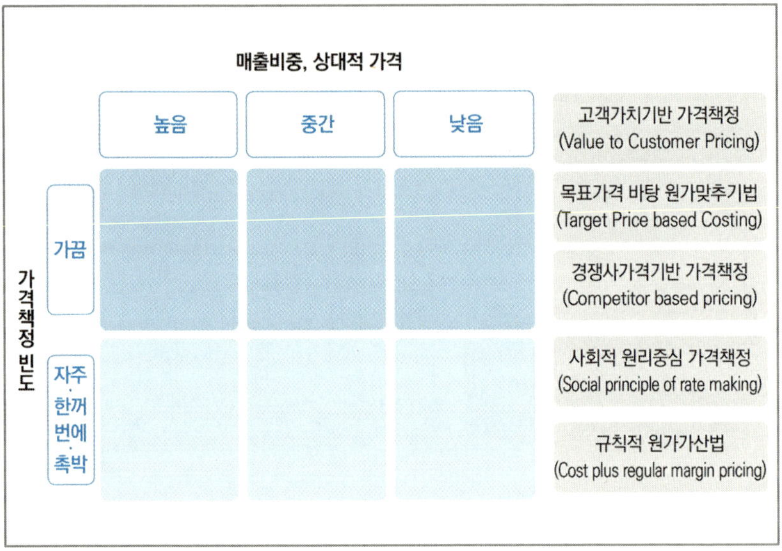

7. 정 리

가격책정방법은 크게 네 가지로 구분된다. 회사가 처한 상황에 따라 이 중 하나를 선택하거나 복수로 선택하여 가격을 책정하게 된다. 대부분의 가격책정방법은 모두 장단점이 있다. 하지만 이 중 가장 충실히 가격책정 시에 들어갈 요인을 많이 포함하고 있으며, 회사의 이익을 가장 잘 확보할 수 있는 방법이 '고객가치기반 가격책정'방법이다. Part 2는 고객가치기반 가격책정을 위한 필수조건인 고객별 지불용의가격과 가격반응함수를 도출하는 방법을 주로 배울 것이다.

02

가격반응함수를 통한 고객가치기반 가격책정방법

우리는

- 상품에 대해 개인별로 지불용의가격을 찾고
- 가격대별 몇 명의 고객이 우리 상품을 구매할지를 예측하면
- 이익과 판매액을 최대로 하는 가격을 찾을 수 있다고 Chapter 3에서 배웠다.

Chapter 4에서는 가격반응함수(가격대별 판매량을 예측하는 함수)를 도출하는 방법을 분류하고 간단히 소개한다.

Chapter 5에서는 고객시각에서 가격반응함수를 도출하는 방법 중 직접질문법이라는 방법을 소개한다. 고객이 상품에 대해 지불하고자 하는 가격범위를 이용한다.

Chapter 6에서는 고객시각에서 1) 우리 상품의 가격과 제품사양, 2) 경쟁사의 가격과 제품사양, 3) 포지셔닝을 모두 포함한 상태에서 고객이 가격대별로 어느 상품을 선택할지를 예측하고 이를 통합하여 목표시장별 가격반응함수를 도출하는 방법을 배운다.

Chapter 7에서는 가격반응함수와 더불어 사용되어 이익계산의 중추가 될 원가에 대해 논의한다.

다양한 가격반응함수 측정방법

Chapter 4

- 삼성전자가 갤럭시 시리즈를 1년에 한 번 출시하면서 새로운 가격에 목표시장의 몇 명이나 구매를 할지를 예측하고자 할 때
- BTS가 3시간짜리 온라인 콘서트를 유료화할 때 시청료로 얼마를 받아야 하나를 고민할 때
- 온라인 화상커뮤니케이션 시스템을 도입하고자 했을 때 가격대별로 몇 개의 기업이 이 시스템을 구매할지 궁금할 때

가격반응함수(price response function)란 가격대별 상품의 판매량을 예측한 것이라 정의한 바 있다. 가격대별 상품의 판매량을 측정하는 방법은 크게 네 가지로 분류할 수 있다.

첫째, 전문가들에게 묻는 방법
둘째, 가격실험을 하는 방법
셋째, 과거의 판매데이터를 이용하는 방법
넷째, 고객에게 묻는 방법

저자는 이 네 가지 방법을 설명하고 그 장단점을 비교하여, 마케터가 자신의 상황에 맞는 적합한 고객가치 측정방법을 선택하는 것을 돕고자 한다. 이 장에서는 이 네 가지 방법 중 앞의 세 가지 방법만을 다루고, chapter 5에서는 고객에게 묻는 방법 중 직접질문법으로 가격반응함수를 도출하는 과정을 소개한다. Chapter 6에서는 컨조인트 방법과 같은 간접질문법에 의해 가격반응함수를 도출하는 방법을 소개한다.

1. 전문가에게 묻는 방법

기존 시장에 완벽히 처음 선보이는 신제품이거나 기술적 난이도가 높은 최첨단 제품의 경우처럼 고객에 대한 시장조사를 통해 상품(제품 또는 서비스)에 대한 고객의 가치를 측정하기 어려운 경우에는, 그 분야의 전문가에게 자문을 구하는 것이 현실적인 방법일 수 있다. 일반적으로 전문가들의 의견을 조율하기 위한 Delphi법이 많이 쓰인다.

A 증권사의 선물/옵션 관련 전문가는 3명이었다. 저자는 이들을 대상으로 현재 선물 거래수수료를 변화시킬 때 고객의 약정 금액이 얼마나 변화할 것인지에 대한 인터뷰를 수행한 결과, 3명의 전문가는 거의 유사한 예측을 한 바 있다. 〈그림 4-1〉에서 '예측치'라고 표시된 점들이 이들 전문가의 응답결과를 보여준다. 전문가를 대상으로 인터뷰 후 소비자 조사를 이용한 별도의 모델링을 통해 수수료에 따른 약정금액의 변화를 표본을 대상으로 추정한 결과가 '실제치'이다. 이들의 의견과 거의 일치하는 것을 확인할 수 있었다. 즉, 전문가의 의견과 소비자의 의견이 비슷하였다.

그림 4-1 전문가에게 묻는 방법을 통한 가격반응함수 도출 사례(증권사 선물옵션수수료 사례)

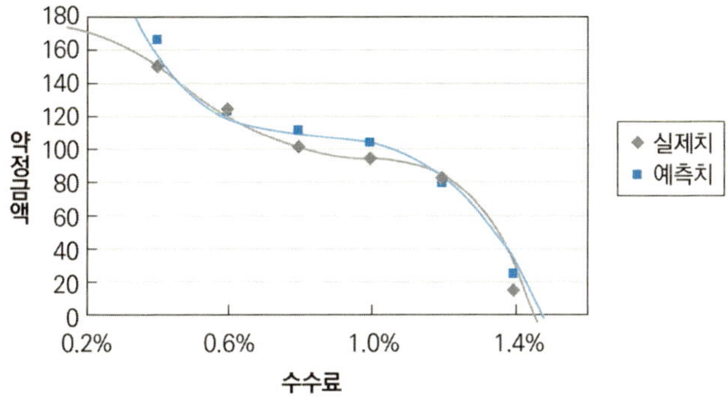

이처럼 현업에 종사하는 전문가의 의견이 시장을 예측하는 데 정확할 때가 있다. 특히 고객에게 익숙하지 않는 신제품이나 새로운 카테고리의 제품이 출시될 경우에는 전문가 판단법이 효과적일 수 있다. 그러나 이 방법의 단점은 전문가가 고객의 입장을 모두 반영하여 가격대별 판매량을 예측하기는 불가능하기 때문에 진정한 의미의 고객가치 측정이라고 할 수 없다. 특히 국내 제조업 분야에서는 어떤 사람이 그 분야의 전문가인지에 대한 의견 일치를 보기가 고객가치를 측정하는 것보다 더 어려운 현실을 저자들은 경험한 바 있다.

사례연습하기

BTS의 2020년 6월 14일 비대면 온라인 콘서트인 '방방콘 the live'가 개최되었다. 관람을 원하는 고객은 'weverse shop'이라는 앱에서 6월 1일부터 티케팅이 가능했다. 관람티케팅을 위해 고객이 해야 할 일은 다음과 같다.

- 고객은 weverse shop 앱을 설치해야 한다.
- 이곳에서 티켓값은 두 가지이다. 기존 BTS공식팬클럽 ARMY는 29,000원, ARMY가 아니면 39,000원을 결제해야 한다. 오프라인 콘서트 가격의 1/4수준이다.
- 결제수단은 신용카드, 카카오페이, payco, toss이다.
- 결제가 완료되면 이 티켓가격으로 2대의 기기로 동시접속이 가능하다.

실제 공연시간은 1시간 30분간이었다. 아티스트들은 5개의 방과 2개의 스테이지를 사용해 콘서트를 진행하였다. 멀티뷰(multi-view) 스트리밍 시스템을 구축해 팬들이 보고 싶은 화면을 선택해 공연을 즐길 수 있도록 했다. 정해진 화면 하나만 송출하는 것이 아니라 각기 다른 6개의 화면 중에서 팬들이 선택할 수 있도록 한 것이다. 전 세계에서 107개국에서 75만 명이 접속하여 시청하였다. 이 성과가 기네스북에도 올랐다.

가상적 가격책정연습 delphi

상황: 전문가에게 묻는 방법을 통해 BTS의 새로운 온라인 콘서트(가칭: 방방콘 The Live2)의 관람료를 책정하려 한다. 콘서트 시간도 2시간으로 증가하고 8개의 화면(전체 샷, 멤버별 샷)을 제공하고, 록그룹 U2의 내한공연에서도 사용된 8K 해상도의 가로 61m 세로 14m 초대형 LED 스크린의 압도적인 존재감이 제공될 예정이다.

Step 1: BigHit는 적어도 전문가 3명을 선택하여야 한다. 가격담당자는 세 명을 선택했다. 독일의 세계적인 가격책정 전문회사 SKP의 Herman Simon 회장, 중국 온라인광고회사 대표 남용식 박사, V live+ 유료콘텐츠 담당자.

Step2(round 1): 세 전문가에게 2020년 6월의 비대면 온라인 콘서트 성과와 함께 '새로운 방방콘 The Live2'의 변화된 상황을 상세히 적은 설명문과 설문지를 보냈다. 그들은 아래 설문의 답을 회신해 주었다.

1) 기존 39,000원에서 10% 인상 시(43,000원) 관람고객은 75만 명에서 얼마나 증가 또는 감소할까요?________________ (독자도 적어보십시오)
   그렇게 생각한 근거는 무엇인가요?________________________

2) 기존 39,000원에서 20% 인상 시(47,000원) 관람고객은 75만 명에서 얼마나 증가 또는 감소할까요?________________ (독자도 적어보십시오)
그렇게 생각한 근거는 무엇인가요?___________________________

3) 기존 39,000원에서 30% 인상 시(50,000원) 관람고객은 75만 명에서 얼마나 증가 또는 감소할까요?________________ (독자도 적어보십시오)
그렇게 생각한 근거는 무엇인가요?___________________________

4) 기타의견을 적어주십시오________________________________

Step 3(round 2): 세 전문가에게 다른 두 명의 답변을 서로 보내어 다른 사람의 가격과 판매량의 예측과 기타의견을 공유하고, 위에서 질문한 4가지 질문의 답을 다시 적어 보내줄 것을 요구하였다. 수정된 세 사람의 답이 회신되었다.

Step 4(round 3): 세 명에게 다른 두 명의 수정된 답변을 서로 보내어 다른 사람의 가격과 판매량의 예측과 기타의견을 공유하고, 위에서 질문한 4가지 질문의 답을 다시 적어 보내줄 것을 요구하였다. 수정된 세 사람의 답이 회신되었다.

Step 5: 세 사람의 Step 4(round 3) 답신의 가격대별 판매량을 가격반응함수의 관찰치로 삼아 curve expert라는 프로그램으로 가격반응함수과 그 계수값을 얻었다. 아래 그림의 맨 오른쪽이 함수꼴로 표시된 가격반응함수이다.

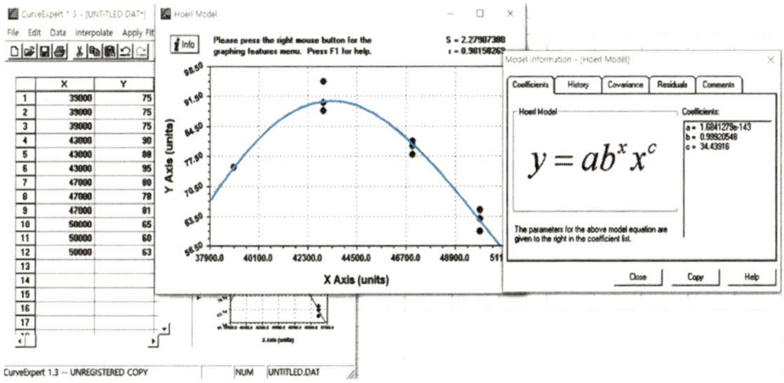

Step 6: 위 그림의 맨 오른쪽 가격반응함수에서 copy키를 눌러서 엑셀로 가서 붙이기를 하면 아래 그림과 같이 함수가 엑셀에 식으로 나타난다. 이 식을 이용해서 가상적인 콘서트가격대별 관람객수를 계산하였다. 여기에 콘서트를 진행하기 위한 제작 및 관리비용이 100억원이라고 가정하여 가격대별 판매량, 비용, 이익을 계산했다. 새로운 콘서트를 45,000원에 관람료를 부과하는 것으로 결론 내렸다.

가격	판매예측량	판매액	비용	이익
39,000	75.21	2,933,114	1,000,000	1,933,114
41,000	85.88	3,520,914	1,000,000	2,520,914
43,000	90.33	3,884,316	1,000,000	2,884,316
45,000	**88.19**	**3,968,641**	**1,000,000**	**2,968,641**
47,000	80.43	3,780,393	1,000,000	2,780,393
49,000	68.92	3,377,047	1,000,000	2,377,047
50,000	62.42	3,120,936	1,000,000	2,120,936

2. 가격실험을 하는 방법

가격실험이란 제품가격을 다양하게 변화시키는 가상적인 상황을 통해서 고객의 구매행동을 관찰하는 방법이다. 이 경우, 실험상황이라는 특성에 따라 고객의 반응이 좌우될 수 있다는 단점이 있다.

B 의류회사는 제품군별 고객가치가 어느 정도인지를 측정하기 위해 '가' 제품군은 고급백화점에서, '나' 제품군은 제조회사의 쇼룸(show-room)에서 각각 가격실험을 한 결과, '가' 제품군이 '나' 제품군의 가치보다 높게 측정되었다.

그런데 위 실험에서 과연 '가' 제품군의 가치가 '나' 제품군의 가치보다 정말로 높다고 판단할 수 있을까? 혹시 고급백화점과 우리 회사의 쇼룸이라는 실험상황에 따라서 다른 결과가 나온 것은 아닐까? 이처럼 가격실험방법은 고려해야 할 여러 조건들을 철저히 통제하지 못할 경우 객관적인 결과를 얻지 못할 수 있는 단점을 지니고 있다. 이 가격실험은 실험일 뿐 고객의 실제구매상황을 충실히 반영하고 있지 못하다는 단점이 있다는 것을 명심해야 한다. 하지만 가격실험을 통해 충분한 가격반응함수를 찾아내어 가격책정에 활용할 수 있다.

- 롯데백화점 해운대 센텀점에 위치한 롯데시네마는 주중이나 주말에 오면 1인당 5,000원에 영화를 보여주는 쿠폰을 배포하고 있다.
- 중국 CGV는 상해 신쾅(xinzhuang)극장에서 화요일마다 관람료를 50% 할인해 주는 행사를 하고 있다.

위의 두 회사의 할인행사는 가격실험으로 연계될 수 있다. 가령, 중국 CGV 상해 신쾅극장의 경우, 화요일의 관람료를 30%나 40%로 변경하여 고지하고 그 때의 평균관람객수를 측정하면, 가격반응함수를 도출할 수 있다. 예를 들어, 이 극장이 특정영화의 월요일과 수요일의 가격이 100위안일 때 평균관람객수가 60명이고, 화요일의 가격이 50위안일 때 평균관람객수가 102명이라는 결과를 갖고 있다면, 가격을 75위안(25% 할인 시)으로 할인하는 행사를 미래에 실시하여, 몇 명의 평균관람객수가 나오는지를 점검하기만 하면 된다. 만약 25% 할인 시 81명의 평균관람객수가 영화를 본다면, 다음과 같은 과정을 통해 가격반응함수를 찾아낼 수 있다.

가격실험 가격수준(위안)(X)	가격실험 평균관람객수(Y)
100	60
50	102
75	81

먼저, 우리는 가격실험을 통해 세 번의 가격정보와 그 가격대의 평균관람객수에 대한 정보를 갖고 있다. 이 세 정보를 아래 식에 넣어보자.

Y(평균관람객수) = a + b × X(가격)

그러면, 아래 식이 도출된다.

Y(평균관람객수) = 144 − 0.84 × X(가격)

이 식의 X에 50위안부터 100위안 사이의 값을 넣어보면, 아래 표와 같이 가격대별 예상평균관람객수와 총매출액이 계산된다. 이 회사가 매출액을 최고로 높이려면 90위안에 가격을 매겨야 하는 것으로 나타났다.

예상 가격수준(위안)	예측 평균관람객수	예상 총매출액
50	102	5,100
60	93.6	5,616
70	85.2	5,964
80	76.8	6,144
90	*68.4*	*6,156*
100	60	6,000

3. 과거의 판매데이터를 이용하는 방법

과거의 데이터를 이용하는 방법은 회사에서 축적해 놓은 과거의 판매 데이터를 이용하여 가격을 책정하는 것으로써, 시기별로 가격변화와 판매량변화를 추적하여, 매출이나 이익이 가장 큰 가격대를 찾는 방법이다. 따라서 이 방법은, 과거 데이터가 없는 신제품에는 사용될 수가 없고 이미 판매되고 있는 제품에만 적용될 수 있다. 특히, 이 방법은 일정한 기간 동안 꾸준히 팔린 제품에 적당하며 그 기간 동안 가격변경을 최소한 2번 이상을 단행했을 때에만 분석이 가능하다.

- 피자헛은 브랜드세일, 공동마케팅 등으로 피자의 가격이 시기별로 일정하지 않다. 이렇게 동일하지 않은 가격대별 판매량을 기록해 놓기만 해도, 가격반응함수를 도출할 수 있다.
- 햇반의 판매가격이 일정하여도, 경쟁제품의 가격변화가 심하여, 장기간을 두고 보면 상대적 가격이 변화하였다. 따라서 CJ나 오뚜기식품이 자신의 제품가격과 경쟁사의 제품가격을 유통망별·점포별로 기록해 놓기만 해도 가격반응함수를 도출할 수 있다.
- H 백화점에 입점한 C 의류 브랜드는 빈번한 가격변경을 하고 있었다. 브랜드 세일, 정기세일, 균일가 판매 등 고객이 한 시즌 동안 접하는 C 브랜드의 가격은 다양했다. 이 브랜드는 100여 가지가 넘는 다양한 아이템을 판매하고 있기 때문에, 고객이 1인당 지불하는 금액인 객단가를 '가격'으로 삼고, 주별 객단가의 변화에 따라 주별 판매량이 어떻게 변화하는지를 과거 판매데이터를 통해 〈표 4-1〉과 같이 정리할 수 있었다.

〈표 4-1〉 어느 의류브랜드의 특정 백화점 내 주별 단가평균과 판매량데이터

시기	객단가	주별판매량
11.1	454	194
11.2	522	105
11.3	1,034	82
11.4	634	112
12.1	527	176
12.2	722	81
12.3	841	55
1.1	873	69
1.2	650	102
1.3	737	43
1.4	576	33
2.1	496	82
2.2	684	73
2.3	759	71
2.4	816	73
3.1	698	104
3.2	993	53
3.3	613	98
3.4	936	79
3.5	1,003	48

〈그림 4-2〉는 〈표 4-1〉의 데이터를 표시한 것이다. 이 판매데이터를 가장 잘 설명하는 함수꼴을 찾는 것이 가격반응함수의 도출이다. 그림의 실선은 C 브랜드의 가격반응함수를 보여준다. 그 결과 가격의 변화에 따른 판매량의 변화를 추정하여 가격할인 및 세일 시의 가격인하 폭과 판매량의 변화를 사전에 예측할 수 있었다.

그림 4-2 H 백화점에 입점한 어느 상표의 과거 판매데이터를 이용한 가격반응함수 도출

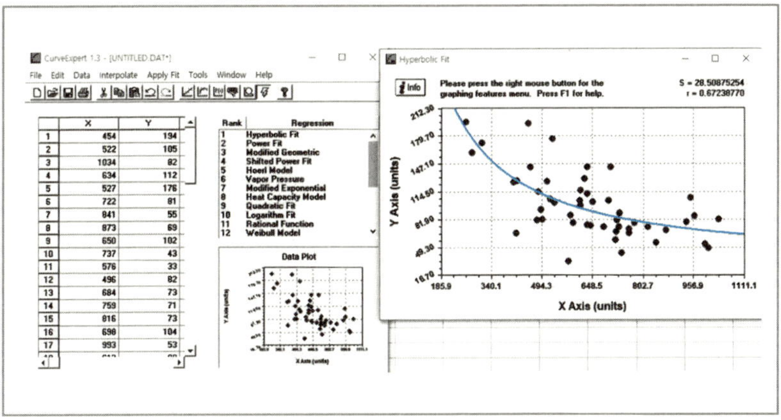

이제 위의 가격반응함수를 엑셀로 데려와서 구체적인 가격대별로 판매량의 변화를 예측해 보았다. 〈표 4-2〉는 위의 과거 판매데이터의 가격대별 판매량 변화, 비용변화, 이익변화를 한꺼번에 보여주는 표이다. 판매량이 극대화되는 가격과 이익이 극대화되는 가격이 다름을 알 수 있다.

〈표 4-2〉 가격반응함수와 비용을 이용한 판매액/이익극대가격의 도출

가격	판매량	판매액	비용	이익
150	160	24,034	24,034	-
200	154	30,793	23,095	7,698
250	148	36,926	22,155	14,770
300	141	42,432	21,216	21,216
350	135	47,313	20,277	27,036
400	129	51,567	19,338	32,229
450	123	55,195	18,398	36,797
500	116	58,197	17,459	40,738
550	110	60,573	16,520	44,053
600	104	62,322	15,581	46,742
650	98	63,446	14,641	48,804
700	91	63,943	13,702	50,241
750	85	63,814	12,763	51,051
800	79	63,059	11,823	51,235
850	73	61,677	10,884	20,793
900	66	59,670	9,945	49,725
950	60	57,036	9,006	48,030
1,000	54	53,776	8,066	45,710
1,050	48	49,890	7,127	42,763

위의 사례에서 보듯이 과거의 판매데이터는 고객이 느낀 가치를 구매로 실천한 아주 좋은 정보이다. 실제 판매된 데이터는 이미 경쟁사의 가치가 반영되어 있고, 고객이 우리 상품에 대해 느끼는 가치가 모두 반영되어 있으며, 심지어는 고객의 경제력이 투여되어 있는 데이터다. 따라서 과거의 판매데이터는 기업이 가진 정보 중 가장 소중하며,

고객가치가 가장 충실히 반영되어 있는 것이다.

따라서 식품회사나 증권사처럼 제품이나 서비스의 변화 없이 아주 오랜 기간 동안 사업을 전개한 기업의 경우에는 과거판매데이터를 이용한 가격반응함수의 도출을 통해 적절한 가격의사결정을 내릴 수 있다. 이를 위해서 반드시 기업은 시기별로 자신 상품의 가격과 판매량, 경쟁사의 가격 정보를 DB로 만들어 놓아야 한다.

과거의 판매데이터를 축적할 필요가 있는 우리나라 회사와 제품을 나열해 보면 다음과 같다.

- 피자판매사: 피자헛, 도미노피자 등(피자)
- 커피판매사: 스타벅스, 엔제리너스(커피)
- 식품회사: CJ(즉석밥), 오뚜기(즉석밥, 카레)
- 증권사: 삼성증권 등 오프라인 거래수수료 수입이 큰 회사(수수료)
- 극장: CGV처럼 요일 시간 계절에 따라 관람객 수의 차이가 발생하는 경우

4. 정 리

우리는 전문가에게 묻거나 실험을 하거나 과거데이터를 이용해서 '가격이 변화할 때 판매량이 어떻게 변화하는지를 추적할 수 있는 방법'을 학습하고 훈련하였다. 이를 통해 이익을 극대화하는 가격이나 판매액을 극대화하는 가격을 찾을 수 있었다. Chapter 5에서는 고객시

각에서 가격반응함수를 도출하고 이익이나 판매액을 극대화하는 가격을 찾아보자.

부록: 기존데이터를 가격반응함수로 만들기 위해 curve expert로 연습하기

Step 1: google에 들어가서 'curve expert free down'를 검색하면 누구나 이 프로그램을 다운로드 받을 수 있다. 실행파일을 클릭하여 pc에 열어놓는다.

Step 2: 기존 데이터를 엑셀파일에 불러온다. 첫째 열은 가격이어야 하고, 둘째 열이 판매량이어야 한다. 이 데이터를 마우스로 잡아서 복사한다.

Step 3: curve expert에 들어가서 '붙이기'를 한다. 엑셀의 데이터가 curve expert에 삽입될 것이다. 아래 그림의 맨 왼쪽과 같이 나타난다. 그러면 메뉴바에서 Apply Fit을 누른다. 그러면 여러 개의 함수꼴이 나타나고, 맨 위의 함수이름을 클릭하면 아래 그림의 중간과 같은 개별함수의 그림이 도출된다. 이 화면의 왼쪽 위편의 info를 클릭하면, 아래 그림의 맨 오른쪽 그림과 같이 함수꼴과 계수값이 도출된다.

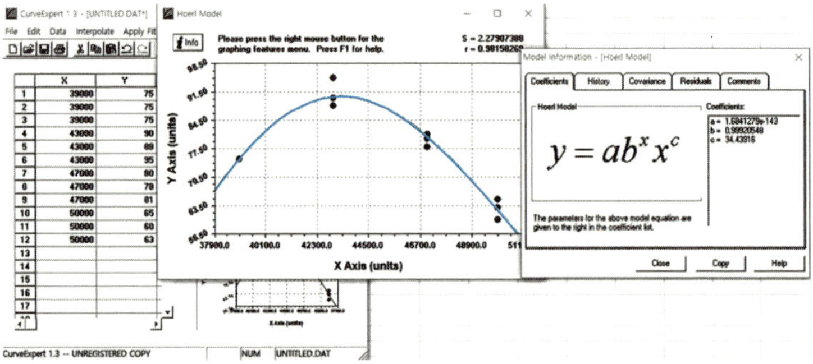

앞서 설명한 것처럼 위의 화면의 맨 오른쪽 화면의 copy를 누르고 엑셀로 가서 붙이기를 하면 엑셀에 가격반응함수꼴이 나타난다.

독자들은 위의 과정을 연습해 보자.

고객에게 직접질문법으로 가격반응함수 도출

Chapter 5

과거의 판매데이터가 없거나 가격실험으로는 정교한 고객가치를 찾을 수 없다고 판단되면, 고객에게 구매의사를 물어야 한다. 고객에게 묻는 방법은 제품을 직접 구매하는 당사자가 가격대별로 구매의사를 답변하는 방법으로, 고객가치를 반영하는 가장 충실한 방법이다. 이 방법은 고객에게 직접 묻는 '직접질문법(direct question)'과 고객에게 간접적으로 묻는 '간접질문법(indirect question)' 등 두 가지가 있다. 이 장에서는 직접질문법에 의한 고객가치측정 및 가격반응함수를 도출하는 과정을 다룬다.

1. 직접질문법

직접질문법이란 고객에게 가격만을 제시하고, 그 해당 가격으로 제품을 구매할 의사 여부가 있는지를 질문하는 방식이다. 기존 프로젝트나 학술지에서 고객을 대상으로 한 직접질문법을 위해 개발된 질문항목은 다음과 같이 다양하다.

- 이 제품에 대해 최대로 지불하고자 하는 가격이 얼마입니까?
- 이 제품에 대해 최소로 지불하고자 하는 가격이 얼마입니까?
- 25만원에 이 제품을 사실 의향이 있으십니까?
- 얼마의 가격이면 이 제품을 분명히 사시겠습니까?
- 만원의 가격에 이 제품을 몇 개나 구입하겠습니까?
- 앞서 보신 제품의 가격이 얼마 정도면 적절한 가격이라고 생각하십니까?
- 제품의 품질이 의심스러울 정도로 너무 싸다고 느끼는 가격은 얼마부터입니까?
- 처음으로 '싸다'라는 느낌이 드는 가격은 얼마부터입니까?
- 구입할 가능성은 있지만 '비싸다'라고 느껴지는 가격은 얼마부터입니까?
- 품질이 아무리 좋다고 하더라도 '너무 비싸서' 구입하지 않을 가격은 얼마부터입니까?
- 어느 가격 이하면 이 제품을 사지 않으시겠습니까?

주로 고객에게 지불하고자 하는 가격을 직접적으로 묻고 있음을 알 수 있다. 우리나라 기업들은 이런 질문들을 이용하여 가격조사를 많이 실시하고 있다.

2. 직접질문법에 의한 가격 사례

A생명공학회사는 외출하여 지하철이나 버스 안에서 손잡이를 만지거나 PC방에서 여러 명이 사용하는 마우스와 자판을 이용하였을 때와 같이, 사람들이 손이나 발이 오염되었다고 느낄 때, 오염된 손에 바르는 의약품(청결보습제)인 '마이듀'를 개발했다. 이 의약품은 손이나 발의 바이러스와 세균을 99.9% 없애주는 휴대용 의약품이다. 이 회사의 마케팅담당부사장은 이 제품의 가격으로 고객에게 지나치게 싼 가격을 제시하면 코로나19와 같은 바이러스를 못 죽일지도 모른다는 생각을 고객들이 할까 두려워하고, 가격을 비싸게 제시하자니 판매가 부진할지도 모른다고 고민하고 있다. 그래서 아래와 같은 과정을 통해 가격반응함수를 도출하고, 고객가치에 걸맞는 가격을 책정하였다.

첫째, 청결보습제를 사용할만한 주부와 젊은 여성 100명을 모았다.

둘째, '마이듀'라는 청결보습제를 보여주면서 제품에 대한 설명을 실시하였다.

> 이 청결보습제 〈마이듀〉는 사용부위에 있는 바이러스 99.9%를 없애준다.
> 기존 청결보습제는 손청결에만 한정된 효과를 나타내는 것에 비해 생체 적합성과 약리적 기능에 기반을 둔 차별화 제품인 '마이듀'는 무좀, 습진 등 발 질환까지 예방할 수 있으며, 물 없이 적은 양만 사용해도 청결함과 부드러움을 유지할 수 있는 것이 특징이다.
> 또한 이 제품은 피부 보습력 증대 및 손, 발 잔주름 예방기능과 동시에 강력한 향균활성 기능이 첨가되어 있어 코로나19나 식중독 등의 세균 번식을 방지하는 효과가 탁월하며, 내달부터 국내판매에 들어간다.

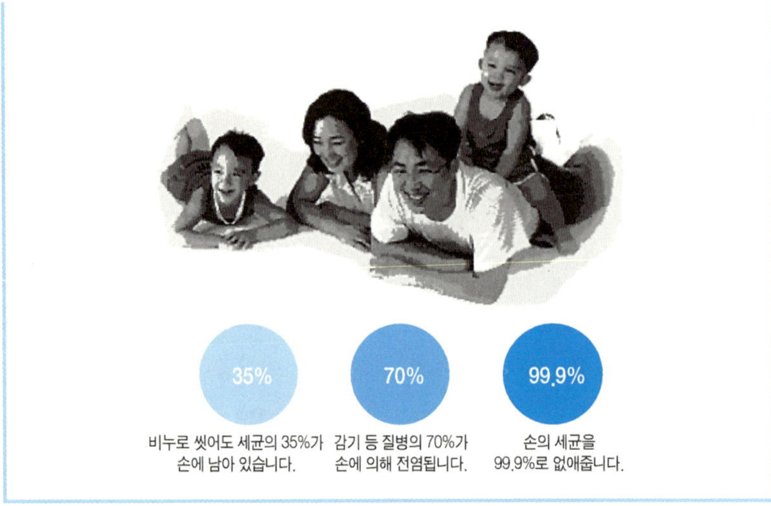

셋째, 각 고객에게 '마이듀' 제품을 직접 사용하여 손에 발라보도록 하였다.

넷째, 다음 질문에 7점 만점으로 대답하여 줄 것을 요구하였다. (1점 전혀 그렇지 않다, 4점 보통이다, 7점 매우 그렇다)

1) 이 제품이 코로나19, 감기, 눈병 등 감염성 질환을 예방하는 데 도움이 될 것 같은가?
2) 병원에서 이 제품을 사용하는 게 좋은가?
3) 돈을 만진 후 이 제품을 사용하기 좋은가?
4) PC방에서 이 제품을 사용하면 마우스 등에서 감염된 손을 예방해 줄 것 같은가?
5) 외출 시에 아이를 돌볼 때 사용하면 좋은가?
6) 노인 분들을 보살필 때 사용하면 좋은가?
7) 애완동물 접촉 후 사용하면 좋은가?
8) 기능에 대해서 만족하는가?
9) 이 제품을 손에 발랐을 때 냄새가 났는가?

다섯째, 고객에게 직접질문법으로 최대가격과 최소가격을 질문한다.

1) 이 제품의 구입을 위해 당신이 기꺼이 지불할 최고의 가격은 얼마입니까? 즉, 너무 비싸서 안 살 가격은 얼마입니까(최고가격)? 빈 칸에 적어주십시오. (　　　　　　원)
2) 이 제품의 구입을 위해 당신이 지불할 최저의 가격은 얼마입니까? 즉, 너무 싸서 품질이 의심스러운 가격은 얼마입니까(최저가격)? 빈 칸에 적어주십시오. (　　　　　　원)

위의 두 질문에 대한 대답으로 두 가격(최고가격, 최저가격)을 얻었다면, 각 응답자별로 최고가격과 최저가격 사이가 개인응답자별 '가격수용범위'(이 범위 안에서 판매자가 가격을 제시하면 구매가 이루어지는 범위)가 된다.

아래 그림은 100명의 설문응답자 중 30명의 설문결과를 보여준다.

그림은 개인별로 가격수용범위에서 1개씩을 산다고 가정하여 코딩한 것이다. 예를 들어 id 2는 3,000원 이하는 품질이 의심스러워 제품을 구매하지 않고, 5,000원 이상이면 비싸서 안 사겠다고 대답한 경우이다. 그래서 3,000원부터 5,000원까지는 1로 코딩되어 있고, 나머지 가격대에서는 코딩이 없다. id 3의 경우의 가격수용범위는 2,000원에서 5,000원이다. 이렇게 각 응답자별 가격수용범위를 확인하다 보면, 각 가격대별로 몇 명의 고객이 구매의향이 있는지를 확인할 수 있다.

그림의 맨 마지막에 보면 가격대별로 몇 명이 코딩되어 있는지(가격수용범위에 있었는지)를 정리해 놓았다. 아래 결과를 보면 500원에서는 1명, 1,500원에서는 5명, 5,000원에서는 28명이 구매의사가 있는 것으로 나타나고 있다. 종합해보면, 500원에서 5,000원까지 가격을 계속 상승시켜도 판매가 계속 증대할 것으로 예상되고, 그 이후에 판매량이 줄어들 것이 예상된다. 따라서 이 제품은 5,000원까지는 가격을 올려도 판매량이 계속 증가하므로 이익은 계속 증가한다. 이 5,000원 이하로는

그림 5-1 개인별 가격수용범위와 그 합산

id 2의 가격수용범위

id/원	500	1000	1500	2000	2500	3000	3500	4000	4500	5000	5500	6000	6500
1										1	1	1	1
2						1	1	1	1	1			
3					1	1	1	1	1	1			
4										1	1	1	1
5					1	1	1	1	1	1	1	1	1
6										1	1	1	1

가격(원)	500	1000	1500	2000	2500	3000	3500	4000	4500	5000	5500	6000	6500	7000	7500
수량	1	5	5	12	13	25	21	22	21	28	20	20	14	14	8

고려의 대상이 아닌 가격범위(이익무조건 증가, 최적가격 없음) ↑ 고려의 대상이 되는 가격범위

가격을 매길 필요가 없음을 알 수 있었다. 5,000원 이상의 어느 가격에서 이익을 얻을 수 있는 것으로 판단된다.

그렇다면 구체적으로 얼마의 가격을 매겨야 하는가? 이를 알아보기 위해 위의 가격변화에 따른 수량의 변화를 가장 잘 설명하는 함수꼴을 찾았다. 그 함수는 Hoerl model인 것으로 나타났다.

그림 5-2 직접질문법에 의한 '마이듀'의 가격반응함수 사례

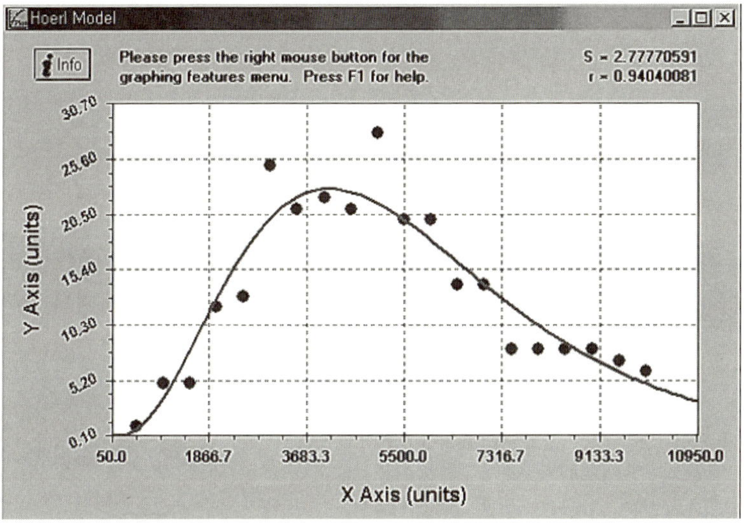

* x축은 가격, y축은 수량.

이 함수에 의해 가격변화에 따른 수량변화 및 판매량/이익 변화를 추적하였다.

Hoerl Model의 경우, y=a*(b^x)*(x^c)의 꼴이다.

여기에서 a=2.68E−08, b=0.999313, c=2.81103으로 도출되었다.

이 식을 이용하여 각 가격대별로 예상판매량(y), 판매액(가격×예상판매량)을 구하고, 여기에서 비용(단위당 1,300원의 변동비를 가정)을 감안하면 각 가격대별로 이익을 구할 수 있다. 아래 표를 보면 5,000원일 때 판매량이 가장 많고, 6,000원일 때 이익이 가장 많은 것으로 나타났다. 이렇게 직접질문법으로도 판매량을 극대화하는 가격과 이익을 극대화하는 가격과 이익을 극대화하

〈표 5-1〉 마이듀의 가격반응함수에 의한 이익과 판매액 최대가격 산출

가격	예상판매량	총비용	매출액	이익
500	0.7	367	953.8	587
1,000	3.7	3651	4746.2	1,095
1,500	8.1	12139	10520.1	1,618
2,000	12.9	25762	16745.4	9,017
2,500	17.1	42754	22232.3	20,522
3,000	20.2	60731	26316.9	34,414
3,500	22.1	77485	28780.3	48,705
4,000	22.8	91390	29701.9	61,688
4,500	22.6	101511	29325.5	72,186
5,000	21.5	107540	27960.3	79,579
5,500	19.9	109645	25916.1	83,729
6,000	18.1	108311	23467.4	84,844
6,500	16.0	104189	20837.8	83,351
7,000	14.0	97983	18196.8	79,786
7,500	12.0	90367	15663.7	74,704
8,000	10.2	81941	13315.4	68,626
8,500	8.6	73200	11195.3	62,005
9,000	7.2	64534	9321.5	55,212
9,500	5.9	56227	7694.2	48,533
10,000	4.8	48474	6301.7	42,173

* 예상판매량(단위: 명), 판매액(단위: 원), 비용(단위: 원), 이익(단위: 원).

는 가격을 산출할 수 있다.

3. 직접질문법의 단점

그러나 위와 같은 방법으로 고객이 지불할 가격을 묻고 나서 실제 판매상황과 비교해 보면 맞지 않을 때가 많다.

- D전자의 최대리는 분기별로 매장에 나가 고객에게 "귀하께서는 현재보다 가격이 10% 오를 경우 이 제품을 구매하시겠습니까?" 라는 직접질문법으로 제품가격에 대한 조사를 진행하고 있다. 그런데 매번 조사결과가 실제 판매데이터와는 큰 차이가 보인다며 저자에게 자신의 고충을 밝혔다.

한편, Simon 교수는 [*Price Management*]에서 직접 질문법으로 가격대별 판매량을 예측했을 때 실제 판매데이터와 많은 차이가 난다는 연구결과를 〈그림 5-3〉으로 나타내었다.

왜 직접질문법을 통한 조사결과가 실제 판매데이터와 차이가 있을까?

첫째, 고객의 제품선택기준은 가격, 상표, 디자인 등 복합적으로 이루어져 있는데 직접질문법은 이러한 기준들을 반영하는 데 한정적이기 때문이다. Engel 등이 저술한 [*Consumer Behavior*]에서는 소비자들이 제품선택 시 사용하는 기준의 수가 대체로 6개 이하라고 지적하고 있는데, 직접질문법은 다른 제품선택기준은 배제하고 오직 가격만

그림 5-3 직접질문법에 의해 분석된 가격대별 예측판매량과 실제판매량의 차이에 관한 Simon의 사례

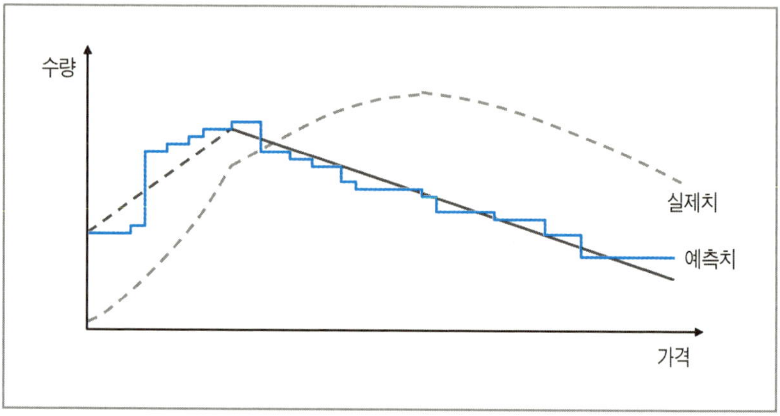

으로 제품에 대해 지불하려는 가격대를 찾고 있다.

둘째, 직접질문법은 경쟁사의 가격 및 제품사양에 변화가 있을 때 이를 반영하기 어렵기 때문이다. 고객이 우리 제품에 대해 저렴하다는 생각을 가지고 있다고 하자. 그러나 이러한 생각은 우리 제품의 가격이 변하지 않아도 비싸다는 생각으로 바뀔 수 있는데, 그 이유는 경쟁제품의 가격이 내리거나, 경쟁제품의 제품사양이 업그레이드 될 경우이다. 따라서 경쟁제품의 가격과 제품사양의 변화를 반영하지 못한다면 현실적으로 고객이 인식하는 가치를 측정해 내기 힘들다.

셋째, 직접질문법은 고객이 왜곡된 답변을 하게 되는 경향이 있기 때문이다. 고객에게 한 제품에 대해 직접적으로 지불하고자 하는 가격을 묻는 경우, 실제 자신이 지불하고자 하는 가격보다 더 높은 가격까지 지불한다고 대답하기도 하고, 그 반대로 대답하기도 한다. 가령 고

객은 1,000만원짜리 밍크코드를 구매할 의사가 있느냐는 질문에, 실제로는 구매할 의사가 있으면서도 본인이 사치스럽다는 평가를 받을까봐 구매할 의사가 없다고 답변하기도 한다. 한편, 1,000만원짜리 밍크코드에 대해 비싸다고 느끼느냐는 질문에, 비싸다고 생각하면서도 과거에 밍크코드 때문에 자존심이 상했던 경험이 있는 고객은 비싸지 않다고 답변하기도 한다.

이처럼 직접질문법은 고객이 사회적으로 바람직한 방향으로 답변하는 경향이 나타날 수도 있고 고객의 감정적인 문제가 개입될 가능성이 많기 때문에 실제 고객행동을 적절히 반영하지 못한다.

하지만, 이 방법을 쓰면 〈그림 5－1〉에서와 같이 적어도 얼마의 가격 이하로는 소비자가격을 매길 필요가 없다는 의미있는 가격수준 의사결정을 예비적으로 내릴 수 있다.

4. 독자들의 연습장

이제 독자 스스로 한 상품을 선택하여 직접질문법으로 가격반응함수를 도출해 보자. 아래 질문에 답해 보자.

• 상품을 하나 선택하여 적으시오. ______________________

• 상품에 대한 설명을 적으시오.

상품이미지 삽입

가격수용범위찾기

질문 1: 이 제품의 품질이 의심스러운 가격이 얼마입니까?
(이 가격 이하면 품질이 의심스러워 사지 않겠다는 가격이 얼마입니까?)

____

질문 2: 이 제품에 대해 최대로 지불하고자 하는 가격은 얼마입니까?
(이 가격 이상이면 비싸서 사지 않겠다!)

____

위의 두 질문을 적어도 30명 이상에게 물으십시오.

• 30명 응답자의 가격수용범위를 이용하여 옆의 그림과 같이 빈도분포표를 그리십시오. 그리고 아래에 삽입하십시오.

사례

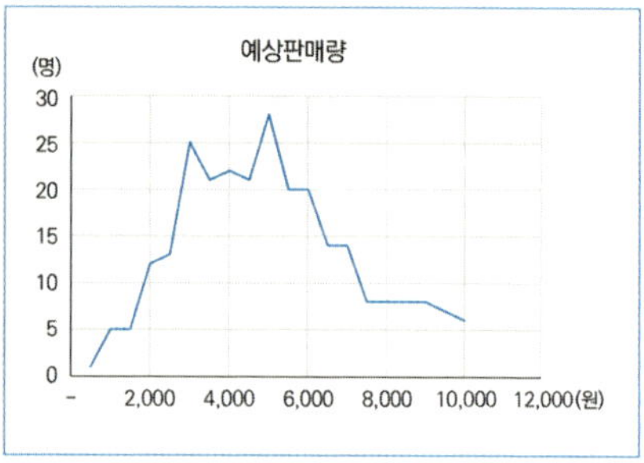

• 상이 분포의 최젓값, 최댓값, 최빈값(제일 많은 응답자를 보인 값), 평균을 적으십시오.

독자들은 위의 질문에 모두 답해 본 후, 아래와 같은 답을 갖게 될 것이다.

- 내 상품의 경우에 가장 빈도가 높게 나온 가격 이하로는 가격을 매기면 안 되는구나!
- 각 가격대별로 〈표 5-2〉와 같은 표를 만들어 보아야겠구나!

■ 나도 이익을 극대화하는 가격과 판매액을 극대화하는 가격을 찾을 수 있겠구나!

〈표 5-2〉 가상적인 가격반응함수에 의한 예상판매량, 판매액, 비용, 이익변화표

가격(원)	예상판매량	판매액	비용	이익
500	1	500	1,300	- 800
1,000	5	5,000	6,500	- 1,500
1,500	5	7,500	6,500	1,000
2,000	12	24,000	15,600	8,400
2,500	13	32,500	16,900	15,600
3,000	25	75,000	32,500	42,500
3,500	21	73,500	27,300	46,200
4,000	22	88,000	28,600	59,400
4,500	21	94,500	27,300	67,200
5,000	28	140,000	36,400	103,600
5,500	20	110,000	26,000	84,000
6,000	20	120,000	26,000	94,000
6,500	14	91,000	18,200	72,800
7,000	14	98,000	18,200	79,800
7,500	8	60,000	10,400	49,600
8,000	8	64,000	10,400	53,600
8,500	8	68,000	10,400	57,600
9,000	8	72,000	10,400	61,600
9,500	7	66,500	9,100	57,400
10,000	6	60,000	7,800	52,200

고객에게 간접질문법으로 가격반응함수 도출

Chapter 6

고객가치를 측정하기 위해 고객에게 묻는 방법 중 직접질문법을 사용할 때의 단점을 극복한 대안으로서 간접질문법에 의한 가격책정방법이 있다. 간접질문법은 제품에 대해 지불하고자 하는 가격을 고개에게 직접 물어보는 것이 아니라, 가격, 상표, 디자인 등 가격을 포함한 여러 제품선택기준들의 조합을 고객에게 평가하게 함으로써 고객이 지불하고자 하는 가격을 추정하는 방법이다.

1. 간접질문법

고객가치를 측정하여 가격반응함수를 도출하는 방법으로 간접질문법의 특징은 다음과 같다.

첫째, 고객이 제품을 구매할 때 고려하는 다양한 선택기준을 조합하여 고객에게 평가하게 하는 방법이기 때문에 실제 구매행동을 비교적 충실히 반영한다. 왜냐하면 고객은 직접 질문법으로 질문하는 것처럼 가격만을 고려하여 제품을 구매하기보다는, 가격, 상표, 디자인, 기능 등을 모두 고려하여 제품을 구매하기 때문이다.

둘째, 직접 질문했을 때 왜곡될 수 있는 고객의 속내를 간접질문법으로 더 정확하게 파악할 수 있다. 예를 들면 회사면접시험을 볼 경우 응시자에게 "어느 정도 연봉을 받길 원하는가?"라고 질문한다면, 응시자는 속마음을 솔직하게 답변하기 어려울 수 있다. 높은 연봉을 받길 원하지만 이러한 내 마음을 밝혔을 때 면접 결과에 영향을 미칠까 우려하는 마음이 있기 때문이다. 하지만 "연봉 4,000만원을 주는 지방의 중소기업"과 "연봉 3,500만원을 주는 서울의 대기업" 중 어느 곳을 더 선호하는지에 대한 질문을 할 경우엔 큰 걱정 없이 둘 중에 하나를 고를 수 있다. 이와 같이 몇 개의 회사조합을 추가로 질문하면 응시자가 원하는 연봉을 찾아낼 수 있고, 이 경우 직접 질문법으로 원하는 연봉을 물었을 때보다 응시자의 속내를 잘 파악할 수 있다.

셋째, 가격에 따른 판매량의 변화를 예측할 때 경쟁사의 가격과 제품 사양을 반영할 수 있다. 예를 들어 SUV를 구매한다고 가정할 경우, '투싼'을 구매하고자 마음 먹었던 고객은 경쟁사인 '코란도C'가 가격을 낮추거나 K7이 같은 가격에 공기청정기를 기본사양으로 추가한다면, '투싼'에 대한 구매의사가 변할 수 있다. 이같이, 간접질문법은 경쟁사의 가격이나 제품사양의 변화를 반영하여 우리 제품에 대한 고객의 구매의도가 어떻게 변하는지를 추정할 수 있다.

넷째, 가격에 따라 변화하는 판매량에 비용을 고려함으로써 가격대별 이익을 회사별 상황에 맞춰 측정할 수 있다.

이처럼 가격대별 제품의 판매량을 측정하는 방법 가운데 간접질문법이 고객이 느끼는 가치/경쟁사요인/원가요인을 모두 포괄한 방법이라는 것을 알 수 있다.

간접질문법에 의한 가격책정은 유럽이나 미국에서 많이 사용되고 있으나, 국내에서는 널리 쓰이고 있지 않다. 이는 실무자가 기존에 사용하고 있는 방법에 익숙해져서 새로운 가격책정방법의 도입을 꺼리는 것이 아닌가 판단된다.

아래는 저자가 국내외 산업에서 가격책정을 수행한 사례이다. 저자는 아래의 프로젝트를 통해 다양한 가격책정 방법을 여러 산업에 적용해 본 결과, 간접질문법의 유용성을 확인할 수 있었다.

- A전자 청소기 기능별 가격수준측정
- A전자 중국 내 핸드폰 가격프리미엄측정
- A전자 독일 내 핸드폰 가격수준측정
- A전자 중국 내 홈시어터 가격수준측정
- B관공서 심의수수료 변경프로젝트

- C사 인터넷 가격체계 책정
- D증권사 오프라인 거래수수료 가격체계변경
- D증권사 온라인 거래수수료 가격체계변경
- D증권사 온라인 옵션/선물거래 수수료 가격체계변경
- E증권사 오프라인 거래수수료 가격체계변경
- F증권사 오프라인 거래수수료 가격체계변경

- G사 보상판매 가격책정
- H사 중국 내 치약 기능별 가격수준변경
- I사 콘서트 티켓가격책정

그러면 간접질문법을 사용하여 어떻게 고객가치를 측정하는 것일까?

2. 컨조인트 분석을 이용한 간접질문법

컨조인트(CONJOINT)의 사전적 의미는 '결합한' 정도의 뜻이지만, 마케터의 입장에서 해석할 때는 "Features CONsidered JOINTly"라는 의미이다. 이 말은 문자 그대로 하나의 제품은 그것을 구성하는 브랜드와 가격, 디자인 등의 제품 선택기준이 합쳐져서 그 제품의 가치를 형성하고, 고객은 그 가치를 고려하려 제품을 구매한다는 것이다. 컨조인트 분석에서는 이와 같은 고객의 가치를 '효용(utility)'이라고 표현한다.

우리가 살 집을 고를 때를 가정해 보자. 일단 아파트인지 아닌지, 어느 정도 비싼지, 강남인지 강북인지, 교통이 편리한지 불편한지, 교육환경이 좋은지 등 다양한 기준을 고려해서 집을 구매할 것이다. 컨조인트 분석에서 '집'이 주는 효용은, 그 '집'의 특징인 주거형태, 가격, 지역, 교통, 교육환경 등의 효용이 합쳐진 것이라고 정의하고, 그 합의 값이 다른 집의 효용보다 클 때 비로소 그 집이 선택되어 구매된다고 가정한다.

이러한 컨조인트 분석은 1970년대부터 고객행동 및 제품속성 선호

정도를 측정하기 위해 사용되었던 방법이다. 국내에서는 1990년대에 들어서면서 기업 실무자들을 중심으로 컨조인트 분석에 대한 필요성을 인식하기 시작하였고, 2000년대 들어서는 저자가 피부로 느낄 정도로 그 사용이 증가하고 있다. 여기서는 컨조인트 분석을 시행하기 위한 설문지 작성방법과, 설문지를 이용한 데이터 수집방법에 대해서 알아보자.

2.1. 설문지 작성을 위한 기본적인 절차

컨조인트 분석은 고객이 원하는 제품이 무엇인지를 간접적으로 물어보는 방식이다. 칫솔을 구매한다고 가정하면 직접질문법에서는 "귀하는 어느 정도 가격이면 칫솔을 구매하시겠습니까?" 등의 형태로 물어야 할 것이다. 그러나 간접질문법인 컨조인트 분석은 아래와 같이 제품조합을 만들어 전체 제품에 대한 구매의사를 묻는다. 아래는 컨조인트 분석 방법 중 하나의 사례이다.

> 귀하께서는 아래 제품에 대해 얼마나 구매하고 싶으십니까?
> (100점 만점으로 답변해 주십시오)
>
> 오랄비
> 1,200원
> 요철모양의 칫솔모
>
> ________ 점

위의 질문에서 1,200원을 2,500원으로 바꾸고 구매의사를 물어보면, 결국 가격이 구매의사에 어느 정도 영향을 주는지를 분석해 낼 수 있다. 브랜드를 바꾸거나 칫솔모의 모양을 바꾸어도 각각의 특성이 구매 의사에 주는 영향을 밝혀낼 수 있다.

이러한 작업을 하기 위해서 가장 먼저 선행되어야 할 것은, 고객이 칫솔을 구매할 때 어떤 기준으로 구매하는지를 알아보는 것이다. 위 질문에서는 브랜드와 가격, 칫솔모의 모양을 구매기준으로 가정하고 설문조사를 한 것이다. 브랜드, 가격, 칫솔모의 모양과 같이 제품을 구매하는 기준을 컨조인트 분석에서는 속성(attribute)이라고 한다.

2.1.1. 속성의 선정

제품을 구매하는 기준인 속성을 결정하는 것은 컨조인트 분석을 할 때 매우 중요한 작업이다. 만약 칫솔을 구매할 때 소비자가 항균기능을 중요하게 생각하고 있는데 위의 설문처럼 항균기능이 빠진 질문을 한다면 고객의 칫솔 구매행동을 제대로 예측할 수 없기 때문이다. 컨조인트 분석결과가 실제 시장을 잘 예측하지 못한다고 판단되는 대부분의 경우는 속성을 잘못 선정했기 때문이다. 따라서 속성을 제대로 선정하는 것은 분석의 반 이상을 차지한다고 해도 과언이 아니다. 이 때 주의할 점은 선정된 속성이 너무 추상적이면 안 된다는 것이다. 가령 '품질'이라는 속성은 고객이 인식하기 어려운 추상적인 단어일 수 있고, 제조업자가 생각하는 '품질'과 고객이 생각하는 '품질'이 다를 수도 있다. 따라서 속성을 선정할 때에는 구체적이고 측정 가능한 것을 선정하는 것이 무엇보다도 중요하다.

속성을 선정하기 위해서는 주로 소수의 고객에게 인터뷰를 하는 Focus Group Interview(FGI)방법이 가장 많이 사용된다. 고객과 심층적으로 대화하면서 그들이 가지고 있는 선택기준을 찾아내는 기법이다. 〈그림 6-1〉은 온라인 거래를 위해 증권사를 선택하는 속성을 선정한

그림 6-1 온라인 거래를 위한 증권사 선택 속성선정 예

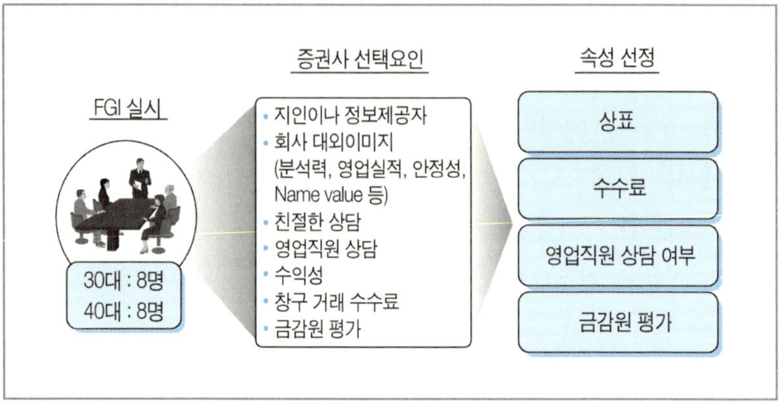

사례이다.

고객에게 FGI를 실시한 결과, 온라인 증권거래 시 증권사를 선택하는 기준은 매우 많았다. 이 중에서 가장 중요한 몇 가지를 뽑아내야 하는데 저자의 경험상 4개 정도의 속성을 사용할 때 가장 신뢰도가 높은 설문결과를 얻을 수 있었다. 여기서 신뢰도라는 것은 앞의 응답과 뒤의 응답이 일관성이 있고, 분석결과 현재 시장을 잘 예측할 경우를 의미한다.

FGI를 실시했다 하더라도 도출된 수많은 속성 중에서 4~5개 정도를 뽑아내는 것도 쉽지 않은 작업이다. 왜냐하면 회사에 업무에 몰입하고 있는 마케터의 입장으로서는 모든 속성이 다 중요하게 여겨지기 때문에 그 중 어느 것을 선택한다는 것이 어렵기 때문이다. 또한 이왕 비용을 들이는 설문조사에서 최대한 많은 정보를 얻고자 하는 의욕 때문에 최대한 많은 속성을 조사에 반영하고자 하기 때문이다. 그러나 속성수가 많아지면 고객이 응답하기가 어려워지고 이로 인해 있는 그

대로의 고객생각을 알기 어렵다.

궁극적으로는 가장 중요한 속성들에 대한 정확한 정보를 얻는 것이 목적이므로, 고객의 의도가 왜곡되지 않는 범위 내에서 속성수를 줄이는 것이 필요하다. 일반적으로 FGI에서 주로 언급되었던 속성들 중에서 실무자들의 감으로 몇 개의 속성을 선택하는 것을 주위에서 쉽게 볼 수 있다. 그러나 새로운 개념의 제품이거나 제품선택기준이 너무나 많을 경우 보다 다양한 방법으로 속성을 선정할 수 있다. 비록 시간과 노력을 추가로 투자해야 하지만 속성을 선정하기 위해 저자가 수행하였던 다음의 방법을 소개한다.

칫솔을 판매하는 A사는 컨조인트 분석을 이용하여 가격전략을 수립하고자 하였다. 고객을 대상으로 FGI를 실시한 결과 아래와 같은 속성들이 가장 많이 언급되었다고 하자.

이 중에서 마케터는 계량적인 방법을 사용하던지, 고객에게 다시 질문을 하던지 하는 방법으로 몇 개의 속성으로 줄여야 한다. 이 사례에서는 브랜드, 가격, 칫솔모의 모양이 중요하다고 마케터가 판단하고, 이 네 가지 제품선택기준을 속성으로 확정하였다.

2.1.2. 수준의 선정

제품의 속성이 정해졌으면, 그 다음에는 속성별로 수준(level)을 선정해야 한다. 브랜드가 하나의 속성이라면 오랄비는 브랜드라는 속성의 수준이 된다. 수준은 현재 경쟁상황을 반영하여 선정해야 한다. 브랜드의 경우 우리 회사의 브랜드를 포함하여 주된 경쟁사를 선정하는 것이 일반적이다. 저자의 경험으로는 전체 시장의 70% 정도의 시장점유율을 차지하고 있는 범위 내에서 브랜드의 수준을 선정하면 시장을 예측하는 데 별 무리가 없다고 판단된다.

가격은 일단 시장의 최저가격과 최고가격을 가격 수준의 범위로 선정하고, 두 가격대 사이를 일정한 간격으로 나누어 나머지 수준을 선정한다. 가령 칫솔 시장의 최저가가 1,000원 최고가가 2,500원으로 가정하면, 1,000원, 1,750원, 2,500원 등 동일한 간격으로 나누는 것이 좋다. 그러나 주된 경쟁사가 1,700원이라는 가격대로 칫솔을 팔고 있다면 1,000원, 1,700원, 2,500원으로 해도 될 것이다.

저자는 속성별 수준의 수가 3개 정도일 때 가장 신뢰도가 높은 응답결과를 얻었던 경험이 있다. 아래는 앞으로 예시로 사용될 칫솔 제품의 속성과 수준에 관해 정리한 표이다.

Attribute	Level
브랜드	오랄비, 아트만, 리치
가격	1,000원, 1,750원, 2,500원
칫솔모의 모양	파랑, 요철, 평면

2.1.3. 조합선정

설문지를 만들기 위해서는 속성별 수준들의 조합을 통해 고객의 구매의사를 질문해야 한다. 예를 들면 칫솔 사례에서 속성 수는 브랜드, 가격, 칫솔모의 모양 등 3가지였고 수준은 각 속성별로 3가지이다. 이러한 속성과 수준의 수에서 얻을 수 있는 제품조합은 $3 \times 3 \times 3 = 27$가지가 도출된다. 즉 아래와 같이 속성수준으로 이루어진 각기 다른 조합이 27개나 만들어진다는 것이다.

귀하께서는 아래 제품에 대해 얼마나 구매하고 싶으십니까? (100점 만점으로 답변해 주십시오) 오랄비 1,200원 요철모양의 칫솔모
______ 점

따라서 고객은 27번 구매의사를 응답해야 한다. 그러나 고객은 응답하는 횟수가 늘수록 정신적으로 피곤함을 느끼게 되고 뒷부분의 응답에서 무성의하게 답변하는 경우가 많다. 또한 속성과 수준이 늘어날수록 실제로 몇 백 가지의 조합이 나타나기 때문에 조합 수를 줄이는 것이 필요하다.

조합 수를 줄여야 한다고 27개 조합 중에서 아무거나 뺄 수는 없을 것이다. 이때 무엇을 빼야 하는지 알려주는 통계적 방법이 몇 가지가 있으나 가장 많이 쓰이는 방법은 부분요인설계(Fractional Factorial Design)이다. 이 방법은 각 속성들 간의 상호작용을 최소화하면서 조합 수를 줄이는 방법이기 때문에, 소수의 조합으로도 27개 조합을 모두 질문하는 효과를 볼 수 있다. 보통 SAS나 SPSS 통계 패키지를 이용하여 조합 수를 줄이는데, 이후에 설명할 컴퓨터로 구현하는 컨조인트 패키지도 조합 수를 줄여주는 기능이 있다. 이제는 줄여진 조합 수를 가지고 고객에게 묻는 일만 남았다.

2.2. 컨조인트 조사방법

최근 10년 동안 많은 연구와 실무적용을 통해 컨조인트 방법에 대한 유용성과 타당성은 입증되었을 뿐만 아니라, 다양한 컨조인트 방법론이 개발되었다. 따라서 우리에게 중요한 이슈는 컨조인트 분석을 사용해야 하나 말아야 하나에 관한 문제가 아니라, 우리 산업의 특수성에 비추어 봤을 때 다양한 컨조인트 방법들 중 어느 방법을 사용할 것인가 하는 문제다. 같은 내용을 동일한 응답자에게 설문하더라도 다른 방법을 쓰면 다른 결과가 도출되기 때문이다.

우리가 선택할 수 있는 컨조인트 방법은 크게 6가지로 정리할 수 있다.

- 개별속성에 대해 평가하는 방법
- 모든 속성이 포함된 조합을 평가하는 방법
- 두 속성만으로 이루어진 조합을 비교하는 방법
- 혼합적 방법(개별속성 + 모든 속성평가)
- Adaptive Conjoint Analysis
- 모든 속성으로 이루어진 조합 중에 선택하는 방법

이 책에서는 모든 방법을 소개하지 않는다. 이 방법의 차이나 장단점은 전문서적을 참고하기 바란다. 이 책에서는 마지막에 소개된 '모든 속성으로 이루어진 조합 중에 선택하는 방법'을 이용하고자 한다.

이 방법은 각각의 조합에 대하여 점수를 매기거나 순위를 매겼던

평가 위주(rating-based approach)의 기존 방법과는 달리, 조합 중에 하나를 선택하게 하는(choice-based approach) 방법이다. 이 방법은 여러 개의 선택대안 중에 하나를 고르는 실제 구매상황과 비슷하다. 가령 세탁기를 구매하려고 백화점에 간 고객은 "삼성 세탁기 70점, LG 세탁기 69점, 대우세탁기 62점"이라는 '평가'를 하는 것이 아니라, 세 가지 제품을 비교하여 하나를 '선택'한다는 것이다. 또한 실제 구매행동에서는 선택대안을 고르기도 하지만 구매를 포기하기도 한다. 이 방법은 컨조인트 조합 중에 '고를 것이 없다'는 옵션을 넣어 이러한 구매행동을 반영하고 있다.

조합 중 하나를 선택하게 하는 컨조인트 기법은 최근에 가장 많이 선호되는 방법이라고 해도 과언이 아니다. 특히 두 속성 간의 상호작용을 분석할 때 정확한 결과를 보인다고 평가받고 있기 때문에 브랜드와 밀접한 관계가 있는 가격에 대한 효용을 조사하기 위해서는 이 방법을 쓰는 것이 더 적절하다고 판단된다.

칫솔 사례에서는 아래와 같이 3개의 제품조합 중에 가장 마음에 드는 것을 하나 선택하도록 응답자에게 요구하게 된다. 한 번 선택행위가 이루어지면, 다른 제품조합으로 이루어진 3개의 조합이 다시 주어지고, 응답자는 이 중 가장 선호하는 조합을 선택하거나, 3개 중에 아무것도 마음에 안 들면 '선택 안함'을 선택하게 된다. 이런 반복적인 선택행위는 정교한 fractional factorial design에 의해 조합이 응답자에게 주어지게 된다.

아래 3개의 제품 중 귀하께서 가장 구매하시고 싶은 제품을 골라주십시오.
고르실 제품이 없다면 '고를 것이 없다'를 눌러주세요.

1	2	3	4
오랄비 1,200원 평면모양의 칫솔모	아트만 1,750원 요철모양의 칫솔모	리치 2,500월 요철모양의 칫솔모	선택 안함 (고를 것이 없다)

Sawtooth사는 이 방법을 이용하여 CBC라는 패키지를 개발하여 판매하고 있다. CBC 패키지는 컴퓨터로 설문조사를 할 수도 있고 설문지로 조사를 할 수 있다. 아래 사례는 CBC 설문의 컴퓨터를 사용한 증권사 수수료 측정을 위한 설문사례이다.

그림 6-2 CBC 설문 중 조합의 선호도 측정 화면(증권사 사례)

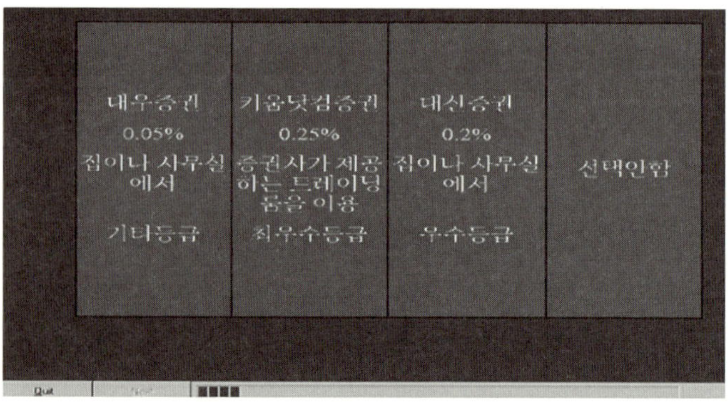

3. 데이터 수집방법

3.1. 응답자 선정

우리 제품에 적합한 조사방법을 선택했다면 이제 고객에게 설문조사를 통해 데이터를 수집하는 일을 할 차례다. 고객에게 설문조사를 할 때 가장 중요한 것은 응답자 수를 몇 명으로 할지에 관한 문제이다. 설문조사 시 응답자 수를 보통 표본(sample)수라고 한다.

몇 명을 대상으로 설문조사를 해야 하는지는 통계학적인 지식과 계산이 필요하므로 고급통계학 책을 이용하여 적정한 응답자 수를 추정하는 방법론을 사용하기 바란다. 그러나 저자의 경험이나 어번과 하우저(Urban and Hauser)가 저술한 [*Design and marketing of new products*]라는 책을 참고하여 조심스럽게 기준치를 제시하자면, 컨조인트 분석 시 최소 100명 정도의 유효표본이 필요하다. 여기서 유효표본은 무성의하게 응답하거나 응답 과정에서의 실수로 분석에 사용될 수 없는 설문지를 제외한 경우를 말한다.

설문에 응답하는 사람은 설문대상 제품을 최근에 구매했거나 구매할 의사가 있는 사람으로 정하여 조사하는 것이 일반적이다. 응답자를 선정할 때 고객 전체 집단에서 무작위로 표본을 추출하여 설문조사를 하는 것이 가장 이상적인 방법이다. 그러나 실질적으로 기업체에서 고객조사를 할 때는 비용이나 시간의 문제 그리고 원천적으로 무작위 추출을 할 수 없는 현실적인 문제 등으로 이 방법을 사용하는 경우는 거의 없다.

저자는 많은 표본추출 방법 중에서 '할당표본추출'이라는 방법을 권한다. 이 방법은 고객의 특성별 구성비에 적절하게 응답자 수를 선정하는 방법이다. 가령 우리 제품을 구매하는 사람은 고객분포가 20대가 40%, 30대가 60%라고 하자. 만일 100명을 표본 수로 정하였다면 20대는 40명, 30대는 60명을 조사하는 방법이다. 지역별로 서울이 40%, 지방이 60%라면 역시 각각 40명, 60명을 대상으로 설문조사를 하게 된다. 실제로 조사할 때는 이보다 더 복잡한 기준들로 정교하게 표본을 추출하게 되는데, 우수고객인지 비우수 고객인지 혹은 백화점에서 구매하는지, 할인점에서 구매하는지 등의 구매행동과 나이, 성별, 직업, 소득, 거주지역 등 인구통계학적인 측면 등을 고려하여 가능한 한 정교하게 표본수를 할당한다. 이러한 노력은 무작위로 표본을 추출하지 못할 때 발생하는 통계적인 오류를 줄이려는 일환이다.

3.2. 데이터 수집시 고려해야 할 사항

한편, 속성에 디자인이나 색, 질감과 같은 요인이 반드시 들어가야 할 경우는 설문조사 방식이 달라져야 한다. 만일 자동차의 경우 승차감이나 디자인 등이 제품을 선택할 때 중요한 속성이라면 응답자에게 실제 차를 타보게 한다든지, 만져보게 하고, 승차감을 느끼게 하는 등의 노력으로 설문지에서 느끼는 것과는 다른 실제 제품의 감각을 느끼게 해야 한다. 만일 시간과 비용의 측면에서 위와 같은 방법이 불가능하다면 사진을 이용하는 경우도 있다. 최근의 컨조인트 패키지는 그래픽삽입 기능을 지원하여 사진을 이용한 조사방법을 구현하고 있다.

저자는 휴대폰 가격책정 프로젝트를 진행하면서 면접원에게 각 디자인별 실제 제품을 들고 다니게 하여 디자인의 효용을 측정한 경험이 있었고, 교육관련 전자기기인 경우 사진을 이용한 경험이 있었다. 측정 결과 판매를 보다 잘 예측하는 것은 역시 실제 제품을 직접 보고 만지게 했던 방법이었다.

데이터를 수집할 때는 보통 대인면접을 통해 이루어진다. 컨조인트 조사는 일반적인 설문조사 방법이 아니기 때문에 컨조인트 조사에 관하여 훈련된 면접원들이 직접 고객과 함께 설문지를 작성하는 것이 저자의 경험상 가장 좋은 결과를 얻었다. 그러나 제품성격상 온라인으로 조사를 하는 경우가 있는데 대인면접을 하지 못하는 이와 같은 경우에는 그 신뢰도가 매우 떨어진다.

온라인 컨조인트 설문조사 사례

온라인으로 컨조인트 조사를 할 경우 회수된 설문지 중 조사 목적에 부합한 설문을 추출해야 하는 과정에 더 많은 노력을 해야 한다. 대인면접을 통해서 작성되지 않았기 때문에 응답자가 설문의 뜻을 잘 이해하지 못하는 경우가 생기거나, 혹은 설문을 읽어보지도 않고 응답하는 경우도 많다. 또한 직장이나 집에서 설문을 응답하다가 잠시 멈추고 몇 시간 후에 마저 응답하는 경우도 있다.

보다 정확한 데이터를 확보하기 위해서는 고객이 인터넷을 사용하는 실제 행동인 네비게이션 패턴을 기록하는 log file을 이용하여 불성실한 응답을 제외시켜야 한다. 또한 앞문항과 뒷문항의 상관관계를 분석하여 얼마나 일관적으로 자신의 생각을 표현하고 있는지를 통계적으로 검증하여 설문을 추려내야 한다. 그렇지 않으면 마케터가 파악하고자 하는 현상이 왜곡되기 때문이다.

저자가 수행하였던 온라인 컨조인트 조사에서 가장 극단적으로 신뢰도가 낮았던 사례는 인터넷 폴더 서비스 산업이었는데 위와 같은 방법을 사용하여 설문지를 추려본 결과 사용할 수 있는 설문의 수가 전체 회수된 설문의 20%를 넘지 못했던 경험이 있었다.

이처럼 컨조인트 분석을 하기 위해서는 우선 고객이 제품을 구매할 때 고려하는 속성과 수준을 정확하게 파악해야 한다. 속성과 수준이 설정되면, 우리 제품의 특성 등을 감안하여 가장 적합한 컨조인트 분석방법을 선택해야 한다. 그럼 우리 제품에 적합한 컨조인트 분석을 통해 도출된 결과를 어떻게 가격반응함수로 만들어, 이익을 극대화하는 가격과 판매액을 극대화하는 가격을 찾아낼까?

4. 가격반응함수의 개념과 도출

컨조인트 분석의 결과를 이용하여 가격을 책정하기 위해서는 가격이 변함에 따라 수요(판매량, 시장점유율, 매출 등)가 변하는 것을 추적할 필요가 있다. 회사의 이익이나 시장점유율을 극대화하기 위한 가격을 책정하기 위해서는 다양한 가격대별로 수요가 어떻게 변화하는지를 알 수 있어야 하기 때문이다.

다양한 가격대별 수요예측은 여러 가지 시장 상황을 가정하여 이후의 시장상황을 예측하는 방법을 통해 이루어질 수 있다. 예를 들면 경쟁사의 가격이 변하지 않는 상태에서 우리 제품의 가격을 10% 인상했을 때, 또는 경쟁사의 가격이 10% 인상되었을 때 우리 제품에 대한 수요가 어떻게 변화하는지를 실험을 해봐야 최적가격을 책정할 수 있기 때문이다. 이러한 것을 마켓 시뮬레이션이라고 한다. 마켓 시뮬레이션 과정을 거치게 되면 결과적으로 '가격이 변함에 따라 수요(판매량,

시장점유율, 매출 등)가 변하는 형태'를 얻을 수 있는데, 이러한 형태를 흔히 '가격반응함수'라고 한다.

여기서는 컨조인트 설문결과를 이용하여 가격대별로 고객의 구매행동을 예측하는 방법을 단계별로 설명할 것이다.

4.1. 컨조인트 분석결과를 도출한다

〈표 6-1〉은 컨조인트 설문지로 측정된 결과를 보여준다. 앞서 열거한 6가지 방법 중 어떤 설문평가 방법을 사용하든지 다음과 같은 형태의 결과가 나온다. 다만 얼마나 정교하게 우리 고객의 가치를 측정했느냐의 차이이다. 앞서 설명했듯이 컨조인트 분석은 제품의 속성과 수준을 정하여 간접적으로 고객의 가치를 측정하는 방법이기 때문에 그 결과는 아래와 같이 각 속성별 수준의 효용으로 나타난다. 구체적인 효용의 측정치를 앞으로 '효용값'이라고 부르자.

우리가 사용한 CBC라는 컨조인트 분석에서는 응답자 전체의 효용값과 개인별 효용값이 도출된다. 컴퓨터 프로그램으로 도출할 경우 우선적으로 전체의 효용값이 산출되는데, 이를 개인별 효용으로 추정하기 위해서는 HB(Hierarchical Baysian method)라는 알고리즘을 사용한다. HB는 컨조인트 패키지에서 하나의 모듈로 제공되기도 하는데 그 원리는 사후확률을 이용하므로 다소 복잡하기 때문에 보다 자세한 개념을 이해하기 위해서는 전문 통계학 책을 참고하기 바란다.

아래 표는 고객조사를 하여 김가격이라는 고객의 효용값을 산출한 가상적인 예이다. 100명에게 컨조인트 설문을 실행했으면 〈표 6-1〉

과 같은 표가 100개 산출된다. 다만, 개인별 응답이 다르므로, 효용값이 다른 100개의 표가 산출될 것이다.

〈표 6-1〉 김가격 고객의 속성별 수준의 효용값

속 성	수 준		
상 표	오랄비(2.4)	아트만(2.0.)	리치(1.0)
가 격	1,000원(1.9)	1,750원(1.4)	2,500원(1.0)
칫솔모의 모양	파랑(1.6)	요철(1.3)	평면(1.0)

김가격 고객의 설문 응답 결과 오랄비의 효용값(2.4)이 아트만(2.0)이나 리치(1.0)의 효용값보다 크기 때문에, 김가격 고객은 오랄비를 가장 선호하는 것을 알 수 있다. 가격은 당연히 1,000원(1.9)을 가장 선호하며 칫솔모는 파랑(1.6) 모양을 가장 선호하는 것으로 분석되었다.

컨조인트 분석의 효용값 도출 방법

컨조인트 분석에서 효용값을 도출하는 방법은 여러 가지가 있다. 효용값을 도출할 때 어떤 추정방법을 적용하느냐에 따라 각기 다른 결과가 나타난다. 각 속성별 수준의 효용값을 계산하는 방법은 통계학적인 지식을 필요로 한다.

물론 정교한 분석과 정확한 이해를 위해서는 마케터가 직접 추정방법을 선정하고 이를 기반으로 효용값을 산출하면 가장 이상적이나, 이에 익숙하지 않은 사람은 컨조인트 전문 패키지에서 자동적으로 산출되는 효용값을 이용해도 무방하다. 예를 들면 Sawtooth 사에서 제공하는 ACA 패키지의 경우 각 수준의 특성을 입력하는 과정을 통하여 자동적으로 수준의 특성에 맞는 모델을 찾아 효용값을 계산해 주기 때문에 패키지의 매뉴얼만 잘 익히면 모델에 대한 추가적인 이해가 없이도 적절한 결과를 도출할 수 있다.

그러나 추정방법에 대해 간단히 설명하자면, 크게 벡터 모델, 이상점 모델, 부분가치 모델 등으로 구분할 수 있다. 왜냐하면 각 속성별 수준이 변할 때 효용값이 변화하는 형태에 따라 적용하는 모델이 다르기 때문이다.

예를 들어 장갑이라는 제품인 경우 고객들이 내구성을 중요하게 생각한다면, 컨조인트 설문의 속성 중 하나가 내구성이 될 것이다. 내구성과 같은 속성의 경우 내구성이 좋을수록 소비자의 가치는 증가할 것이라고 예상할 수 있고 이럴 때는 벡터 모델을 사용하는 것이 적당하다.

반면 명품 브랜드 가방인 경우 가격이 너무 싸도 팔리지 않을 수 있고 가격이 너무 비싸도 팔리지 않을 수 있다. 명품이 주는 혜택 중 하나는 과시욕구일 수도 있기 때문이다. 이처럼 가격이 상승됨에 따라 소비자의 가치가 증가하다가 감소하는 경우에는 너무 싸지도 않고 너무 비싸지도 않은 적당한 가격대가 있을 것이다. 이런 경우는 이상점 모델을 통해 효용값을 측정해 낸다.

마지막으로 여성정장과 같은 제품의 경우 색상이 하나의 속성이라면 고객은 검은색을 좋아할 수도 있고 회색을 좋아할 수도 있고 흰색을 좋아할 수도 있을 것이다. 이처럼 속성의 수준에 따라 변화하는 효용값이 일정하지 않을 경우 부분가치 모델을 사용한다. 따라서 마케터는 선정된 속성의 특성을 파악하여 이에 적합한 모델을 선택해야 한다.

추정모델이 정해지면 이를 이용하여 효용값을 계산하게 되는데, 기본적으로 회귀분석(regression analysis)이라는 통계방법을 사용한다. 회귀분석은 영향을 받는 요인과 영향을 주는 요인간의 관계를 파악하는 것인데, 컨조인트 분석에서 영향을 주는 요인은 각 속성별 수준이 되고 영향을 받는 요인은 제품 프로파일에 대한 고객의 평가이다. 회귀분석을 구현하는 방법은 SPSS나 SAS 등의 통계 패키지를 이용하는 것이 일반적인데 보다 자세한 알고리즘은 통계학 책을 참고하기 바란다.

4.2. 제품 프로파일을 설정하고 프로파일별 효용값을 계산하자

앞에서 산출한 효용값을 이용하여 제품별 효용값을 산출하기 위해서는 앞서 언급했듯이 마켓 시뮬레이션을 해야 한다. 이를 위해서는 시뮬레이션 대상이 필요한데 두말할 것도 없이 그 대상은 우리 제품과 경쟁사 제품이 될 것이다.

따라서 현재 판매되고 있거나 앞으로 판매예정인 우리 제품과 현재 판매되고 있는 경쟁사 제품을 정의해야 하는데 이것을 제품 프로파일이라고 한다. 〈표 6-2〉는 현재 판매되고 있는 오랄비 칫솔과 아트만 칫솔, 리치 칫솔의 제품 프로파일을 만들어 김가격 고객의 효용값을 계산한 결과를 보여주고 있다.

〈표 6-2〉 현재 판매되고 있는 제품 프로파일별 김가격 응답자의 효용값

속성 \ 제품	오랄비 칫솔	아트만 칫솔	리치 칫솔
상 표	오랄비(2.4)	아트만(2.0.)	리치(1.0)
가 격	1,750원(1.4)	1,000원(1.9)	1,750원(1.4)
칫솔모의 모양	요철(1.3)	평면(1.0)	파랑(1.6)
총효용의 합	5.1	4.9	4.0

김가격 고객의 제품별 프로파일을 작성해 속성별 효용값을 더해 보면 오랄비 칫솔이 5.1로 가장 높고 아트만 칫솔은 4.9, 리치 칫솔은 4.0인 것을 알 수 있다. 따라서 김가격 고객의 입장에서는 세 가지 칫솔 중 상표, 가격, 칫솔모의 모양을 모두 고려했을 때 오랄비를 선택할 가능성이 가장 높을 것이다.

4.3. 우리 제품의 가격반응함수 도출 규칙을 찾자

가격대별 예상판매량을 추정하기 위해서는 고객들의 구매행동을 예측하게 되는데, 예측하는 방법에는 최대규칙(maximum rule), 평균규칙(average rule), 로짓규칙(logit rule) 등 크게 세 가지가 있다.

최대규칙(maximum rule)은 고객이 이성적으로 판단하여 최대의 효용을 느끼는 제품을 항상 선택한다는 가정이다. 나머지 두 규칙은 고객

그림 6-3 효용값을 이용해 고객구매행동을 예측하는 규칙의 종류

소비자선택 의사결정규칙	선택 확률 계산	적용 범위
Maximum Rule	$P_A=1,\ P_B=0,\ P_C=0$	내구재 (자동차 등)
Average Rule	$P_A=\frac{10}{10+5+5}=0.5$	비내구재 및 서비스 산업재
Logit Rule	$P_A=\frac{exp(10)}{exp(10)+exp(5)+exp(5)}=0.98$	비내구재 및 서비스 산업재

A제품조합 효용값의 합이 10, B제품이 5, C제품이 5인 경우

의 행동은 불확실하여 항상 최대 효용을 느끼는 제품을 선택하는 것은 아니라는 관점이다. 예를 들어 내가 된장찌개를 김치찌개보다 더 좋아한다고 할 때 항상 된장찌개만을 100% 선택한다는 규칙이 최대규칙이다. 반면에 된장찌개를 김치찌개보다 좋아한다고 해서 일년 내내 된장찌개만 주문하지는 않을 것이다. 가끔은 김치찌개를 시키기도 하는 것이 현실적인 고객의 구매행동이다. 이것이 평균규칙과 로짓규칙이다.

일반적으로 자동차나 주택과 같이 한 번 구매할 때 많은 비용이 지불되고, 한 번에 하나의 제품만을 구매하며 다시 사기까지 긴 기간이 걸리는 제품인 경우에는 최대효용선택기준이 적당하다. 반면 패션제품이나 서비스 제품, 생필품 같이 소비재나 서비스는 평균규칙이나 로짓규칙을 활용하는 것이 고객의 구매행동을 보다 더 정확히 예측할 수 있다.

4.3.1. 최대규칙을 이용한 구매행동 예측

최대규칙은 고객들이 최대의 효용을 느끼는 제품을 구매할 것이다라는 가정 아래 구매행동을 예측하는 방법이다. 이 방법에 따르면 고객은 최고의 효용을 느끼는 제품을 선택하기 때문에 최대효용을 느끼는 제품의 선택확률은 100%이고 나머지 제품의 선택확률은 0%로 나타난다.

〈표 6−2〉에서 김가격 고객이 오랄비 칫솔에 대해서는 5.1의 효용을 느끼고 있고 아트만 칫솔은 4.9, 리치 칫솔은 4.0인 효용을 느끼고 있는 것을 이미 살펴보았는데, 이때는 오랄비의 가격이 1,750원일 때의 경우였다. 이 경우에는 최대규칙에 따르면 김가격 고객이 오랄비 칫솔을 구매할 확률은 100%이고, 아트만 칫솔과 리치 칫솔을 구매할 확률은 각각 0%이다. 그러면 오랄비의 가격을 내리거나 올리면 김가격 고객의 구매확률은 어떻게 변화할까?

〈표 6−3〉은 오랄비 칫솔의 다른 사양은 고정시키고 가격만을 변화시켰을 때 오랄비 칫솔의 효용값이 어떻게 변화하는지를 보여주고 있다.

〈표 6−3〉 오랄비 칫솔의 가격변화에 따른 김가격 고객의 효용값 변화

속성 \ 가격의 변화	1,000원	1,750원	2,500원
상 표	오랄비(2.4)	오랄비(2.4)	오랄비(2.4)
가 격	1,000원(1.9)	1,750원(1.4)	2,500원(1.0)
칫솔모의 모양	요철(1.3)	요철(1.3)	요철(1.3)
총효용의 합	5.6	5.1	4.7

그림 6-4 최대규칙을 적용한 김가격 고객의 선택확률변화

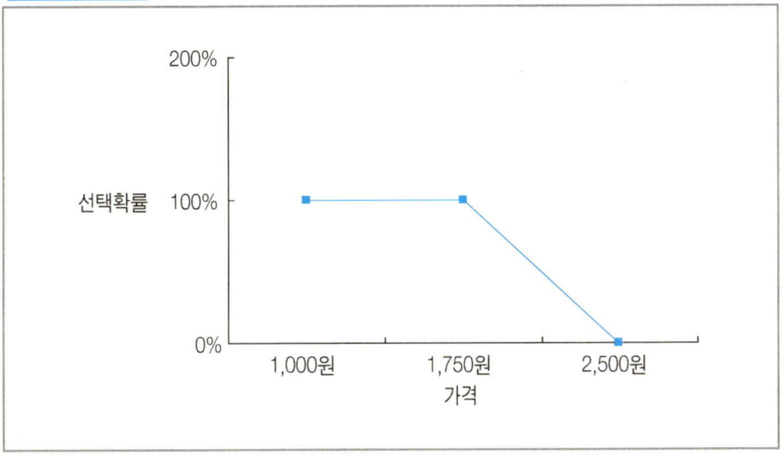

앞서 설명한 바와 같이 오랄비 칫솔의 가격이 1,000원일 때, 이 제품에 대한 효용값은 5.6으로 경쟁사인 아트만 칫솔(4.9)이나 리치 칫솔(4.0)보다 효용값이 크기 때문에 김 가격 고객은 오랄비 칫솔을 구매할 것이다. 오랄비 칫솔의 가격을 1,750원으로 올려도 제품 효용값이 5.1로 감소하기는 하지만 여전히 경쟁사들에 비해 효용값이 높기 때문에 김가격 고객은 역시 오랄비 칫솔을 구매할 것이다. 그러나 오랄비 칫솔의 가격을 2,500원으로 올리면 이 제품의 효용값이 4.7로 낮아져 아트만 칫솔(4.9)의 효용값보다 낮기 때문에 김가격 고객은 아트만 칫솔을 구매하는 의사결정을 내릴 것이다. 이것을 그래프로 표현하면 〈그림 6-4〉와 같다.

4.3.2. 평균규칙에 의한 구매행동 예측

평균규칙은 고객이 여러 제품 중에 하나를 선택할 때 반드시 최대효용을 느끼는 제품만을 선택하지는 않는다는 현상을 반영한다. 평균

규칙은 아래와 같이 분모에 시장에 나와 있는 모든 제품의 효용값을 합하여 놓고, 분자에 우리 제품의 효용값을 놓음으로써 계산된다. 즉, 현재 판매되고 있는 제품인 오랄비, 아트만, 리치의 효용값을 분모로 하고, 가격이 변할 때마다 변화된 오랄비의 효용값을 분자로 하여 계산하는 방식이다. 오랄비 칫솔의 가격변화에 따른 김가격 고객의 제품 선택확률을 계산해 보면 다음과 같다.

오랄비 칫솔이 1,000원일 경우 선택확률=(5.8)/(5.8+4.9+4.0)=39.5%
오랄비 칫솔이 1,750원일 경우 선택확률=(5.1)/(5.1+4.9+4.0)=36.4%
오랄비 칫솔이 2,500원일 경우 선택확률=(4.7)/(4.7+4.9+4.0)=34.6%

오랄비 칫솔이 1,000원인 경우의 효용값이 5.8이고, 현재 경쟁사 제품의 효용값이 각각 4.9와 4.0이기 때문에 분자는 5.8이고 분모는 (5.8+4.9+4.0)이 되어 계산 결과는 39.5%가 된다. 오랄비 칫솔을

그림 6-5 평균규칙을 적용한 김가격 고객의 선택확률변화

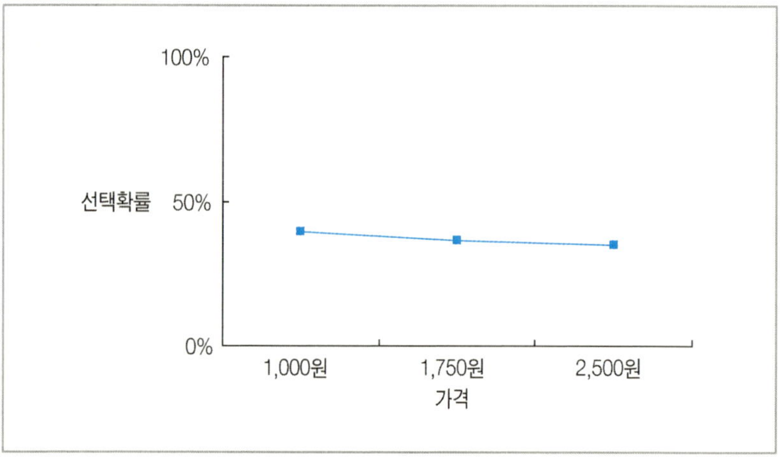

1,750원으로 인상하면 효용값이 5.1로 낮아지고 분모 또한 (5.1+4.9+4.0)으로 변화하여 계산 결과가 36.4%로 낮아지며, 오랄비 칫솔을2,500원으로 인상하면 같은 방법으로 34.6%가 계산된다.

이것을 그래프로 표현하면 〈그림 6-5〉와 같다.

4.3.3. 로짓규칙에 의한 구매행동 예측

로짓규칙은 평균규칙과 유사한 방법으로 계산되나 차이점은 각 브랜드의 효용값을 지수화하여 계산하는 것이다. 여기서 지수화라는 의미는 효용값의 증가율을 기하급수적(exponential)으로 변화시켜 주는 것을 말하는데 주로 인구성장률을 설명하는 데 많이 쓰인다. 이처럼 효용값을 지수화시켜 주는 로짓규칙은 효용값이 큰 제품의 선택확률을 평균규칙가정보다 더 크게 해주고, 효용값이 적은 제품의 선택확률을 평균규칙가정보다 더 적게 해 주는 의미를 가진다. 지금까지 많은 연구에 따르면 이 방법이 실제 고객의 구매행동을 비교적 정확히 예측한다고 알려져 있다. 예를 들면, 김가격 고객의 짬뽕과 짜장면에 대해 선호하는 정도를 측정했는데, 그 선호도가 6:4로 나타났다고 하자. 그러면 실제로 김가격 고객이 10번을 중국집에 갔을 때 짬뽕을 6번 짜장면을 4번 주문할까? 만일 실제로 김가격 고객의 구매행동을 관찰해 본다면 짬뽕을 6번 주문하기보다는 8~9번을 주문하는 것을 발견할 수 있을 것이다. 이는 고객들이 실제로 구매를 할 때에는 효용값이 높게 나타난 제품을 더 많이 선택한다는 것을 의미한다.

〈표 6-3〉의 경우로 되돌아 가서 김가격 고객의 선택확률을 로짓규칙을 이용해서 계산해 보면 아래와 같다.

그림 6-6 로짓규칙을 적용한 김가격고객의 선택확률변화

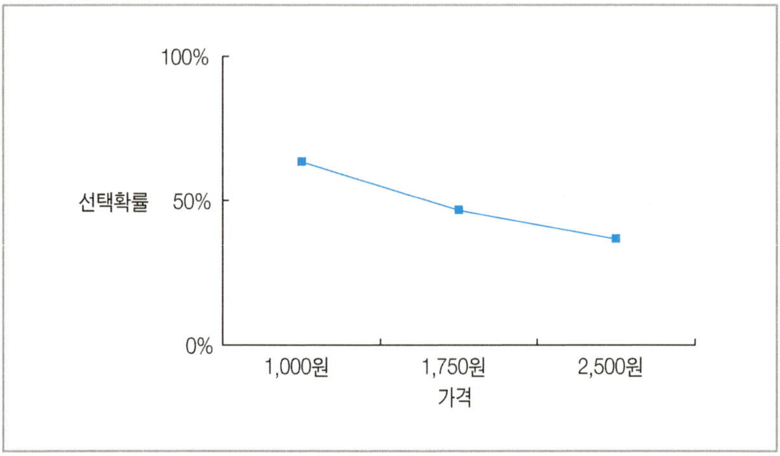

오랄비 칫솔이 1,000원일 경우 선택확률

=exp(5.8)/(exp(5.8)+exp(4.9)+exp(4.0))=63.6%

오랄비 칫솔이 1,750원일 경우 선택확률

=exp(5.1)/(exp(5.1)+exp(4.9)+exp(4.0))=46.5%

오랄비 칫솔이 2,500원일 경우 선택확률

=exp(4.7)/(exp(4.7)+exp(4.9)+exp(4.0))=36.8%

이것을 그래프로 표현하면 아래와 같다.

〈그림 6-5〉와 〈그림 6-6〉을 비교해 보면, 평균규칙을 적용하는 경우와 로짓규칙을 적용하는 경우의 각 가격대별로 선택확률이 다르게 나타난다. 따라서 우리는 정교한 컨조인트 조사에 의해 정성스럽게 수집된 고객의 효용값이 어느 계산방법을 적용하느냐에 따라 결과가

달라짐을 알 수 있다.

이와 같이 어떤 방법으로 효용값을 계산하느냐에 따라 결과가 다르므로 마케터는 자신이 다루는 제품의 성격에 따라 실제 상황을 잘 예측하는 방법을 선택해야 한다. 이를 반영하듯 한국에서 발표된 연구자료와 저자의 경험을 종합해 보면 산업별로 혹은 제품별로 고객의 실제 구매행동을 가장 잘 예측하는 방법이 각기 다르게 나타났다. 아래는 저자가 실행한 가격책정 프로젝트에서 사용한 의사결정규칙을 나열하여 보여주고 있다.

- 자동차(한국): 최대규칙
- 증권거래수수료(한국): 로짓규칙
- 칫솔(중국): 로짓규칙
- 핸드폰(독일): 로짓규칙
- Home Theater(중국): 로짓규칙
- MP3(한국): 로짓규칙
- 학습보조기구(한국): 로짓규칙
- 인터넷폴더시장(한국): 로짓규칙
- 콘서트(한국): 최대규칙

어느 방법을 쓸 것이냐에 대한 논의는 앞으로도 계속될 것이지만, 일반적으로 컨조인트 분석을 통한 구매행동을 예측할 때는 로짓규칙을 많이 사용하고 있다. 저자의 경험 역시 로짓규칙을 이용할 때보다 더 예측력이 높게 나타났다.

4.4. 우리 제품의 가격반응함수 도출

가격대별로 구매행동을 예측했다면 이를 함수화시킬 필요가 있다. 왜냐하면 사례로 사용한 칫솔 시장의 경우 3가지 가격수준이 반영되었으나(1,000원 1,750원 2,500원) 1,900원이나 2,000원과 같이 조사에는 사용되지 않았던 가격별 구매행동도 예측해야만 보다 정교한 가격책정을 할 수 있기 때문이다.

물론 고려하고자 하는 가격을 모두 포함하여 설문조사를 한다면 가장 정확한 결과가 도출되겠지만, 앞서 언급했듯이 가격수준이 많아질수록 고객은 응답하기 어려운 설문이 되고 이로 인해 조사에 대한 전체적인 신뢰성이 떨어지기 때문이다. 따라서 적정한 수의 가격수준만을 포함한 설문을 한 후에, 포함된 가격수준별 구매행동 예측치를 이용하여 이들을 설명하는 함수를 찾아 다른 가격수준의 구매행동을 예측하기를 권장한다. 이러한 함수를 일반적으로 '가격반응함수'라고 한다. 지금까지 모든 절차에 정성을 다하여 데이터를 수집하고 분석하였으나 가격반응함수를 잘못 만들게 되면 아무런 소용이 없다. 따라서 가격반응함수를 도출하는 것이 매우 중요한 작업이다.

그러나 가격반응함수를 만드는 작업은 일반적으로 고급 통계지식을 이용한 모델링 과정을 거치기 때문에 만만치 않은 작업이다. 특히 마케터의 입장에서 고급통계의 지식을 이용하여 함수를 찾아내는 것이 쉬운 일이 아닐 뿐만 아니라 반드시 해야 하는 업무라고도 할 수 없다. 이러한 일은 저자처럼 가격책정을 전문으로 연구하는 사람들이 해야 할 몫으로 남겨두는 것이 보다 효율적일 것이다. 따라서 본 장에서는 모델링을 통해 가격반응함수를 만드는 방법은 생략하고, 모델링 방법보다는 정교함이 떨어질 뿐만 아니라 통계학적으로 추론할 수 없다는 단점이 있지만 실무자들이 가장 간단하게 만들어 볼 수 있는 가격반응함수 도출 방법을 설명하겠다.

만일 김가격 고객의 가격대별 오랄비의 구매행동 예측치가 다음과 같다고 하자.

가격(원)	선택확률(%)
500	91
1,500	58
2,500	53
3,000	26
3,500	3

이를 Microsoft에서 제공하는 Excel을 이용하여 x축에는 가격, y축에는 선택확률을 넣어 점을 찍는다(〈그림 6-7〉).

이제 이 네 점을 연결하는 함수를 찾으면 간단한 가격반응함수를 만들 수 있다.

Excel에서 제공하는 추세선 옵션을 이용하면 〈그림 6-8〉과 같이 네 점을 잘 설명해 주는 다양한 함수를 제공하고 마케터는 여러 가지 함수를 적용시켜 보면서 가장 적당한 함수를 하나 선택하면 된다.

그림 6-7 가격대별 선택확률의 분포

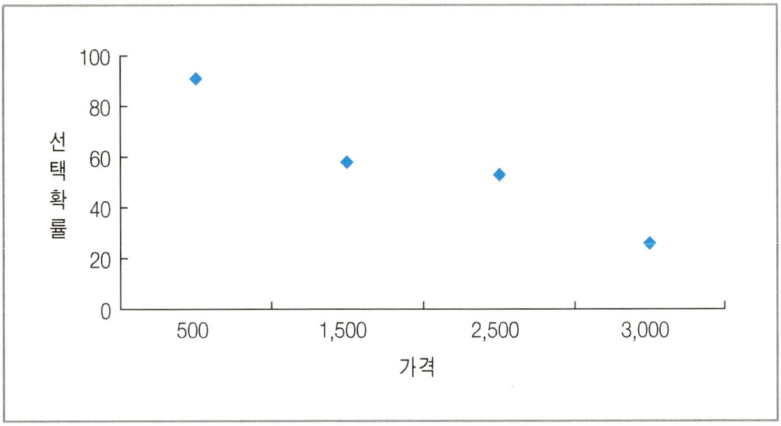

그림 6-8 Excel을 이용해 추세선을 찾는 화면

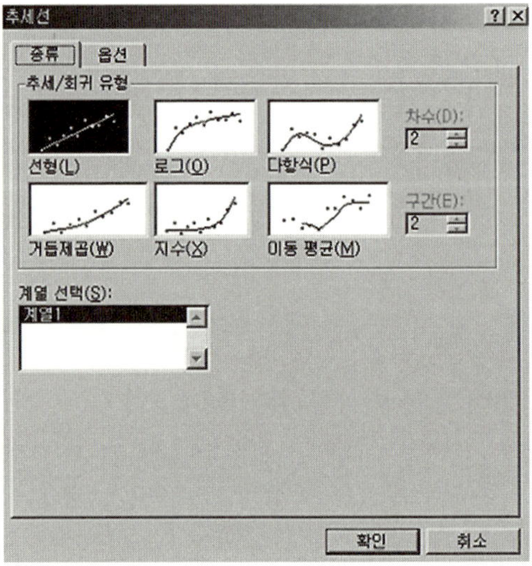

이 옵션을 사용하면 아래와 같은 추세선과 이를 설명하는 함수를 수식으로 표현해 준다.

그림 6-9 가격반응함수 도출

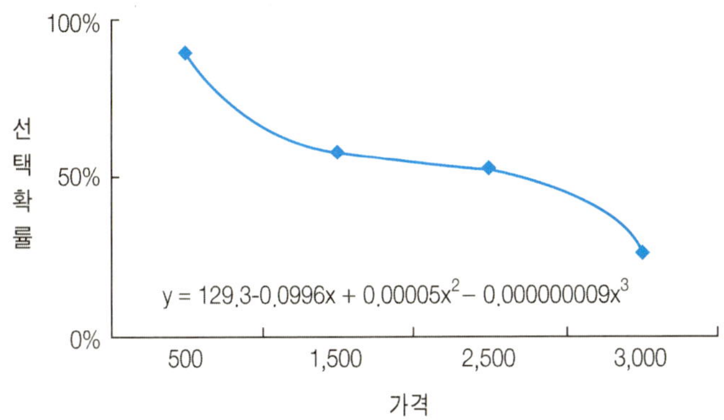

이렇게 가격반응함수를 도출해 놓으면 각 가격대별 시장점유율이나 판매량, 매출, 이익을 예측할 수 있는 유용한 도구가 된다. 〈표 6-4〉와 같이 〈그림 6-9〉에서 도출된 가격반응함수를 통해 각 가격대별 선택확률 및 판매액 총비용(=단위당 300원으로 비용고정) 및 이익을 계산할 수 있었다. 이 사례에서는 2,500원에 가격을 매기는 것이 가장 판매액이 높고 이익이 높은 것으로 나타났다.

〈표 6-4〉 김가격 고객의 가격반응함수를 통한 판매액과 이익을 최대로 하는 가격산출

(단위: 원)

가격	선택확률	판매액	총비용	이익
500	91	45,317	27,190	18,127
600	85	51,136	25,568	25,568
700	80	56,334	24,143	32,191
800	76	61,065	22,900	38,166
900	73	65,465	21,822	43,643
1,000	70	69,645	20,893	48,751
1,100	67	73,698	20,099	53,598
1,200	65	77,695	19,424	58,271
1,300	63	81,687	18,851	62,836
1,400	61	85,702	18,365	67,337
1,500	60	89,749	17,950	71,799
1,600	59	93,815	17,590	76,225
1,700	58	97,866	17,270	80,595
1,800	57	101,847	16,975	84,873
1,900	56	105,683	16,687	88,996
2,000	55	109,276	16,391	92,885
2,100	54	112,510	16,073	96,437
2,200	52	115,245	15,715	99,530
2,300	51	117,321	15,303	102,018
2,400	49	118,558	14,820	103,739
2,500	48	118,755	14,251	104,504
2,600	45	117,687	13,579	104,108
2,700	43	115,113	12,790	102,323
2,800	40	110,766	11,868	98,899
2,900	36	104,362	10,796	93,566
3,000	32	95,594	9,559	86,035

지금까지는 독자들의 이해를 돕기 위해 김가격 고객이라는 한 사람의 사례를 들어 설명했으나, 실제로 가격반응함수를 도출할 때는 김가격 고객뿐만 아니라 다수의 응답자(표본)를 대상으로 가격반응함수를 도출하는 것이 일반적이다.

이익측정을 위한 원가 도출방법

Chapter 7

지금까지 가격을 변경했을 때 판매량의 변화를 예측하는 방법에 대해 논의했다. 앞서 소개한 방법론을 이용하여 가격대별 판매량을 분석하게 되면 가격과 판매량을 곱하여 가격대별 매출을 산출할 수 있다. 여기서 우리가 판매량에 따른 원가를 알 수 있다면, 매출에서 비용을 차감하여 각 가격대별로 이익을 산출할 수 있게 된다. 이 장에서는 이익을 극대화하는 가격을 찾기 위해 원가가 어떻게 반영되는지에 관해 알아보자.

1. 고객가치기반 가격책정에서 원가와 이익의 개념

고객가치에 기반한 가격책정에서는 기업에서 관리하고 있는 원가체계를 상품별로 나누어 인식해야 한다. 왜냐하면 고객은 상품을 기반으로 가치를 느끼기 때문이다. 기업의 특수성에 따라 갖가지 상황에서 발생하는 모든 비용을, 유통업체에서는 매입한 상품별로 제조업체에서는 생산한 제품별로 구분해 내는 것을 '비용인식'이라고 한다. 상품을 매입하여 판매하는 유통업체보다 직접 제품을 생산하는 제조업은 수많은 종류의 원재료와 자원을 매입하고 생산시설을 가동하여 제품을 생산하는 복잡한 과정을 거치기 때문에, 생산과정에서 발생하는 비용을 제품별로 인식하는 것은 무척 어려울 수 있다. 따라서 제품별 비용을 산출해 내기 위해서는 각 기업의 현실적 문제들을 보편 타당하게 해결할 수 있는 여러 가지 비용배분의 기준들을 사전에 마련해야 한다.

이 장에서는 이익을 최대로 하는 가격을 산출하기 위한 비용산출에 초점을 맞추어 보편적이고 실행하기 편리한 상품별 비용인식을 위해 다음과 같이 비용과 이익의 개념을 정의하고자 한다.

1.1. 비용과 이익의 관계

기업의 이익은 정해진 회계기간 동안의 경영활동에 대한 총 결과물이기 때문에 다양한 개념이 존재한다. 매출액과 매출원가의 차익으로 계산되는 매출총이익에서부터 경상적 운영비용을 감안한 영업이익, 영업외 비용을 감안한 경상이익, 비경상적 손실을 감안한 세전 순이익, 법인세 비용을 제외한 당기 순이익 등 다양하고 복잡한 개념의 이익이 존재한다.

마케터의 목적에 따라 달성 가능한 이익목표를 상정하기 위해서는 무엇보다도 비용을 무엇으로 정의하는 것이 중요하다. 비용을 무엇으로 인식하느냐에 따라 이익이 모두 다르게 산출되기 때문이다.

원가와 비용은 기업에서 경제활동을 하기 위해 소비되는 것이기는 하나 그 개념에 차이가 있다. 원가는 특정 대상을 생산하거나 매입하기 위해 소비된 회사의 경제가치라면, 비용은 기간에 따라 소비된 경제가치라고 할 수 있다. 고객가치를 기반으로 가격책정을 수립할 때는 고객이 제품마다 느끼는 가치를 측정하는 것을 바탕으로 하기 때문에 엄밀하게 말해서 비용보다는 원가라는 개념을 사용하는 것이 더 적절하다.

원가관리를 위해 다양하고 복잡한 개념들이 존재한다. 소요된 원가나 비용의 성격에 따라 재료비, 노무비, 경비 등으로 분류하는 것이 일반적이고, 이 밖에도 상품에 직접 비용을 부과할 수 있는지 여부에 따라 직접비와 간접비로 나눌 수 있으며, 생산량이나 판매량의 변동에 따라 고정비와 변동비 등으로 나눌 수 있는 등 그 목적에 따라 수많은 원가개념이 존재한다.

고객가치를 기반으로 한 가격책정 방법에서는 원가를 고정비와 변동비로 나누어 적용한다. 왜냐하면 고객가치기반 가격책정 방법이 제품의 가격대별 판매량을 예측하는 것이기 때문에 흔히 조업도라고 일컫는 판매량의 규모에 따른 원가 변화가 중요하기 때문이다. 생산량이나 판매량 등 조업도의 변동에 따라 함께 변동하는 비용을 변동비라고 하고, 조업도의 변동에 관계없이 일정하게 발생하는 비용을 고정비라 한다.

그림 7-1 변동비와 고정비를 고려한 이익의 개념

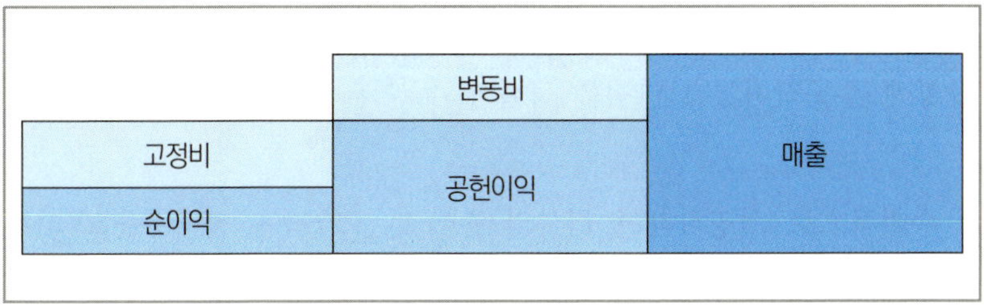

〈그림 7-1〉과 같이 이익을 극대화하는 가격을 매길 때 변동비만을 원가로 고려한다면 회사는 공헌이익을 극대화하는 것이고, 변동비와 고정비를 모두 고려한다면 회사는 순이익을 극대화하는 것이다.

고객가치를 기반으로 하는 가격책정에서는 일차적으로 변동비를 먼저 고려한다.

따라서 회사가 고려해야 이익은 매출에서 총 비용을 뺀 순이익이 아니라 매출에서 변동비를 제외한 공헌이익이 된다. 그러면 왜 고객가치를 기반으로 한 가격책정에서는 고정비를 제외한 변동비를 우선적으로 고려하여 최적가격을 계산할까?

1.2. 변동비만을 고려하는 이유

가격책정의 궁극적인 목표가 이익의 극대화라고 한다면, 마케터는 어느 가격이 이익을 가장 많이 가져다 줄 것인가에 관심이 있다. 물론 회사의 이익과 비용이 동일한 손익분기점을 맞추기 위해서는 고정비를 반드시 고려해야 하지만, 회사의 목적은 손익분기점을 맞추는 것이 아니라 보다 많은 이익을 내기 위함이라는 명제를 다시 한번 되새겨 본다면 변동비만으로도 최적가격을 산출할 수 있다. 이것은 수많은 의사

결정에 직면해 있는 마케터들에게 '실행의 단순함(pragmatic simplicity)'을 구현할 수 있을 뿐만 아니라, 앞서 설명한 원가기준 가격책정이 시장 상황에 수동적이었던 단점을 극복할 수 있는 방법이다.

수리적으로 설명하자면 회사의 순이익은 가격에 판매량을 곱하여 도출된 매출에서 고정비와 변동비를 제외한 것이다. 이를 식으로 표현하면 아래와 같다.

이익=f(가격)×(가격−단위당 변동비)−고정비 식(1)

여기서 f=가격반응함수

여기서 이익이 극대화되는 지점을 찾는 수리적 방법이 무엇일까? 오래된 얘기지만 고등학교 때 배웠던 미분으로 돌아가자. 미분은 Y축 변수가 가장 큰 X값을 구하기 위해 사용되었던 것을 기억할 것이다. 위 식(1)에서 Y축 변수는 이익이고 X축 변수는 가격이라고 한다면, 이익을 극대화하기 위한 가격을 찾기 위해서 가격으로 식(1)을 미분하면 된다. 기억이 날지 모르겠지만, 상수를 미분하면 0이 되므로 식(1)에서 유일한 상수인 고정비는 이익을 극대화하는 것과는 전혀 상관이 없다는 결론에 도달한다.

제6장에서 설명했듯이 판매량은 가격반응함수에 가격을 대입하여 산출한 것임을 상기하자. 즉, 판매량은 가격의 함수꼴로 이루어진다.

식(1)의 도출과정

식(1)을 도출하기 위해서는 먼저 판매량과 매출의 식을 확인하자.

판매량=f(가격) 식(2)

매출=판매량×가격=f(가격)×가격 식(3)

여기서 이익을 계산하자면 다음과 같다.

이익=매출-총원가

여기서 총원가를 변동비와 고정비로 나누어 설명하면 다음과 같다.

이익=매출-[(판매량×단위당 변동비)+고정비]

여기에 식(2)와 (3)를 대입하면

이익=f(가격)×가격-f(가격)×단위당 변동비-고정비

이것을 f(가격)으로 묶어주면 다음과 같이 식(1)이 도출된다.

이익=f(가격)×(가격-단위당 변동비)-고정비 식(1)

보다 쉽게 이해하기 위해 아래 예를 통해 변동비만을 우선적으로 고려한 가격책정과 변동비와 고정비를 모두 고려한 가격책정의 차이점을 생각해 보자.

[사례 1]

칫솔을 생산하여 판매한다고 가정하자. 이미 이 회사는 칫솔을 생산하기 위해 생산설비를 완비하는 데 투자를 했다. 편의상 500만원을 투자했다고 하자.

그리고 칫솔을 생산할 경우 추가로 발생되는 단위당 변동비는 1,000원이다.

고객의 가치를 측정해본 결과 고객은 1,200원 정도 지불할 의사가 있고, 이 가격대에서 10,000개 정도가 팔릴 것으로 분석되었다. 이미 투자된 고정비를 각 제품에 할당해 보면 500만원/10,000개라는 계산을 통해 제품 하나당 500원이라는 고정비가 계산된다. 그렇다면 칫솔 하나를 생산할 때 드는 총비용은 고정비 500원+변동비 1,000원인 1,500원인 것을 알 수 있다.

그렇다면 총 원가가 1,500원인 칫솔을 고객이 지불하고자 하는 가격인 1,200원에 판매해야 할 것인가? 고정비까지 고려해서 비용을 계산했을 때는 이 칫솔을 판매하면 손해가 난다는 결론이 나오고 결국 회사는 칫솔을 판매할 수 있는 기회를 포기하게 된다. 따라서 이미 투자한 고정비 500만원은 고스란히 손해로 남게 된다.

그러나 변동비 1,000원만을 고려하여 고객이 지불하고자 하는 가격인 1,200원에 판매했을 경우 제품을 팔 때마다 1,200원−1,000원이라는 계산으로 200원의 이익이 남고 따라서 200원×10,000개라는 공식으로 총 200만원의 이익이 발생하게 된다. 이는 이미 투자한 고정비 커버에 기여하게 되고, 회사는 이미 투자한 고정비 500만원의 손실을 300만원으로 줄일 수 있다. 또한 판매의 이월효과로 상표에 대한 친숙

도가 커지고 회사의 마케팅력으로 판매량을 늘이도록 노력한다면 소비자가 원하는 1,200원이라는 가격으로 보다 많은 제품을 판매할 수 있고 이를 통해 고정비가 모두 커버된 후에는 이익에 기여하게 된다는 결론이 나올 것이다.

이처럼 비용을 어떻게 인식하느냐에 따라 의사결정에 많은 영향을 미친다. 고객의 시각을 가격에 반영하고 적극적으로 회사의 이익을 창출하기 위해서는 변동비만을 고려하여 의사결정을 하는 것이 더 적합하다.

오래된 항공사 가격책정 사례

2001년 미국에서 911 테러가 일어난 후 서울-뉴욕간 왕복 항공권 가격의 변화는 변동비만을 고려하여 가격을 책정했던 사례를 보여준다. 당시 9.11사태 이후로 뉴욕을 가고 싶어 하는 고객의 선호도가 현저히 떨어졌기 때문에 서울-뉴욕간 항공권에 대해서 고객이 느끼는 가치가 매우 낮았을 것임에 틀림없다. 이러한 상황에서 당시 항공사들은 어떻게 대처했을까?

외국계 항공사들은 평균적으로 30~50% 정도의 가격을 인하했는데 이 중에서도 미국의 노스웨스트 항공사는 서울-뉴욕간 왕복항공권을 39만원까지 가격을 내렸다. 이 가격은 상식적으로 유류비와 기내식비, 이착륙비 등의 변동비만을 고려하는 수준임을 알 수 있다. 다시 말하면 비행기 구입비, 시설투자비 등의 고정비까지 고려한다면 전혀 책정될 수 없는 가격임을 독자들은 잘 이해할 것이다. 반면 당시 대한항공의 서울-뉴욕간 왕복 항공권 가격은 140만원이었다.

[사례 2]

한 회사가 칫솔과 치약을 판매하고 있다. 칫솔의 매출은 200만원이고 순이익이 20만원이다. 치약의 매출은 300만원이고 오히려 10만원을 손해보고 있다. 따라서 이 회사는 총 10만원의 순수익을 올리고 있다.

〈표 7-1〉 칫솔과 치약을 생산할 때의 순이익

	칫솔	치약
매출액	200만원	300만원
변동비	120만원	230만원
공헌이익	80만원	70만원
고정비	60만원	80만원
순이익	20만원	-10만원

앞서 고객가치기반 가격책정은 상품별로 비용을 인식하는 데서 출발한다고 했다. 상품별로 분석한다면 변동비와 고정비를 모두 고려했을 때 순이익이 오히려 마이너스를 기록하는 치약생산을 중단하는 것이 올바른 의사결정일 것이다. 그러나 변동비만을 고려한다면 80만원과 70만원의 공헌이익을 가져다 주는 칫솔과 치약 모두 생산을 지속해야 된다는 의사결정을 내릴 것이다.

만일 변동비와 고정비를 모두 고려하여 치약판매를 중단한다면 회사의 순이익은 어떻게 될까?

〈표 7-2〉 칫솔만 생산할 때의 순이익

	칫솔
매출액	200만원
변동비	120만원
공헌이익	80만원
고정비	140만원(60만원+80만원)
순이익	-60만원

치약의 판매량에 할당되었던 고정비는 칫솔의 고정비로 옮겨와 140만원으로 늘어나고 회사는 60만원의 손해를 보게 된다. 따라서 변동비만을 고려한 공헌이익을 극대화시키는 것이 손해를 보지 않고 회사 전체의 순이익에 기여한다는 사실을 알 수 있다.

지금까지 저자가 말하고자 하는 개념은 매우 간단하다.

고객가치기반 가격책정에서는 변동비만을 고려하여 최적가격을 책정해야 하며, 최적가격 책정의 목표는 공헌이익의 극대화라는 것이다.

하지만 수리적인 해석과 사례들을 통해 변동비를 우선적으로 고려해야 한다고 언급한 것이 고정비의 개념이 중요하지 않다는 것은 아니다. 특히 판매량이 증가함에 따라 함께 증가하지만 일정한 판매량의 범위 내에서 변하지 않는 '준고정비'라는 개념이 있는데, 이러한 '준고정비'를 최적가격 책정에 포함해야 하는 기술적인 문제도 존재한다. 또한 장기적인 가격체계를 수립할 때는 고정비를 고려하여 가격을 책정해야 하는 경우도 있음을 분명히 밝힌다.

그러나 일반적인 기업에서 지속적으로 출시되는 제품에 대한 가격 책정과 변경을 효율적으로 하기 위해서는 저자는 위와 같은 방법을 권한다. 이후에 언급되는 모든 원가는 '변동비'이며 모든 이익은 '공헌 이익'임을 기억하길 바란다.

2. 원가함수의 종류

원가함수는 생산량이 변동하는 형태에 따라 원가(변동비)가 어떻게 변화하는지에 따라 아래와 같이 네 가지 형태로 구분하는 것이 일반적이다. 그러나 산업별 혹은 기업별로 각각 다른 원가함수를 가지므로, 이익측정 시 회사마다 별도의 원가함수를 도출해야 한다. 따라서 마케터는 자신의 제품에 맞는 원가함수를 파악한 후에 제6장에서 설명한 가격반응함수에 적용함으로써 이익을 극대화하는 가격대를 찾아낼 수 있게 된다.

- 생산량이 증가하더라도 단위당 원가는 변화하지 않는 '가'형
- 생산량이 증가할수록 단위당 원가가 감소하는 '나'형
- 생산량이 증가할수록 단위당 원가가 증가하는 정도가 커지는 '다'형
- 생산량이 증가하면 단위당 원가가 감소하다가 증가하는 '라'형

그림 7-2 원가함수의 종류

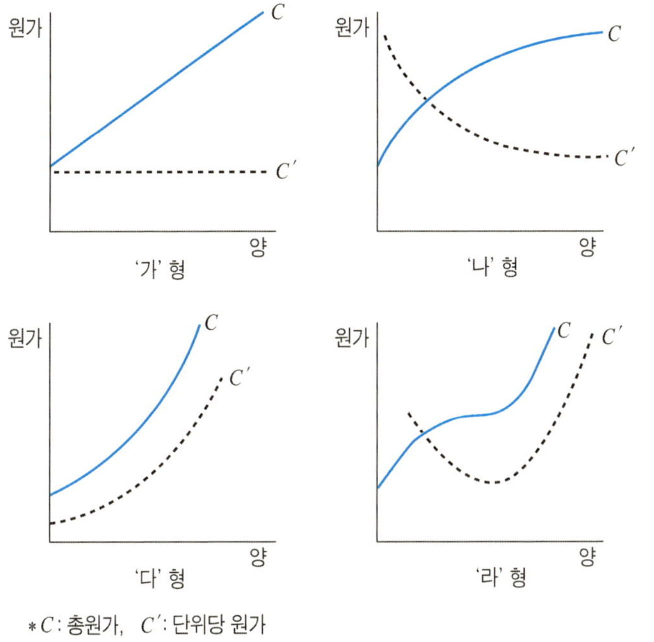

2.1. 생산량이 증가하더라도 단위당 원가는 변화하지 않는 '가'형

이 형태는 원가가 생산량의 증가율과 동일한 비율로 증가하는 원가 형태를 의미한다. 따라서 하나 생산할 때 드는 비용인 단위당 원가는 생산량이 증가해도 동일하다.

예를 들면 생산량 이 100개에서 1,000개로 늘어도 단위당 원가가 40원으로 고정되어 있다고 가정하는 경우를 말한다.

2.2. 생산량이 증가할수록 단위당 원가가 감소하는 '나'형

생산량의 증가에 따라 총원가가 증가는 하되 증가의 정도가 점차 약해지는 형태를 의미하며, 이때 단위당 원가는 생산량이 증가할수록 감소한다. 이 원가함수는 10개 생산하는 데 1개당 100원 들어가던 단위당 원가가 100개 생산하니 1개당 50원으로 줄어드는 경우를 말한다. 이런 현상이 나타나는 이유는 주로 대량생산에 의해 변동비가 줄어드는 데 기인한다.

2.3. 생산량이 증가할수록 단위당 원가가 증가하는 '다'형

생산량의 증가에 따라 총원가는 증가하되, 증가의 정도가 점차 강해지는 형태를 말한다. 이 때 단위당 원가는 생산량이 증가할수록 증가한다. 이 형태는 10개 생산하는 데 1개당 100원 들던 원가가 100개 생산하니 1개당 120원으로 증가하는 경우를 말한다.

2.4. 생산량이 증가하면 단위당 원가가 감소하다가 증가하는 '라'형

이 형태는 10개 생산하는데 1개당 100원 들던 원가가 100개 생산하니 1개당 80원으로 감소하다가 200개 생산하니 오히려 1개당 120원으로 증가하는 경우를 말한다. 그 이유는 생산능력이 제한적이어서 추가생산시 들어가는 비용이 급증하기 때문이다. 예를 들면 의류업에서 판매가 호조되자 긴급생산체계로 해당 스타일을 더 생산할 때이다. 이 경우 새로운 원단확보, 부자재발주, 납기일을 앞당기기 위한 임가공비의 증가 등으로 생산량이 많아질 경우, 오히려 단위당 원가는 증가한다.

이렇듯 원가함수는 특정산업 혹은 특정 회사별로 각기 다른 형태를 가지고 있으므로, 가격책정 전에 반드시 자사의 원가함수를 도출할 필요성이 있다.

[사 례]

같은 산업 내에서도 회사별로 각기 다른 원가함수 형태를 갖고 있기도 하다. 아래 그림은 국내 자동차 3사의 과거 자료를 이용한 원가함수를 보여주고 있는데, 각 회사별로 독특한 모양의 원가반응함수를 가지고 있음을 알 수 있다.

그림 7-3 우리나라 자동차 3사의 원가함수도출 사례

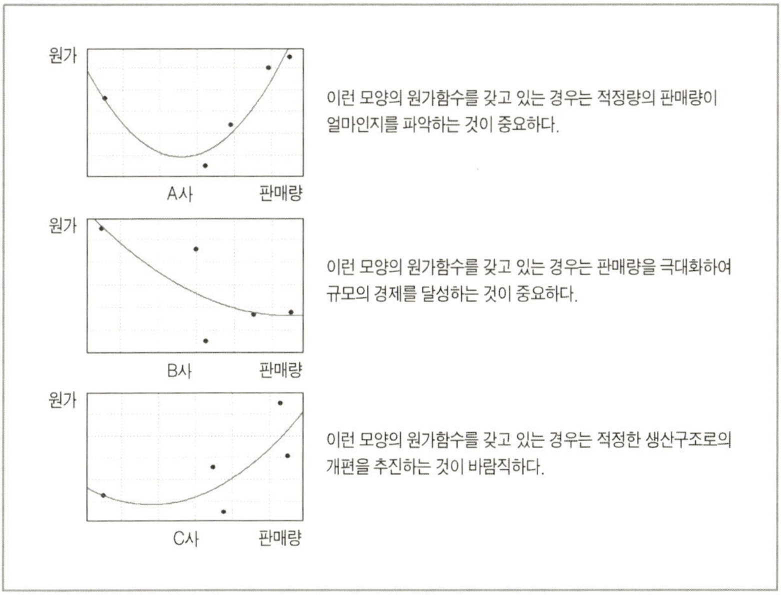

앞서 언급했듯이 원가산출은 매입방식이나 생산방식, 관리방식에 따라 다르며 생산현장의 여건에 영향을 받기 때문에 개별회사마다 독특한 특성을 가진다. 저자는 수많은 가격책정 프로젝트를 수행해 오면서 고객사의 원가구조를 직접 분석한 경험은 몇 번 없음을 밝힌다. 기업의 원가정보는 그 회사만의 생산성을 유지하는 고유한 생존전략이기 때문이다. 따라서 원가관리와 관련된 문제는 기업의 고유자료를 활용하여 회계원칙과 기준하에서 해결해야 할 문제다.

다만 저자의 경험으로는 변동비와 고정비의 구조가 가격 변경시 이익도출에 많은 영향을 준다는 것이다. 가격에 포함되어 있는 변동비의 비중이 높을수록 가격 변경시 이익의 변화율이 더욱 크게 나타나기 때문에 고객가치기반으로 가격책정이 과학적으로 이루어져야 한다. 또한 최적가격의 결정시 반영하는 원가는 대부분 계획의 성격을 가진 사전원가이다. 따라서 생산이 이루어지고 난 후 사전원가와 사후원가의 차이를 비교 분석하여 회사의 자산으로 축척해놓는 것이 최적가격책정 수립에 매우 중요함을 다시 강조한다.

3. 독자들의 연습장

아래 그림을 보고 독자 스스로 질문에 답해 보자. 어느 형태의 원가함수가 기업입장에서는 가장 바람직한가?

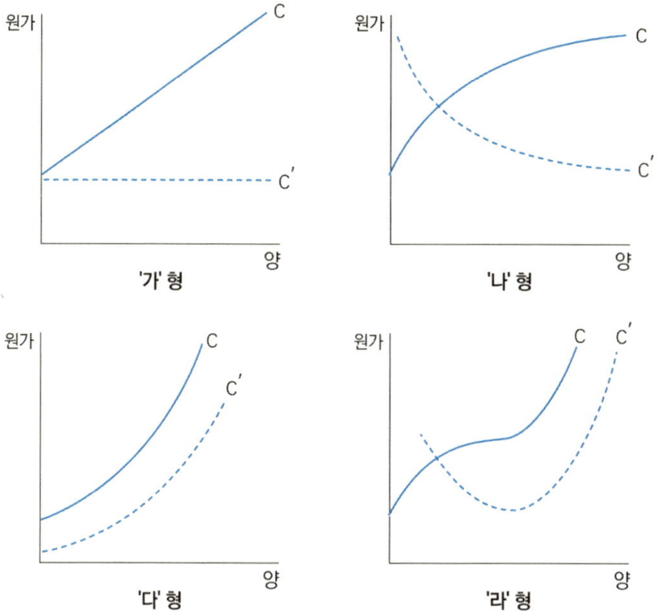

1) 네 가지 형태 중 가장 바람직한 원가함수를 선택하시오.

______________________형

2) 그 이유를 적어보시오. ______________________

3) 현재 우리 회사가 갖고 있는 원가함수형태를 적으시오.

______________________형

4) 1)번 답인 바람직한 원가함수형태와 귀하 회사의 현재 원가함수 형태가 다르다면 이를 바로잡기 위해 무엇을 해야 하는지 적어보시오. ______________________

03

고객가치기반 가격책정의 적용

Marketing Pricing Tactics

신제품을 출시할 때 이익이 극대화되는 가격은 얼마일까?

Chapter 8

- BTS의 새로운 온라인 콘서트에 유료스트리밍 관람료는 얼마를 매겨야 하나?
- 현대자동차가 중국에서 새로운 자동차를 선보일 때, 얼마의 가격을 매겨야 하나(신제품 가격책정)?
- 삼성전자가 중국 절강성에서 동일한 사양의 핸드폰을 가지고 Huawei보다 얼마나 더 비싸게 받을 수 있을까(상표 가격프리미엄)?
- 피자헛이 기존 피자크기보다 4인치 더 큰 피자를 만들면, 얼마의 가격을 더 받아야 할까(제품사양 가격측정)?
- CGV가 동일한 영화를 상영하는데 2D 대신 3D영화로 상영할 경우에 얼마나 더 가격을 받아야 할까(서비스사양 가격측정)?
- 현대자동차가 GV80자동차를 판매할 때, 고객이 검정색 대신 빨강색 도색을 원한다면, 얼마의 가격을 더 받아야 할까?

이 장에서는 지금까지 논의된 가격반응함수에 원가함수를 적용하여 신제품의 가격을 책정하는 과정을 단계적으로 설명한다. 앞서 제2부에서 다루었던 모든 방법론이 신제품가격을 책정할 때 어떻게 적용되는지를 보여주기 때문에 이와 관련된 구체적인 실행방법을 되짚어보고 싶은 경우는 제2부를 참고하면 될 것이다.

또한 이 장에서는 상표차이를 가격으로 환산하는 과정, 제품 사양의 변화 및 서비스 차이, 형태 차이, 색상 차이, 콘텐츠 차이를 가격차이로 환산할 수 있음을 보여준다.

1. 가격책정의 목표

가격책정을 하는 목적은 여러 가지가 있을 수 있다. 회사의 목표나 제품의 포지셔닝에 따라 판매량을 높게 가져가야 하는 경우가 있을 것이고, 기업상장 등의 특수한 상황에서는 매출을 극대화시켜야 할 경우가 존재할 것이다. 또한 판매량이나 매출과는 상관없이 브랜드 이미지를 위해 전략적 가격을 책정해야 할 경우도 있다.

그러나 일반적인 기업의 최종 목표는 무엇보다 이익을 극대화하는 것이다.

물론 판매량, 매출, 이익, 브랜드 이미지를 모두 극대화할 수 있는 가격이 존재할 수도 있지만 이러한 경우는 저자의 경험으로 볼 때에도 극히 드문 경우이다. 왜냐하면 일반적으로는 마케팅의 다양한 목표가 동시에 달성되기가 어려우며 또한 목표 간에도 서로 상충되는 경우가 많기 때문이다.

고객가치기반 가격책정은 회사의 가격책정 목표를 정한 후, 그 목표를 이루기 위한 가격을 산출해 내는 장점을 가진다. 즉, 판매량을 극대화하는 가격, 매출을 극대화하는 가격, 이익을 극대화하는 가격을 모두 산출할 수 있다. 여기서 브랜드 이미지를 위한 가격은 해당 산업에 대한 통찰력을 가진 전문 마케터들의 영역으로 넘긴다. 오래된 사례지만 제일제당에서 출시한 컨디션의 경우, 알코올대사 드링크 시장을 새롭게 창출하면서 당시 드링크 제품가인 500원의 다섯 배 가까운 2,500원에 신제품가격을 책정하여 성공한 사례를 남긴 적이 있다. 이때 2,500원이라는 가격은 고객조사를 통한 가격책정이라기보다는 전문가의 통찰력과 적극적인 마케팅에 의해 이루어지는 영역이라 할 수 있다. 그러나 이러한 경우는 매우 예외적인 성공사례로서, 가격책정을 반복적으로 수행하는 일반적인 상황에서는 전문가의 통찰력에 의존하기보다 과학적인 가격책정이 바람직할 것이다.

결론적으로 고객가치기반 가격책정은 가격책정의 목표를 달성하기 위한 각각의 가격대를 도출할 수 있지만, 제3부에서는 가장 일반적인 가격책정의 목표인 '이익극대화'를 중심으로 설명할 것이다. 따라서 앞으로 논의될 '이익극대화'는 '판매량의 극대화' 혹은 '매출의 극대화'로도 각각 풀어낼 수 있음을 밝힌다.

2. 이익이 증가하는 이유

가장 일반적으로 많이 쓰이는 가격책정의 목표인 '이익의 극대화'를 달성하기 위해서는 고객가치를 기반으로 한 가격책정이 적당하다. 앞에서 이미 살펴보았듯이 고객가치기반 가격책정은, 기존에 기업에서 사용하고 있는 대표적인 가격책정방법인 원가기준 가격책정과 경쟁사기준 가격책정보다 많은 장점을 가지고 있으며, 이로 인하여 기존 방법 대비 이익을 증가시킬 수 있는 여지를 우리에게 제공해 주고 있다.

예를 들어 한 제품을 생산할 때 11만원의 원가가 든다고 하자. 원가를 기준으로 가격을 책정하였더니 14만원이라는 가격이 도출되었고 경쟁사를 기준으로 가격을 책정했더니 12만원이라는 가격이 도출되었다고 가정하다. 이 때에는 어느 가격이 더 이익을 증가시키는지 판단할 수 있는 체계적인 기준이 존재하지 않기 때문에, 마케터가 어느 가격을 선택해야 하며 그때의 이익은 어느 정도인지 알 수 없다. 그러나 고객가치기반 가격책정은 각 가격대별로 판매량을 예측하고 이익을 산출할 수 있기 때문에, 이익을 극대화시키는 가격책정 기준을 제시하고 있다.

이해의 편이를 위해서 우리 제품을 구매할 고객이 김가격이라는 한 사람이라고 가정하고 김가격 고객이 제품에 대해 지불하고자 하는 가격을 측정해 본 결과 13만원이었다고 하자. 그렇다면 원가를 기준으로 한 14만원이라는 가격에서는 제품을 구매하지 않기 때문에, 회사의 이익은 0원이 되고, 경쟁사를 기준으로 한 12만원이라는 가격에서는 제품을 구매하지만 회사의 이익은 1만원이 된다. 반면 고객가치에 기반한 가격인 13만원에서는 역시 제품을 구매할 것이지만 그때의 이익은 2만원으로 증가한다.

위의 경우는 모든 의사결정을 단순화한 예시이지만, 고객가치 측정을 통한 가격책정이 어떻게 회사의 이익을 증가시킬 수 있는지를 보여준다.

3. 신제품 가격책정 과정

이 장에서는 신제품을 국내 경차시장에 출시하려는 '우리 자동차'의 가상적인 예를 들어 신제품가격책정 과정을 설명하기로 한다. 이때 '우리 자동차'의 가격책정 목표는 "이익을 극대화하는 신제품 가격 책정"이다.

3.1. 속성선정

고객가치기반 가격책정의 첫 단계는 고객이 이 제품을 구매할 때 사용하는 선택기준을 구체적으로 결정하는 단계이다. 이를 위해서는 앞서 설명하였듯이 고객 및 실무종사자 집단에 대한 표적집단면접법(FGI)이나 관찰 등과 같은 질적인 방법(Qualitative Method)을 이용한다. 이와 같은 방법을 통해서 도출된 자동차 선택기준은 매우 다양하지만, 이들 선택기준을 모두 사용할 경우 고객이 설문에 응답하는 데 어려

그림 8-1 FGI에 의한 속성선택

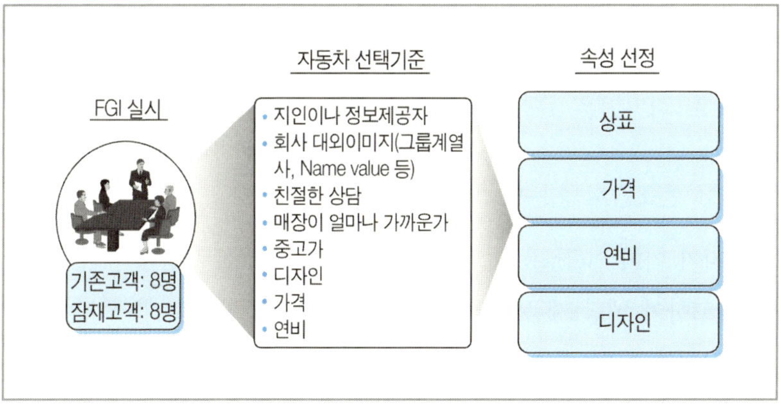

움을 겪을 우려가 있기 때문에 상표/가격/연비/디자인을 자동차 구매 선택기준으로 선정하였다.

3.2. 수준의 선정

속성이 결정되었으면 속성 내 수준을 결정하는 단계를 거친다.

그림 8-2 속성 내 수준 결정의 예시

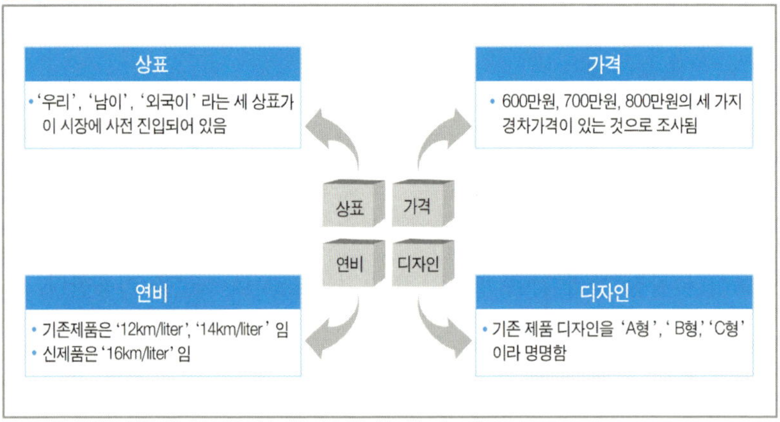

이 사례에서는 상표의 수준을 '우리', '남이', '외국이'로 결정하였고, 가격은 600만원, 700만원, 800만원으로, 연비는 1리터당 12km, 14km, 16km로, 디자인은 A형, B형, C형으로 결정하였다.

3.3. 컨조인트 설문의 종류 선택

저자가 이미 언급했듯이 여러 종류의 컨조인트 설문 형태가 있다. 3장을 참고하여 해당 제품에 적합한 컨조인트 설문형태를 선택하는 것이 선행되어야 한다.

그림 8-3 자동차 CBC 설문지의 예

아래 3개의 제품 중 귀하께서 가장 구매하시고 싶은 제품을 골라주십시오. 고르실 제품이 없다면 '고를 것이 없다'를 선택해 주세요.			
1	2	3	4
외국이 600만원 14km/liter C형 디자인	우리 800만원 16km/liter A형 디자인	남이 700만원 12km/liter B형 디자인	고를 것이 없다

이 사례에서는 모든 속성이 포함된 조합들 중 하나를 선택하는 형태인 CBC 방법을 사용하기로 한다.

3.4. 데이터 수집

CBC 방법의 설문은 앞서 언급하였듯이 컴퓨터를 이용하여 설문조사를 할 수도 있고 설문지를 사용할 수도 있는데, 어떤 방법을 이용하느냐에 따라 조사해야 하는 응답자 수가 다르다. 여기서는 100명을 대상으로 조사를 하였다고 하자. 조사 방법은 개별 면접을 통해 이루어진다. 이 조사의 경우 고객에게 직접 디자인을 보여주면서 조사하는 것이 이상적이나 이것이 불가능하다면 사진을 이용하여 자동차 디자인의 효용을 측정한다.

3.5. 속성별 효용 도출

개별 면접을 통해 조사를 하고 제6장에서 설명한 방법으로 효용값을 산출한다. 저자는 앞서 전체 시장의 효용값과 개별 응답자별 효용값을 모두 도출할 수 있음을 언급하였다. 여기서는 우선, 김가격 고객이라는 개별 응답자의 효용값을 먼저 살펴본다. 김가격 고객의 수준별 효용값을 산출하여 그림으로 표현하면 아래와 같다.

그림 8-4 김가격 고객의 효용

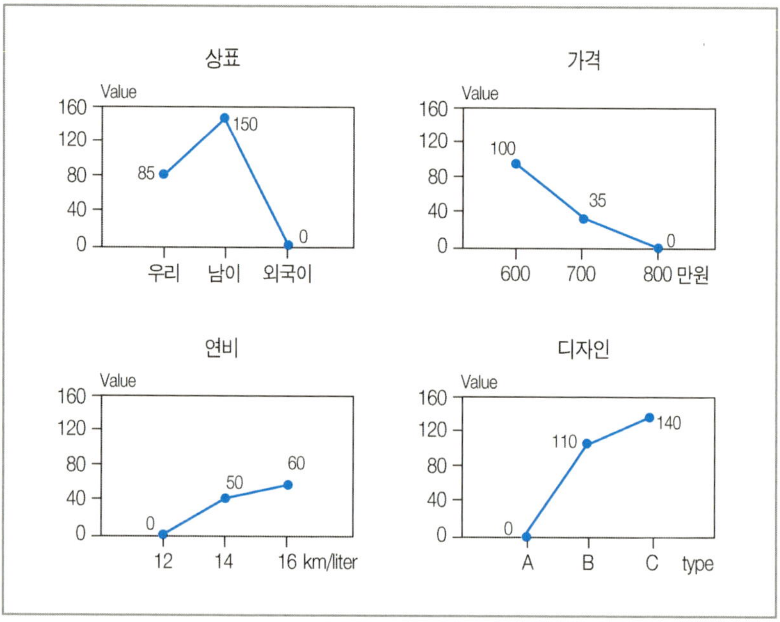

〈그림 8-4〉를 보면 김가격 고객은 상표속성에서는 '남이'라는 상표를, 가격속성은 600만원을, 연비는 1리터당 16km인 자동차를 가장 좋아하며, 자동차 디자인은 C형을 가장 선호함을 알 수 있다.

3.6. 제품 프로파일 설정 및 프로파일별 효용값 도출

이 사례는 '우리 자동차' 회사에서 신제품을 출시할 때 가격을 얼마로 하는지에 관한 것이다. 따라서 '우리 자동차'의 제품 프로파일을 신제품으로 출시될 제품 사양의 조합으로 해야 하고, '남이 자동차'와 '외국이 자동차' 등 경쟁사의 프로파일은 현재 판매되고 있는 제품 사양의 조합으로 해야 한다.

각 제품 프로파일별 효용값을 도출해 보면 아래와 같다.

〈표 8-1〉 김가격 제품 프로파일별 효용

속성	우리 자동차	남이 자동차	외국이 자동차
상표	우리(85)	남이(150)	외국이(0)
가격	600만원(100)	800만원(0)	800만원(0)
연비	16km(60)	12km(0)	16km(60)
디자인	A형(0)	A형(0)	C형(140)
총효용의 합	245	150	200

〈표 8-1〉을 보면, 김가격 고객은 출시될 우리 자동차에 대해 가장 높은 효용을 느끼고 있고, 현재 판매되고 있는 남이 자동차에 대해 가장 낮은 효용을 느끼고 있음을 분석해 낼 수 있다.

3.7. 가격반응함수 도출

우리는 컨조인트분석으로 도출된 효용값으로 고객의 구매행동을 예측하는 방법이 3가지가 있고, 세 가지 방법 중 어느 것을 선택하느냐에 따라 예측결과가 다름을 확인한 바 있다. 이 장에서 사용하고 있는 신제품가격책정의 대상은 자동차이므로 최대규칙(maximum rule)을 적용한다. 여기서 우리는 우리제품의 가격을 변화시킬 때마다 경쟁사의 가격이나 제품사양의 변화가 없다고 가정하고 있다.

〈표 8-1〉에서 '우리 자동차'는 245, '남이 자동차'는 150, '외국이 자동차'는 200의 효용값을 갖고 있으므로, 만약 김가격 고객이 최고의 효용을 갖춘 제품을 무조건 선택한다면 '우리 자동차'의 선택확률을 100%, 나머지는 0%로 예측할 수 있다. 만약 700만원으로 '우리 자동차'의 가격을 인상한다면 가격 상승으로 인해 효용값이 65(=100-35)만큼 감소하므로 '우리 자동차'의 총효용값이 245에서 180으로 떨어져 '외국이 자동차'를 구매할 것이다. 따라서 김가격 고객은 '우리 자동차'의 가격이 600만원이면 '우리 자동차'를 구매할 것이다.

지금까지는 김가격 고객이라는 한 응답자의 예를 들었다. 그렇다면 박이익 고객과 최매출 고객을 함께 고려해보자. 위와 같은 방법으로 박이익 고객과 최매출 고객의 제품별 효용값을 조사하고 가격대별 구매를 예측하면 〈그림 8-5〉와 같다.

이 그림에서 우리는 '우리자동차'의 가격을 600만원으로 정하면 세 고객이 모두 '우리 자동차'를 구매하고, 700만원으로 정하면 김가격을 제외한 나머지 고객만이, 그리고 800만원으로 정하면 박이익 고객만 자동차를 구입하게 된다는 것을 알 수 있다.

이러한 방법으로 100명의 구매행동을 예측한 결과 600만원에서 80명이, 700만원에서 70명이, 800만원에서 23명이 '우리 자동차'를 구매할 것으로 예측되었다. 샘플 추출을 정교하게 하여 100명의 응답자들이 전체 고객집단의 성격을 잘 반영한다면, 이들의 구매행동이 전체

그림 8-5 최대효용선택 가정 시 구매행동 예측

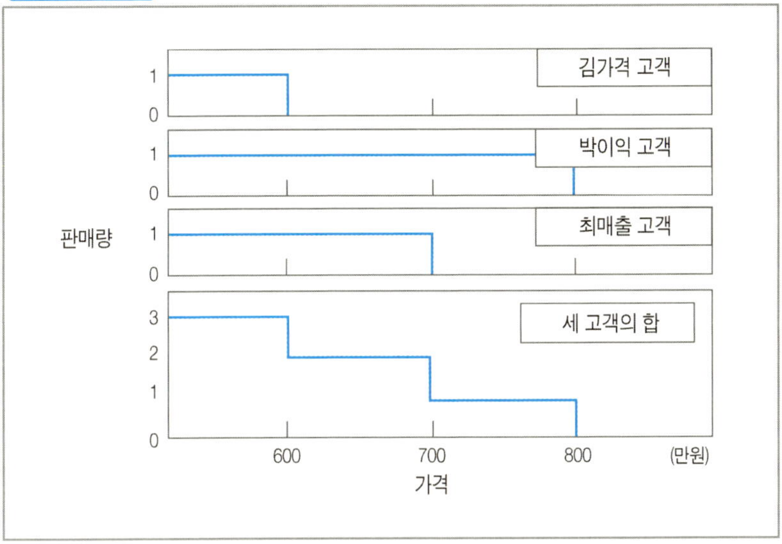

고객의 구매행동을 잘 대변해 준다고 가정할 수 있다. 그렇다면 600만원일 때 예상 시장점유율은 80%, 700만원일 때는 70%, 800만원일 때는 23%일 것으로 분석된다.

하지만 마케터가 관심 있는 가격이 615만원, 765만원 등의 세부적인 가격이라면 이 수치를 설문에 넣어 조사하는 것이 더 정확하겠지만, 현실적으로는 모든 가격을 포함하여 조사할 수는 없다. 따라서 예측된 가격대별 시장점유율을 이용하여 가격반응함수를 도출한다. 이 가격반응함수는 600만원, 700만원, 800만원 이외의 다른 모든 가격대별 시장점유율을 예측하기 위해 필요한 것이다.

이제 가격대 3개를 x축으로 하고, 예상 시장점유율 3개를 y축으로

그림 8-6 '우리 자동차'의 가격반응함수

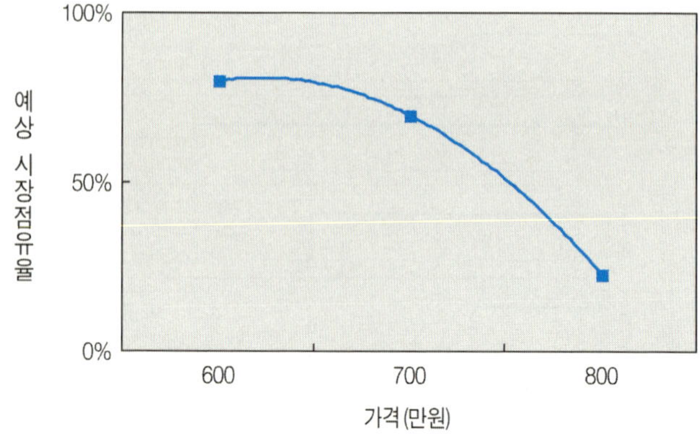

해서 표시해 본다. 그리고 나서 이들 점을 가장 잘 설명하는 함수꼴을 제2부에서 설명한 방법을 적용하여 찾게 되면 이것이 바로 가격반응함수가 된다.

3.8. 이익을 극대화하는 신제품 가격책정

위에서 도출된 가격반응함수을 이용하여 600만원에서 800만원 사이의 각 가격대별 이익을 계산하면 〈표 8-2〉와 같다.

첫 번째 열인 '가격'은, 조사에 사용된 600만원에서 800만원까지를 20만원 단위로 나열한 것이다. 두 번째 열 '시장점유율은' '가격'을 가격반응함수에 넣고 계산한 예상 시장점유율 수치이며, 세 번째 열 '판매량'은 '시장점유율'에 전체 시장 크기를 곱한 것이다. 네 번째 열 매출은 '가격'과 '판매량'을 곱한 것이고, 다섯 번째 열 '비용'은 편의상 1

〈표 8-2〉 신제품 '우리 자동차'의 가격대별 판매량 및 이익

가격 (1)	시장점유율 (2)	판매량 (3)	매출 (1)×(3)	비용 400만원×(3)	이익 (매출-비용)
600	80	80,000	48,000,000	32,000,000	16,000,000
620	80.96	80,960	50,195,200	32,384,000	17,811,200
640	80.44	80,440	51,481,600	32,176,000	19,305,600
660	78.44	78,440	51,770,400	31,376,000	20,394,400
680	74.96	74,960	50,972,800	29,984,000	20,988,800
700	70	70,000	49,000,000	28,000,000	21,000,000
720	63.56	63,560	45,763,200	25,424,000	20,339,200
740	55.64	55,640	41,173,600	22,256,000	18,917,600
760	46.24	46,240	35,142,400	18,496,000	16,646,400
780	35.36	35,360	27,580,800	14,144,000	13,436,800
800	23	23,000	18,400,000	9,200,000	9,200,000

대당 원가가 400만원이라고 가정하고 400만원을 '판매량'과 곱한 것이다. 여섯 번째 열 '이익'은 매출에서 비용을 차감한 수치다.

〈표 8-2〉를 통해 '우리 자동차'의 가격대별 구매행동을 예측해 본 결과 시장점유율이나 판매량을 극대화하는 가격은 620만원 근처이고, 매출을 극대화하는 가격은 660만원 근처, 이익을 극대화하는 가격은 700만원 근처로 각각 나타났다. 이처럼 회사의 가격책정 목표에 따라 최적가격이 다르게 산출된다.

보다 구체적인 가격대를 알기 위해 가격의 단위를 보다 세분화해 보자.

〈표 8-2〉에서 나타났듯이 이익을 최대로 하는 가격대는 700만원 근처이기 때문에 〈표 8-3〉은 700만원 근처의 가격대를 다시 2만원 단위로 쪼개 본 것이다.

〈표 8-3〉 '우리 자동차'의 세부 가격대별 판매량 및 이익

가격	시장점유율	판매량	매출	비용	이익
680	74.96	74,960	50,972,800	29,984,000	20,988,800
682	74.5306	74,531	50,829,869	29,812,240	21,017,629
684	74.0864	74,086	50,675,098	29,634,560	21,040,538
686	73.6274	73,627	50,508,396	29,450,960	21,057,436
688	73.1536	73,154	50,329,677	29,261,440	21,068,237
690	72.665	72,665	50,138,850	29,066,000	21,072,850
692	72.1616	72,162	49,935,827	28,864,640	21,071,187
694	71.6434	71,643	49,720,520	28,657,360	21,063,160
696	71.1104	71,110	49,492,838	28,444,160	21,048,678
698	70.5626	70,563	49,252,695	28,225,040	21,027,655
700	70	70,000	49,000,000	28,000,000	21,000,000
702	69.4226	69,423	48,734,665	27,769,040	20,965,625
704	68.8304	68,830	48,456,602	27,532,160	20,924,442
706	68.2234	68,223	48,165,720	27,289,360	20,876,360
708	67.6016	67,602	47,861,933	27,040,640	20,821,293
710	66.965	66,965	47,545,150	26,786,000	20,759,150

그 결과 700만원 근처의 가격 중 690만원이라는 가격이 '우리 자동차'의 이익을 극대화하는 가격임을 알 수 있다. 보다 더 구체적인 가격이 필요하다면 위와 같은 작업을 1만원 단위, 천원 단위 등으로 수행하면 될 것이다.

4. 고객가치 측정을 통한 가격전략의 장점

지금까지 설명했던 신제품가격책정과정을 통해 고객가치기반 가격책정의 우수성을 다시 한 번 구체적으로 점검해 보자. 저자는 고객가치기반 가격책정은 1) 고객이 느끼는 제품의 가치, 2) 경쟁사요인(제품사양 및 가격), 3) 원가요인을 모두 반영할 수 있기 때문에 기존의 원가기준 가격책정이나 경쟁사기준 가격책정과 비교하여 많은 장점을 가진다고 주장한 바 있다. 그렇다면, 이 장에서 제시한 사례들을 생각해 보며 위의 것이 모두 반영되고 있는지 살펴보자.

우리 자동차의 신제품 가격책정 사례에서 이익을 극대화하는 가격은 '690만원'이라는 결론을 내렸다. 이 690만원이라는 가격은 어떤 요인들을 반영하고 있을까?

첫째, 690만원은 고객이 느끼는 제품의 가치가 반영되어 있는 가격이다. 가격을 책정하기에 앞서 이미 고객을 대상으로 고객이 느끼는 제품에 대한 가치를 측정하였고, 측정된 가치를 기반으로 이익이 극대화가 되는 690만원이라는 가격을 찾아냈기 때문이다.

둘째, 690만원은 경쟁사 요인을 반영하고 있는 가격이다. 우리 제품의 각 가격대별 시장점유율이나 판매량을 예측하기 위해서 우리는 경쟁사의 가격과 제품사양의 정보를 이용하였다. 만일 경쟁사 제품의 가격이나 사양이 변한다면 '우리 자동차'에 대해 느끼는 효용도 변화하고 이로 인하여 이익을 극대화하는 가격도 변화할 것이다.

셋째, 690만원은 원가요인이 반영된 것이다. 예상되는 판매량에서의 원가를 제외한 이익을 구하여 이익이 극대화되는 가격대를 찾아냈기 때문이다. 만일 원가가 변한다면 이익을 극대화하는 가격도 변할 것이다.

결론적으로 고객가치기반 가격책정은 위의 세 가지 요인을 모두 고려하여 기업의 마케팅 목표에 맞는 가격을 찾아낼 수 있기 때문에, 고객이 보기에도 합당하고 경쟁사의 변화에도 능동적이며 회사의 이익에도 기여하는 가격을 책정할 수 있는 방법이라고 할 수 있다.

5. 상표 가격프리미엄 찾기

- 트와이스의 콘서트 가격은 Niziu보다 얼마나 더 받아야 하나?
- 삼성전자가 중국 절강성에서 동일한 사양의 핸드폰을 가지고 Huawei보다 얼마나 더 비싸게 받을 수 있을까(상표 가격프리미엄)?
- CGV는 상해에서 자사의 상표자산을 고려했을 때 Wanda나 Yonghua영화관보다 관람료를 얼마나 더 또는 덜 받아야 하나?

지금까지는 여러 제품선택기준인 속성을 다 포함한 상태에서 신제품을 구성하고, 그 신제품의 이익을 극대화하거나 판매액을 극대화하는 가격수준(price level)을 찾아 보았다.

그렇다면, 우리가 얻은 고객가치를 가지고, 우리 상표와 경쟁사 상표 차이만으로 가격을 더 받거나 덜 받아야 하는 '상표 프리미엄'을 계산할 수 있을까?

〈그림 8-7〉을 보면 〈그림 8-4〉에서 제시한 김가격 고객의 고객가치 효용값의 일부이다. '우리' 상표와 '남이' 상표의 효용의 차이가 65이고, 가격 600만원과 700만원의 차이가 65이다. 따라서 김가격 고객의 경우에는 '우리' 상표와 '남이' 상표의 가격프리미엄은 100만원이다. '우리' 상표와 '남이' 상표의 제품 사양이 동일한 경우에는 김가격 고객에게는 '남이' 상표의 제품보다 100만원은 깎아 주어야 이 고객은 두 상표를 동일하게 인식하게 된다는 것을 의미한다.

그림 8-7 김가격 고객의 상표와 가격에 대한 효용값

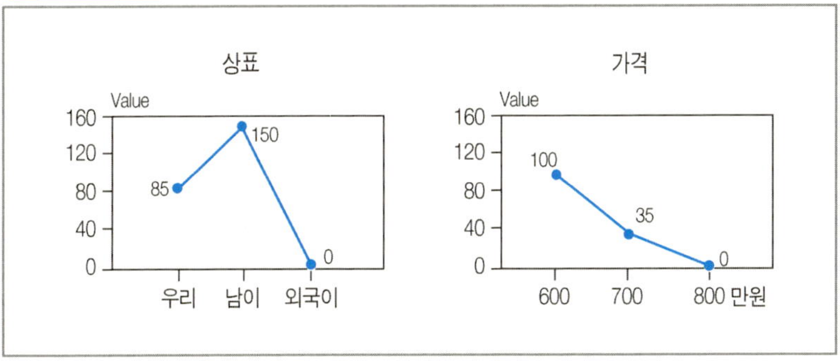

〈그림 8-7〉은 김가격 고객 혼자만의 고객가치와 가격프리미엄이므로, 시장에서의 상표 가격프리미엄을 산출하기 위해서는 앞서 선발

한 100명의 고객의 가격프리미엄의 평균을 구하면 된다. 우리가 자신 있게 할당표본을 제대로 선발했다면, 표본 평균의 상표 가격프리미엄을 측정한 셈이다.

6. 제품사양 가격측정

- 피자헛이 기존 피자크기보다 4인치 더 큰 피자를 만들면, 얼마의 가격을 더 받아야 할까(제품사양 가격측정)?
- CGV가 동일한 영화를 상영하는데 2D 대신 3D영화로 상영할 경우에 얼마나 더 가격을 받아야 할까(서비스사양 가격측정)?
- 현대자동차가 GV80 자동차를 판매할 때, 고객이 검정색 대신 빨강색 도색을 원한다면, 얼마의 가격을 더 받아야 할까?
- 오페라 R석은 S에 비해 얼마나 더 받아야 할까?

앞에서는 상표 차이를 가격으로 환원하는 과정을 통해 상표 가격프리미엄을 측정하는 과정을 설명했다.

이와 동일한 과정을 통해

1) 제품사양의 변화를 가격 차이로 계산
2) 서비스 차이를 가격 차이로 계산
3) 형태 차이를 가격 차이로 환산
4) 색상 차이를 가격 차이로 환산
5) 콘텐츠 차이를 가격 차이로 환산할 수 있음을 보여준다.

〈그림 8-8〉은 〈그림 8-4〉에서 제시한 김가격 고객의 고객가치 효용값의 일부이다. 이 그림을 이용하여 '12km'의 연비를 가진 차와 '16km'의 연비를 가진 차의 가격 차이를 계산해 보자.

'12km'의 연비와 '16km'의 연비의 효용의 차이가 60이고, 가격 600만원과 700만원의 차이인 100만원은 65이다. 따라서 100만원에 해당되는 효용값이 65인데, 연비 차이는 60이므로

100만원 : 65 = x : 60

이라는 식이 나온다.

이 식을 풀면 65x = (100만원×60)이므로, x = 92.3만원이 나온다. 즉, 동일한 자동차 사양에서 '12km'의 연비와 '16km'의 연비를 가진 자동차의 사양은 92만원의 가격 차이를 김가격 고객이 느낀다.

그림 8-8 김가격 고객의 연비와 가격에 대한 효용값

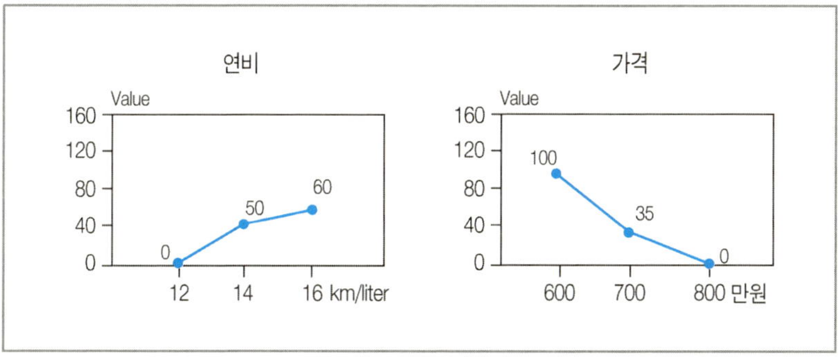

〈그림 8-8〉은 김가격 고객 혼자만의 고객가치와 제품사양 가격 차이이므로, 시장에서의 연비 가격 차이를 산출하기 위해서는 앞서 선발한 100명의 고객의 가격 차이의 평균을 구하면 된다. 이런 과정을 거쳐 제품 및 서비스 사양과 형태, 색상, 콘텐츠의 차이를 가격으로 계산할 수 있다.

Chapter 9

가격을 인상해도 판매가 줄지 않고, 이익만 증가시킬 수 있을까?

우리 제품의 현재 가격은 과연 적절한가? 혹시 더 받을 여지는 없는 것일까? 이 장에서는 이러한 질문에 대한 답을 고객가치를 중심으로 풀어본다. 즉, 제품에 대한 고객가치를 반영한 가격변경을 통해서 가격을 인상해도 판매량이 줄지 않아서 이익을 증가시킬 수 있는 기회를 찾는다. 즉, 숨겨진 이익을 기업에게 찾아 줌으로써 기업의 이익을 증대시키는 방안에 대해서 다룬다.

1. 이익이 증가하는 이유

제8장에서 언급하였듯이 일반적인 가격책정의 목표는 이익의 극대화이다. 여기서 더 나아가 시장점유율의 희생 없이도 이익을 증가시킬 수 있는 가격대가 있다면 마케터에게 무척 매력적일 것이다. 그렇다면 과연 이런 가격대가 실제로 존재할까?

아래 사례를 보자.

- A라면회사가 가격인상을 단행하였으나 시장점유율에는 변화가 없었다.
- B화장품은 제품가격을 기존가격 대비 24% 가격인상에도 불구하고 시장점유율이 하락하지 않았다고 내부보고하고 있다.
- C피자회사는 6개월 또는 1년마다 아주 조금씩 가격인상을 하고 있다. 하지만, 판매량이 줄어들지는 않는다.
- 2010년대 초반부터 중반까지 D, E증권사는 온라인 수수료를 4번 이상 증가시켰으나 주식거래량이 줄지 않았다.

위의 예처럼 현재가격에서 가격을 인상하였을 경우에도 판매량이 줄지 않아, 결과적으로 이익이 증가한 사례를 여러 산업에서 볼 수 있다. 이러한 현상은 가격의 인상만을 통해서도 이익을 더 증대시킬 수 있는 여지를 제공하기 때문에 실무종사자들뿐만 아니라 학자들의 주목을 받아왔다. 이 현상을 독일학계에서는 '독점영역(Monopolitischer Bereich)', 미국학계에서는 '가격수용범위(Latitude of Price Acceptance)'의 개념으로 설명하고 있다.

이러한 현상을 가격과 판매량의 관계를 나타내는 가격반응함수로 설명하면 〈그림 9-1〉과 같다. 아래 그림은 현재가격에서 가격을 인상하거나 인하하여도 시장점유율이 두드러지게 감소하거나 증가하지 않는 가격구간을 보여주고 있는데, 독자들의 이해를 돕기 위해 이러한 가격구간을 '평평구간'이라고 부르기로 하자.

그림 9-1 가격 인상/인하에도 판매량이 반응하지 않는 평평구간

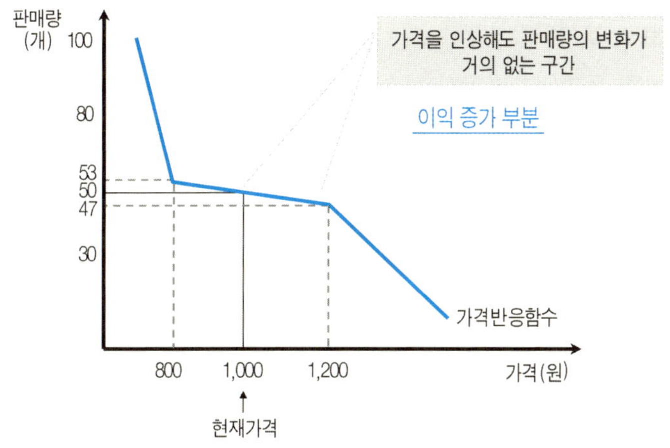

위의 그림과 같은 평평구간이 실제로 존재하기 때문에, 다음과 같은 시사점을 이끌어 낼 수 있다.

1. 가격인상을 하려면 평평구간 내에서 가격을 올려야 시장점유율의 하락 없이 이익을 증대시킬 수 있을 것이다.
   예를 들면, 〈그림 9-1〉에서 현재가격이 1,000원이고 그때의 판매량이 50개이므로, 현재매출은 50,000원이다. 만일 가격을 평평구간 내에 있는 1,200원으로 인상한다면, 매출은 56,400원(1,200원×47개)으로 12.8%가 상승하고, 제품 하나를 팔 때마다 200원씩 이익이 증가하므로 9,400원(200원×47개)의 추가이익을 얻게 된다.
2. 가격인하를 할 경우 평평구간 내에서 가격을 내리면 손실이 발생한다. 다시 말해, 평평구간 밖에서 가격을 내려야 판매량이 두드

러지게 증가하기 때문에 이익증가의 가능성이 비로소 발생한다. 이때 이익이 실제로 증가하는지의 여부는 추가적인 분석을 필요로 함을 밝힌다.

예를 들면 〈그림 9-1〉에서 현재가격을 평평구간 내에 있는 800원으로 인하할 경우 판매량이 겨우 3개(53-50)밖에 늘지 않아 판매량에는 큰 변화가 없으면서 오히려 제품하나를 팔 때마다 200원의 손실을 보기 때문에 결론적으로는 이익이 감소한다.

저자는 평평구간 측정방법론을 개발하여 국내온라인 증권사들을 대상으로 각 사별 평평구간을 측정했다. 그 결과 현재수수료를 인상하여도 고객들의 약정금액의 변화가 두드러지게 나타나지 않는 평평구간의 넓이를 실제로 확인할 수 있었다. 실제로 2개 회사가 저자에게 평평구간의 측정을 요구하였으며, 저자는 가격인상폭을 제시하고, 그 인상폭 안에서는 주식거래량이 줄지 않을 것임을 보고하였다. 실제 이 두 회사는 가격인상을 실시하였으며, 주식거래량이 수수료 인상으로 줄었다는 어느 객관적 이유도 찾지 못했다.

2. 평평구간의 특징

저자가 다양한 산업을 통해 평평구간을 측정해 본 결과 다음과 같은 특징을 발견할 수 있었다.

1. 상표별로 독특한 평평구간이 존재한다.

   – 의류시장에서 A 청바지는 판매가격의 22.6%을 인상하여도 판

매량의 변화가 미미한 평평구간이 나타났고, B 청바지는 12.5% 수준에서 평평구간이 나타났다.

2. 상표충성도가 높을수록 평평구간은 넓다.
   - 인터넷 폴더 시장에서 상표충성도가 높은 고객의 비중이 상대적으로 컸던 C기업이 D기업보다 평평구간이 약 5% 정도 넓게 나타났다.

3. 경쟁자가 많을수록 평평구간은 짧다.
   - 경쟁상황이 치열했던 국내온라인 증권사들의 평평구간이 동시대의 경쟁사가 없었던 학습전자기기 제조사의 평평구간에 비해 짧게 나타났다.

4. 제품가격이 고가일수록 평평구간은 넓다.
   - 증권업에서 오프라인과 온라인의 평평구간을 비교해 본 결과, 수수료가 높은 오프라인의 평평구간이 온라인의 평평구간보다 더 넓게 나타났다.

5. 상표별 평평구간의 넓이는 시간에 따라 변한다.
   - E증권사의 평평구간은 당시 수수료 대비 20.6% 수준이었으나 1년 후에는 16.4%, 2년 후에는 10.3%로 점차 떨어지는 현상이 나타났다.

주로 지속적으로 오랫동안 팔리는 제품에서 평평구간이 발생한다. 따라서 증권거래와 같은 서비스나 우유, 피자 및 제과류 등의 제품에서 평평구간 내 가격인상을 적극 고려해야 한다.

그림 9-2 평평구간의 특징

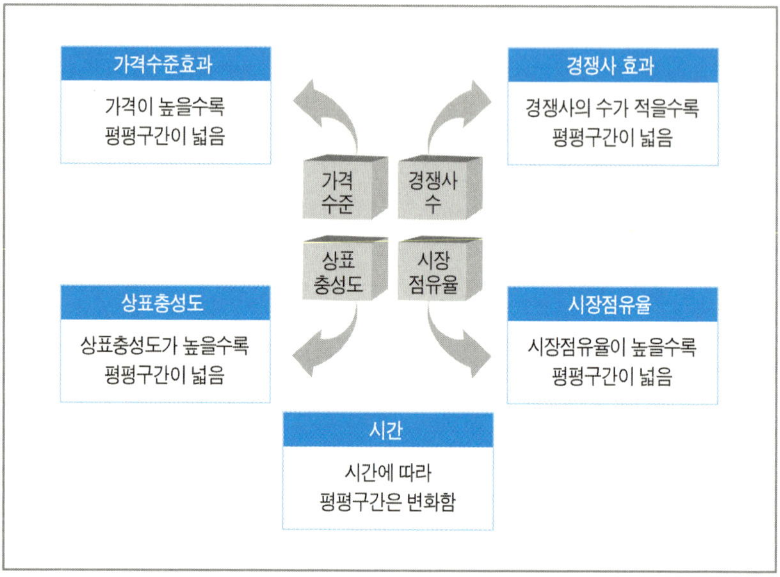

이러한 특징을 갖는 평평구간은 기업의 이익창출과 경쟁전략의 바탕이 될 수 있다. 따라서 평평구간을 측정하는 것은 매우 중요한데, 이것은 오직 고객의 시각에서 이루어져야 함을 명심해야 한다. 또한 정교한 평평구간을 측정하기 위해서는 정확한 가격반응함수를 도출하여야 한다. 왜냐하면 잘못된 평평구간의 측정으로 잘못된 가격변경은 오히려 회사에 많은 어려움을 줄 수 있기 때문이다.

3. 평평구간을 찾는 방법

아래에서는 평평구간을 찾는 과정을 저자가 평평구간을 측정했던

그림 9-3 평평구간 분석과정

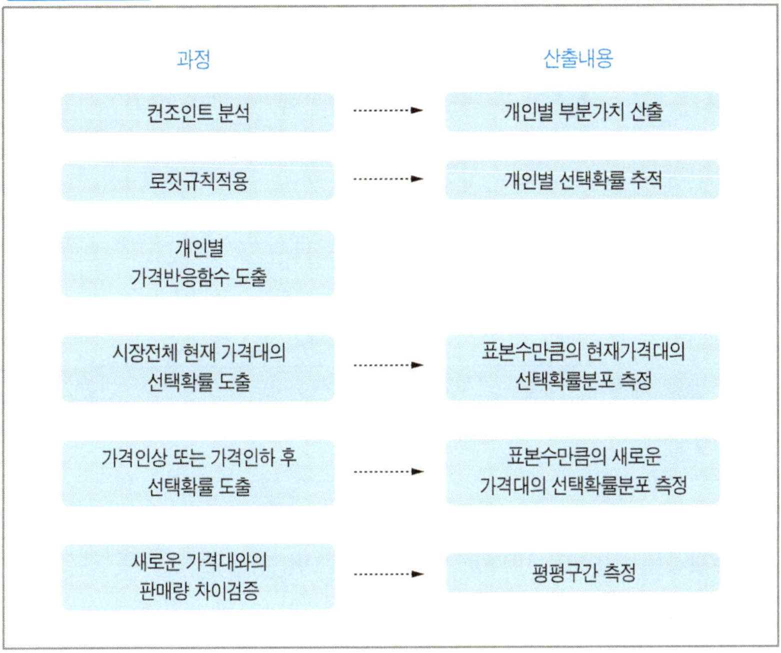

경험을 바탕으로 F증권사의 사례를 들어 설명해 보기로 하겠다.

한 기업의 평평구간을 찾기 위해서는 먼저 앞서 설명한 가격반응함수를 도출해야 한다. 즉, F증권사의 김가격 고객의 경우 가격반응함수를 〈그림 9-3〉과 같이 측정할 수 있다.

이와 마찬가지로 샘플이 200명이라면 위와 같은 가격반응함수를 200개 도출할 수 있다. 200개의 가격반응함수를 이용하여, 현재가격과 변경할 가격의 거래량의 차이가 있는지를 확인해 보는 과정을 거친다. 만일 현재가격과 변경할 가격 간의 거래량의 차이가 없으면 평평구간

그림 9-4 김가격 고객의 가격반응함수

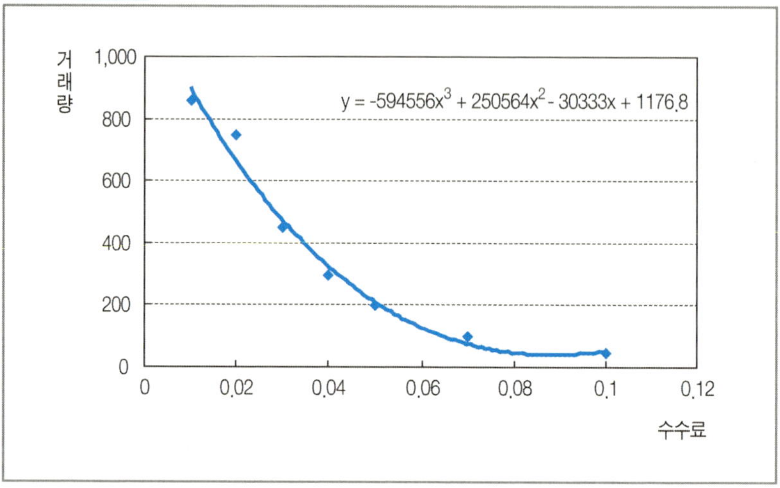

이 존재하는 것이고, 반대로 차이가 있으면 평평구간을 벗어난 것이다. 이와 같은 작업을 마케터가 고려하는 모든 가격대별로 반복하는 시뮬레이션 과정을 통한다면, 평평구간의 범위를 나타내는 가격대를 구체적으로 찾을 수 있다. 여기서 차이가 있고 없음을 판단하는 것은 통계적인 검증절차를 거친다. 구체적인 통계적 검증방법은 통계학적인 지식을 필요로 하므로 전문서적을 참조하거나 전문가에게 상의하기를 바란다.

〈그림 9-6〉은 F증권사가 당시 0.025%였던 수수료를 0.029%까지 인상하여도 거래량의 유의적인 차이가 발생하지 않았음을 보여준다. 이는 F증권사의 평평구간의 범위가 0.025%~0.029%로 나타났음을 의미한다. 그렇다면 평평구간 내에서 수수료를 인상했을 때 이익이 어떻게 변화하는지를 살펴보자. 아래 표에서와 같이, 0.029% 수준으로 수

그림 9-5 평평구간을 측정하기 위한 수수료별 거래량 차이 검증

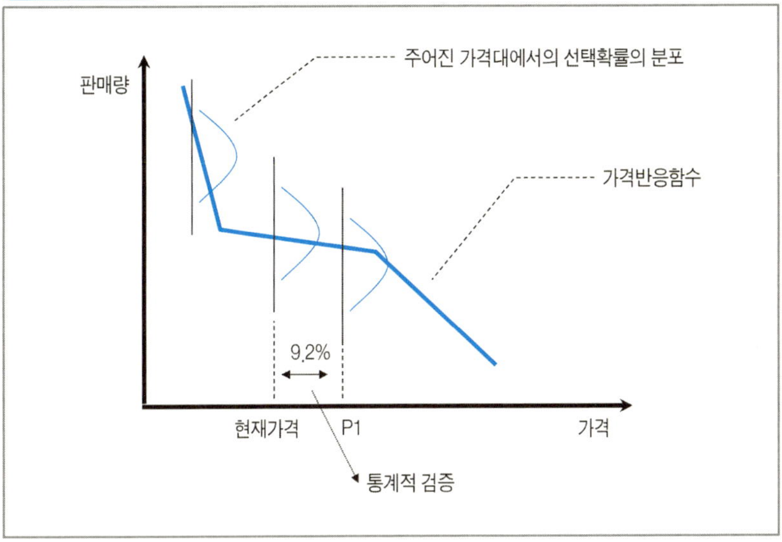

수료를 인상했을 때의 이익은 수수료 인상 전 이익 대비 12.4% 증가함을 알 수 있다. 참고로 아래 그림에서 제공된 가격반응함수는 F증권사만의 독특한 가격반응함수를 정교하게 측정한 것이며, 이때 이익을 도출하기 위해 사용된 원가함수는 온라인 증권업의 특성상 '거래량이 변해도 단위당 원가가 일정한 함수'를 사용하였다.

F증권사는 저자가 측정한 평평구간을 실제로 가격책정에 반영하여 수수료를 인상했다. 3개월 후 F증권사와 저자가 공동으로 가격변경효과를 검증한 결과, 거래량의 변화가 저자가 예측한 값과 유사한 수준(0.5%오차)으로 나타난 것을 확인할 수 있었다. 이로 인해 F증권사는 추가적인 이익을 실현할 수 있었다.

그림 9-6 F사의 평평구간 도출 결과

수수료	거래량 차이 검증결과	이익증감
0.025%	-	-
0.026%	없음	3.2%
0.027%	없음	6.3%
0.028%	없음	9.4%
0.029%	없음	12.4%
0.030%	있음	-
0.031%	있음	-

- 삼성전자의 갤럭시는 인도시장에서 프리미엄시장에 들어가 있기 때문에 평평구간이 넓을 것이다. 따라서 신제품출시 후 판매가 양호할 경우, 지역에 따라 소비자판매가격을 평평구간에서 조금 올려서 이익을 더 창출할 기회를 갖게 된다.
- 오리온 초코파이는 중국에서 인기상품이고 지속적으로 판매되고 있기 때문에 평평구간 안에서 가격인상을 고려할 필요가 있다.
- 우유는 한국인에게 거의 필수품이기 때문에 평평구간 내 가격인상이 가능할 수 있다.

4. 독자들의 연습장

독자도 스스로 평평구간을 생각하여 정리할 수 있다. 저자들은 전문가들은 자신이 취급하는 상품의 평평구간에 대한 감각을 갖고 있음을 믿기 때문에 이 감각을 정리할 수 있는 표를 만들어 보았다. 먼저 아래 사례는 독자들과 함께 표를 채우는 연습을 한 것이다.

먼저 현재 자신이 취급하는 상품을 적어보자(소확행의 아인슈패너).

가격간격	가격을 적으시오(원)	현재가격의 판매량을 100으로 했을 때, 새로운 가격으로 예상되는 판매량을 적으시오	수량이 그렇게 변화한 이유를 적으시오
-	3,700	130	
-	3,900	125	
-	4,100	120	
-	4,300	100	가격을 낮춘다고 판매가 증가하지 않음
현재가격	4,500	100	
+	4,700	95	
+	4,900	80	5,000원에 가까움
+	5,100	70	
+	5,300	60	

둘째 열에 현재가격을 포함해서 일정한 간격으로 가격을 인상한 경우와 인하한 경우의 가격을 적어본다.

셋째 열에는 현재가격의 판매량을 100으로 했을 때, 새로운 가격수준별로 전문가가 예상되는 판매량을 적는다.

넷째 열에는 가격대별 수량이 추출된 이유를 적는 곳이다

결론적으로 귀하가 생각한 평평구간은 어디에서 어디까지 가격인가

요? (4,300~4,700원)

위의 사례는 현재가격 4,500원에서 4,300원으로 가격인하한 경우 판매량이 동일하다고 판단한 것이다. 4,100원으로 가격이 하락한 경우에는 20%의 판매량이 증가하였다. 이 판매량은 평평구간을 넘어선 것으로 판단한다. 반면에 가격인상의 경우를 보면 4,700원으로 200원 상승했을 때는 판매량이 5% 정도 줄지만, 400원을 인상한 4.900원이 되자 판매량이 20% 감소하였다. 우리는 이 가격수준은 평평구간을 넘어섰다고 판단했다. 결국은 소확행 커피점의 아인슈패너의 평평구간은 4,300~4,700원으로 판단되었다.

위의 사례를 참고하여 독자 자신의 평평구간을 아래 그림을 이용하여 정리해 보자.

• 이름__________ 날짜__________
• 현재 자신이 취급하는 제품을 적어보십시오. (   )

가격간격	가격을 적으시오(원)	현재가격의 판매량을 100으로 했을 때, 새로운 가격으로 예상되는 판매량을 적으시오	수량이 그렇게 변화한 이유를 적으시오
-			
-			
-			
-			
현재가격		100	
+			
+			
+			
+			

• 결과적으로 귀하가 생각하신 평평구간은 얼마입니까? (   )

• 위의 제품보다 바로 위의 가격을 가진 제품명을 적으십시오(   ).
가격을 적으십시오.________________

• 바로 위의 가격수준을 가진 제품의 가격을 고려하여 현재 우리 제품의 평평구간을 다시 생각하고 표를 완성하십시오.

• 현재 제품에 대해 최종적으로 가격인상을 실시하시고, 그 새로운 가격수준을 적으십시오.
(   )

가격간격	가격을 적으시오(원)	현재가격의 판매량을 100으로 했을 때, 새로운 가격으로 예상되는 판매량을 적으시오	수량이 그렇게 변화한 이유를 적으시오
-			
-			
-			
-			
현재가격		100	
+			
+			
+			
+			

Chapter 10

구매량에 따라 가격을 달리하면 이익을 증대시킬 수 있을까?

중국에서 팔리는 오리온 초코파이의 포장단위는 2020년에는 4종류였다(2개 묶음/6개 묶음/12개 묶음/20개 묶음). 이 제품포장단위별로 초코파이 한 개당 가격이 아래와 같이 모두 달랐다. 12개 제품포장단위를 기준으로 한 개의 포장 내에 제품수량이 많을수록 단위당 가격은 저렴하고, 그 반대의 경우에는 단위당 가격이 증가한다.

好丽友

제품단위	20개 묶음	12개 묶음	6개 묶음	2개 묶음
Unit Price Index	83	100	103	107

반면에, 2020년에 오리온이 한국에서 판매하는 초코파이 제품포장단위는 7개로 검색된다. 물론 이 7개의 제품포장별 단위당 가격은 모두 다르다.

제품단위	30개 묶음	24개 묶음	18개 묶음	12개 묶음
	36개 묶음	60개 묶음	72개 묶음	

지금까지 살펴본 가격책정은 하나를 구매하든 여러 개를 구매하든 구매량과 관계없이 제품 한 단위당 가격이 모두 동일한 경우였다. 이 경우에는 한 제품에 대해 한 가지 가격만이 시장에 제시되기 때문에 이 제품의 가격이 합당하다고 느끼는 고객만이 구매를 하게 된다. 여기서 한걸음 더 나아가 10장에서는 고객이 한 번에 구매하는 수량에 따라 각기 다른 가격을 제시하여 한 제품에 대해서도 2개 이상의 다양한 제품가격을 책정하는 방법에 대해 다루기로 한다. 즉, 구매하는 양에 따라 단위당 가격이 달라지는 것을 배운다. 여기에서 학술적으로 구매하는 양에 따라 단위당 가격이 달라지는 가격체계(price scheme)를 비선형가격체계(nonlinear pricing)라 하고, 구매하는 양이 달라져도 단위당 가격이 변화하지 않는 가격체계를 선형가격체계(linear pricing)라 한다.

1. 구매량에 따라 가격이 달라지면 이익이 증가하는 이유

구매량에 따라 제품가격을 달리하는 이유는 제품에 대해 고객별로 지불하고자 하는 가격대가 다양하기 때문에 이러한 고객의 욕구를 충족시켜주기 위함이다. 이를 통해, 가격 때문에 우리 제품을 구매하지 못했던 고객에게는 우리 제품을 구매할 수 있는 기회를 제공하고, 또한 가격 때문에 적게 구매했던 고객들로 하여금 우리 제품의 구매량을 늘리도록 유도할 수 있다.

예를 들어, 슈퍼마켓에서 소형 건전지를 구매하는 사람들의 구매행동을 생각해 보자. 일반적으로 2개들이 소형건전지가 판매되는데, 어떤 사람은 4개가 묶인 소형건전지를 살 경우 1개당 가격이 더 저렴한

데도 불구하고 늘 구매하던 대로 2개들이를 구매하는가 하면, 또 어떤 사람은 2개들이를 사러 왔다가도 1개당 가격이 싼 4개들이를 구매하는 경우가 종종 있다. 이처럼 고객의 니즈는 다양하기 마련인데 만약 이 슈퍼마켓에서 2개들이에 천원이라는 한 가지 가격만을 가진 제품을 준비해 놓는다면 4개들이를 사려했던 사람들에게서는 매출을 올릴 수 없게 된다.

이를 이해하기 쉽게 그림으로 표현하면 〈그림 10－1〉과 같다. 만약 〈그림 10－1〉의 상품의 비용이 0라면, 한 개의 가격을 제시하는 균일가격일 때의 매출과 이익은 〈그림 10－1〉의 왼쪽 그림과 같이 A가 된다. 반면 시장에 여러 개의 가격을 제시하고 고객이 그중에 자신이 원하는 가격대의 제품을 고르게 하면 〈그림 10－1〉의 오른쪽 부분과 같이 매출이 증가하게 된다. 따라서 고객이 원하는 가격대를 여러 개 제시하는 가격체계가 제품가격이 균일할 때 보다 높은 매출과 이익을 가져올 수 있다.

그림 10-1 선형가격보다 비선형가격체계의 이익이 증가

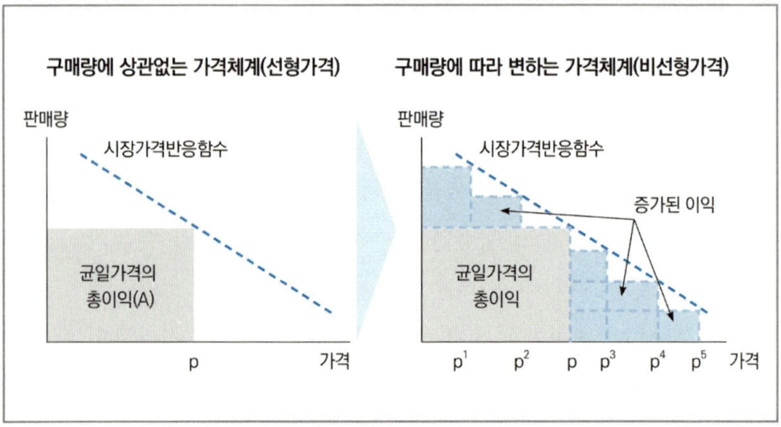

따라서 한 시점에 고객이 선택할 수 가격의 종류가 많으면 많을수록 판매자의 매출을 증가시킬 수 있다. 즉, 선형가격체계보다 비선형가격체계가 매출과 이익이 많다. 즉, 마케터는 다양한 가격체계를 고객에게 제공할 필요성이 있다.

2. 가격체계의 다양한 형태

기존 문헌이나 실무에서 사용하는 다양한 비선형가격체계를 정리하면 이중요율, 단계별요율, 전략수량할인 가격체계 등으로 구분할 수 있다.

그림 10-2 다양한 비선형가격체계

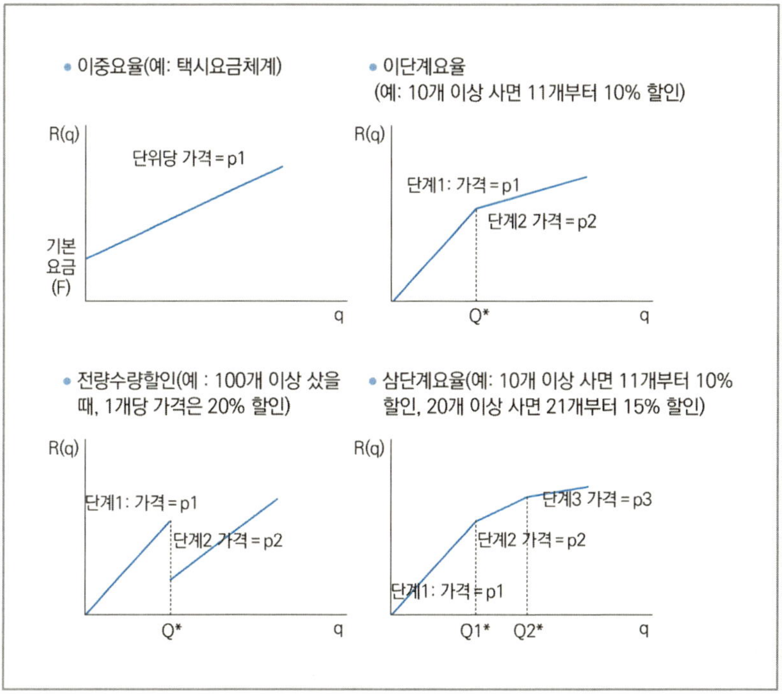

2.1. 이중요율(기본요금 가격체계)

이 가격체계는 기본요금(F)에 단위당 일정액의 가격(p)을 매기는 방법으로 이부요금(two-part tariff)이라고도 한다. 이 방법은 실제 기업에서는 기본요금(연회비, 회원권 등)을 내는 고객에 한하여 제품을 구매할 때마다 가격을 할인해 주는 방법으로도 응용되며, 주로 단일가격과 병행하여 사용되는 경우가 많다. 이 방법을 사용하면, 기업은 제품이 실제로 판매되기 이전에 고객이 먼저 기업에게 지불한 기본요금을 통해 안정적인 수익을 확보할 수 있을 뿐만 아니라 일정기간 동안은 그 고객을 유지할 수 있다. 게다가 일단 기본요금을 낸 고객의 경우 구매량을 늘리면 할인혜택을 더 많이 누리게 됨으로써 구매가 증가하는 경우가 많다. 즉, 기업입장에서는 고객이 구매량을 늘리게 되는 효과가 있어 매출이 증가하게 된다. 그러나 기본요금이 부담이 될 수 있는 고객을 위해서 단일가격을 함께 가져가는 것이 일반적이다.

예를 들어 골프회원권이 이와 같은 가격구조를 갖고 있는데, 기본요금(회원권)을 내는 고객에 한하여 라운딩시 약 60% 이상의 할인을 해주기도 한다. 또한 세종문화회관이나 예술의 전당의 경우 기본요금(연회비)을 내면 공연관람시마다 약 30%의 할인혜택을 주어 관람자 수를 확보하고 있다. 중국 CGV는 적어도 3가지 이상의 VIP카드를 판매하는데, 이 카드를 사면 관람료를 반값 이상 할인받을 수 있다.

이중요율로 가격을 받는 사업으로 대표적인 것이 '알쓸신잡'이라는 방송에도 등장한 '다찌'집의 가격체계이다. 통영의 가장 대표적인 다찌집인 '통영벅수다찌'는 2020년에 1인당 4만원의 기본요금을 받고, 추가되는 맥주나 소주에 4천원의 가격을 부여한다. 반면에 '반다찌'집은 말 그대로 할인된 기본요금을 받는다. 예를 들어 청해랑반다찌라는 매

그림 10-3 다찌집과 반다찌집의 이중요율

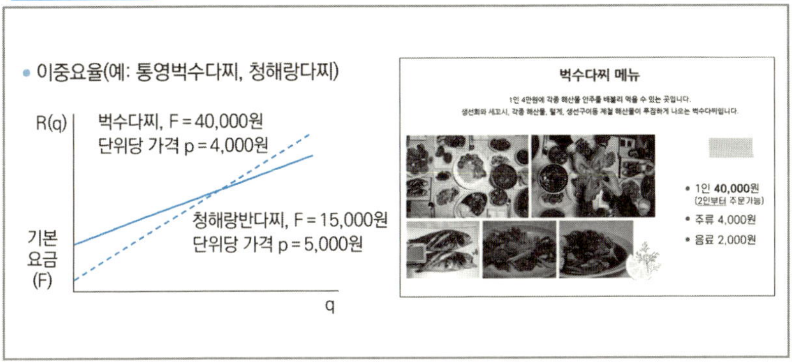

장은 2020년에 기본요금이 1인당 1만5천원으로 저렴하지만 주류는 소주나 맥주가 5천원을 받는다.

위와 같이 이중요율은 기본요금과 단위당가격을 적절히 조화시킴으로써 고객의 선택을 받는 가격체계전술을 말한다. 이중요율 중 가장 극단적인 형태가 '정액제'이다. 기본요금만 받고 단위당 요금이 0인 가격체계이다.

2.2. 전량할인 가격체계

일정한 구매량을 넘기면 전체 구매량에 대해 가격을 깎아주는 요금체계이다. 이 가격체계는 고객이 의도했던 구매량보다 더 많은 양을 구매하도록 유도하기 위한 것이다. 특히 할인을 해주는 구매량보다 약간 적게 구매하려고 의도했던 고객에게 더욱 효과적이다. 예를 들어, 문어 10마리를 사려고 수산시장에 갔는데, 10마리를 사면 마리당 1만원, 15마리를 사면 마리당 8천원에 준다고 한다. 10마리만 사려고 했

그림 10-4 크리스피크림 도너츠 회사의 전량수량할인

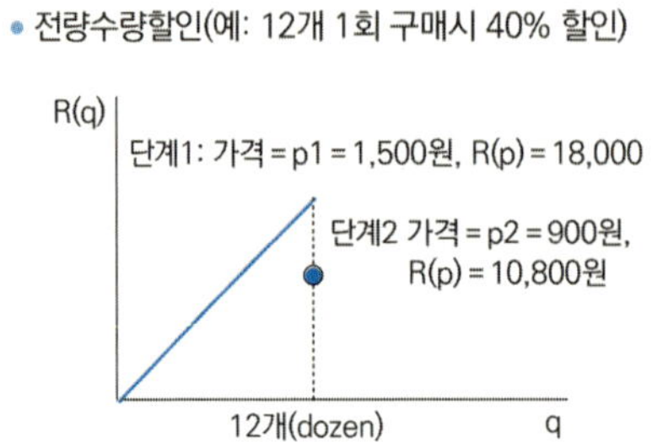

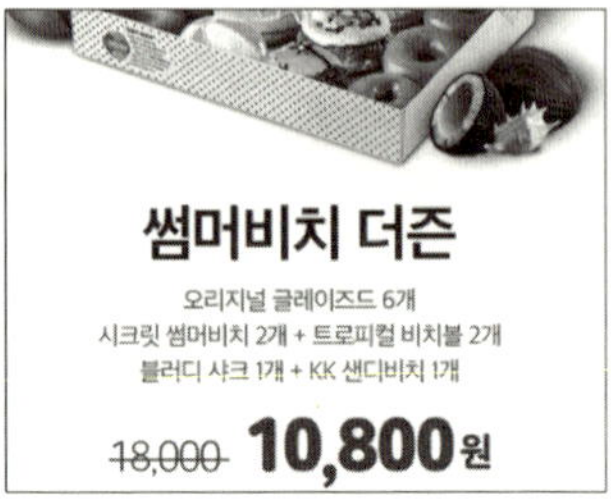

던 고객은 순간 과연 어떻게 해야 할지 고민에 빠질 것이다. 이처럼 전량할인 가격체계는 고객이 구매량을 늘릴 수 있는 동기를 부여하고 이로 인해 기업은 매출증가를 꾀할 수 있다. 백화점의 경우는 상품권 행사를 종종 하는데, 만약 총구매액이 10만원 이상인 고객에게 1만원의 상품권을 증정(10% 할인효과)한다면 고객들은 그 상품권을 받기 위해 추가적인 구매를 고려하게 된다.

2.3. 이단계요율

단계별 요율은 구매량 구간에 따라 구간별로 다른 단위당 가격이 부과되는 가격체계이다. 즉, 구매의 일정량까지는 비싸게 가격을 매기다가 그 일정량을 넘는 구매량에 한해서만 가격을 깎아주거나 더 비싸게 받는 체계를 말한다. 할인해 주는 경우로는 기업에서는 우수고객에 대한 할인 혹은 구매촉진을 목적으로 사용되고 있다. 예를 들면, 모 호텔 레스토랑에서는 30회 이상 매장을 방문하는 우수고객에 한하여 31회째 방문부터 30% 할인혜택을 주고 있다. 또 어떤 음식점에서는 그날 먹은 음식이 20만원이 넘을 경우 그 이후부터 시키는 음식에 대해서 20%를 할인해 주기도 한다.

2.4. 삼단계요율

삼단계요율은 이단계요율와 거의 흡사하지만 할인해 주는 기준을 하나 더 제시하는 차이가 있다. 이단계 가격체계와 마찬가지로 삼단계 가격체계는 기본적으로 다량 구매자에게 할인혜택을 주는 것은 동일하지만, 최우수고객에게 보다 많은 할인혜택을 주어 최우수고객을 유지시키는 방법이다. 이단계 가격체계의 레스토랑의 예에서 50회 이상 매장을 방문하는 고객에 한하여 51회째 방문부터 50% 할인혜택을 주는 경우가 이에 해당한다.

〈그림 10－5〉는 은행현금인출기의 수수료체계를 보여준다. 자사 은행계좌를 이용하는 고객은 이단계요율을 적용받고, 타사 은행계좌를 이용하는 경우에는 삼단계요율을 적용하고 있다.

그림 10-5 은행현금인출기의 이단계요율과 삼단계요율

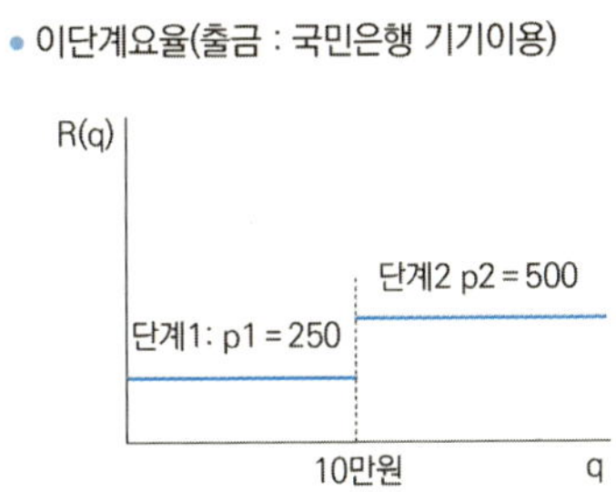

구 분			영업시간외		
			10만원 이하	10만원 초과 100만원 이하	100만원 초과
국민은행 기기이용	출금	프리미엄	150원	300원	
		일반	250원	500원	
	다른은행카드 입금		1,000원		
	계좌송금	당행	면제		
		다른은행	500원	1,000원	1,200원
다른은행 기기이용	출금		1,000원		
	계좌송금		500원	1,000원	1,200원

이상에서 살펴본 바와 같이 구매량에 따라 다양한 비선형가격체계가 존재한다. 물론 이보다 더 복잡한 형태도 존재하지만 현실에서 많이 활용되지 않으므로 본 장에서는 생략하기로 한다.

그림 10-6 선형 및 비선형 가격체계별 매출 이익 비교

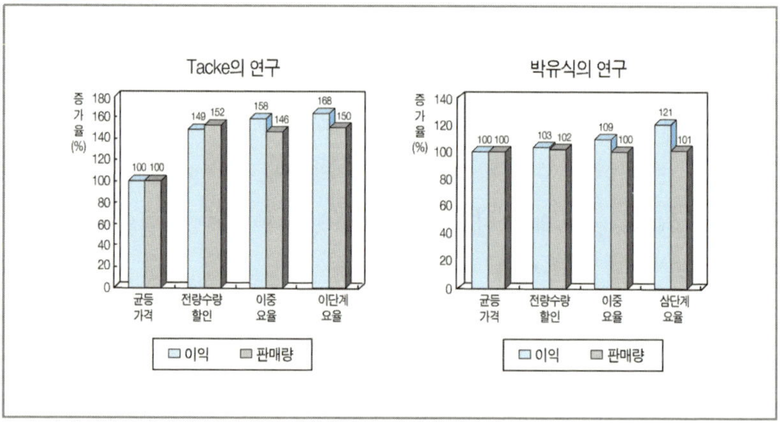

그럼, 이렇게 다양한 비선형가격체계 중에서 과연 어떤 가격체계가 우리 회사에 더 좋을까? 〈그림 10-6〉은 서비스업의 경우 동일한 조건하에서 다양한 가격체계를 적용시켰을 때의 판매량과 이익을 보여주고 있다. 독일의 Tacke(1989)는 막대초콜릿을 대상으로 각종 가격체계의 판매량과 이익 창출능력을 점검하였고, 한국의 박유식 교수도 해운서비스를 대상으로 여러 가격체계의 판매량과 이익을 점검한 바 있다. 그 결과를 보면 선형보다 비선형가격체계가 매출과 이익에서 더 많은 성과를 보여준다. 또한 저자들이 경험한 인터넷기업의 비선형가격체계 간 이익증가율에서도 비선형가격체계의 이익이 더 좋았다.

그림 10-7 인터넷정보 저장 유료서비스 업체의 선형 및 비선형가격체계 간 이익비교

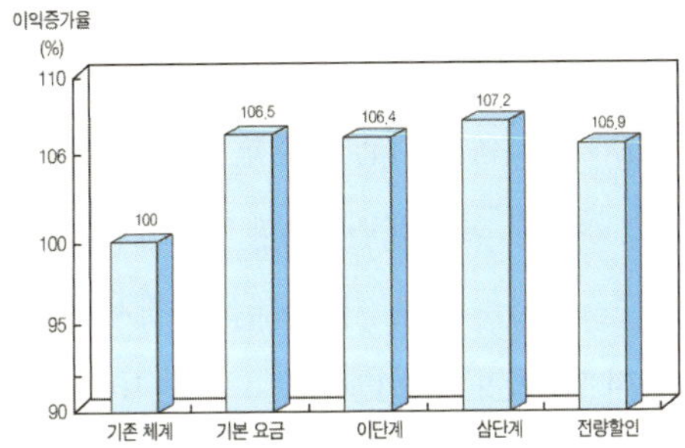

위의 그림들을 보면 어느 경우건 구매량에 따라 가격을 달리하는 것이 그렇지 않은 경우 보다 더 많은 매출이나 이익을 가져다 주는 것을 알 수 있다. 하지만 구매량에 따라 가격을 달리한다고 해서 무조건 이익이 증가하는 것은 아니다. 왜냐하면 고객이 어느 정도의 구매를 했을 때 할인혜택을 줘야 하는지, 준다면 얼마만큼 혜택을 줘야 하는지에 따라 이익이 변화하기 때문이다. 따라서 이에 대한 철저한 분석을 통해 우리제품에 적합한 가격체계를 채택하는 것이 매우 중요하다.

3. 구매량에 따라 가격을 달리하는 방법

구매량에 따라 가격을 달리하는 가격책정방법 중 기본요금 가격체계와 삼단계 가격체계의 책정방법을 구체적으로 살펴보자.

3.1. 기본요금 가격체계 책정방법

기본요금 가격체계는 기본요금을 받고, 그 이후에 고객이 제품을 구매할 때마다 할인해 주는 경우를 말한다. 아래에서는 국내 A증권사가 약정금액이 많은 우수고객을 대상으로 할인혜택을 줌과 동시에 우수고객을 유지하기 위해 실시했던 기본요금 가격체계의 책정과정을 소개한다. 이 사례는 독자들에게 기본요금 가격체계 책정을 위해 필요한 사항이 무엇인지를 보여 줄 것이다. 〈그림 10－8〉은 그 과정을 보여준다.

그림 10-8 기본요금 가격체계의 가격책정과정

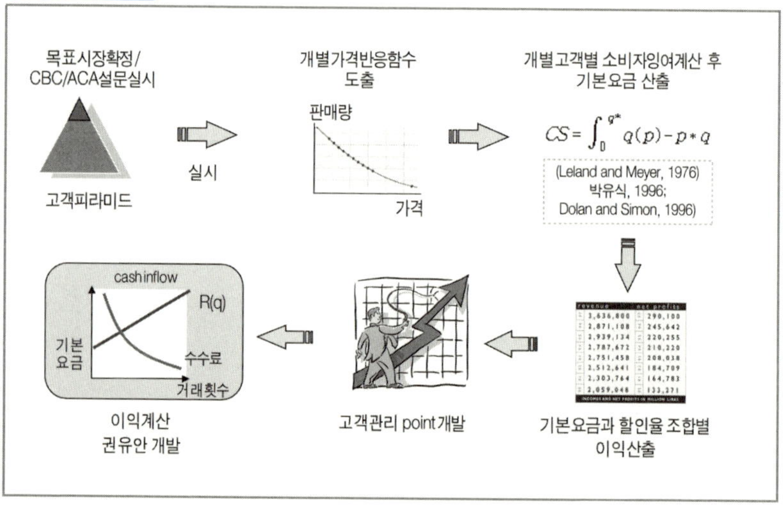

1단계 목표시장 선정하기

A증권사는 우수고객을 유지시켜 이익을 증대시킬 수 있는 새로운

가격체계를 원하고 있었다. 이에 저자들은 거래금액의 일정비율을 수수료로 받고 있었던 기존의 가격체계에 기본요금 가격체계를 적용하는 방안을 제안하였다. 즉 회원카드를 구매하는 고객에 한해서 실제 거래를 할 때 수수료를 대폭 할인해 주는 체계를 추가로 도입하는 것이었다. 따라서 저자들은 이 가격체계의 목표시장을 회원카드를 구매할 가능성이 높은 상위 20% 안에 드는 우수고객으로 선정하였다.

2단계 컨조인트 설문지 작성 및 수집

우수고객을 대상으로 표적집단면접을 실시한 뒤, 이를 토대로 컨조인트 설문지를 작성하였다. 개별응답자는 컨조인트 설문방법 중 CBC와 ACA의 두 방법에 모두 응답하도록 하였으며, 200명의 우수고객을 대상으로 방문조사를 실시하여 유효표본을 수집하였다.

3단계 개인별 가격반응함수 구하기

위에서 수집된 개인별 컨조인트 설문지의 응답결과를 토대로 개인별 효용값이 산출되었다.

4단계 회원카드 구매의사 추정하기

개인별 가격반응함수에 다양한 회원카드 가격을 적용시켜서, 각 회원카드 가격별로 구매의사를 추정하였다.

5단계 회원카드 가격과 할인율 정하기

회원카드 가격과 회원카드를 산 고객에게 적용되는 할인율별로 회사의 이익을 분석하는 단계이다. 아래 표를 보면 목표시장인 상위 20%의 우수고객 중에 몇 명이 이 회원카드를 구매할지를 예측한 결과와 그때의 이익증감을 비교하여 보여주고 있다.

〈표 10-1〉 가상적인 기본요금 가격체계 적용사례

회원카드 가격(원)	수수료 할인율	회원카드 구매율	회사의 이익증가율
1,000,000	50.0%	8.5%	4.10%
2,200,000	53.1%	7.7%	4.00%
2,500,000	56.3%	7.2%	3.80%
2,700,000	59.4%	6.7%	3.60%
3,000,000	62.5%	6.1%	2.20%

위의 결과를 보면 고객이 100만원에 회원카드를 구입할 경우 거래할 때마다 기존 수수료의 약 50%를 할인 받게 된다. 한편, A증권사 입장에서는 우수고객의 약 8.5%가 이 회원카드를 사게 되어 회사는 4.1%의 이익이 증가하게 된다. 또한 회원카드를 구매한 우수고객들을 1년 동안 A증권사에 묶어두는 효과를 얻게 됨을 알 수 있다.

6단계 고객관리 포인트 개발

만약 이 회사가 100만원짜리 회원카드를 판매할 것으로 의사결정을 내렸다면, 기존 고객들에게 "고객님, 회원카드를 구매하시면 예전에 300만원 내셨던 수수료를 250만원으로 해결할 수 있어요"라든가, "회원카드를 구매하시면 거래할 때마다 기존 수수료의 50%를 깎아 드립니다"라는 selling points를 영업직원에게 제공하게 된다.

기본요금 가격체계 책정사례

B온천은 기존고객을 유지하고 또한 신규고객을 확보하기 위해 기본요금 가격체계를 도입하였다. 즉, 10만원을 내고 연회원으로 가입할 경우, 기존의 5,000원하던 입욕료를 3,000원으로 40% 할인해 주었다. 그러나 예상과는 달리 신규고객의 유입효과는 미미했고, 기존의 단골고객이 주로 연회원에 가입하여 매출이 오히려 감소하는 결과를 초래하였다. 만일 연회비를 보다 더 내리고 그 때의 할인율을 낮추었다면 매출이 증가하지는 않았을까? 이는 기본가격을 얼마에 책정할 것인가와 그 때의 할인율을 얼마로 할 것인지가 매우 중요함을 시사한다.

3.2. 삼단계 가격체계 책정방법

삼단계 가격체계는 고객이 일정량보다 많은 구매를 하면 할인을 적용 받고, 그렇지 않으면 할인혜택이 없는 가격체계이다. 여기서 가장 중요한 것은 어느 구매량을 기준으로 할인가격을 적용할 것인가와 그 구매량을 넘으면 어느 정도 할인해 줄 것인가이다. 삼단계 가격체계 책정방법은 기본요금 가격체계와 마찬가지로 가격반응함수를 이용하여 마켓 시뮬레이션 과정을 거치므로 여기서는 생략한다. 그러나 기본요금 가격체계와의 차이점은 기본요금과 상관없이 구매량에 따른 할인율만 가지고 시뮬레이션을 한다는 것이다.

■ 어느 거래량에서 가격을 할인해 줄 것인가?

삼단계 가격체계에서는 3개의 가격(P1, P2, P3)과 구매량에 따른 2개의 가격변경기준(기준1, 기준2)이 존재한다. 이익을 극대화하는 3개의 가격과 2개의 가격변경기준을 추정하기 위해서는, 도출된 가격반응함수와 회사의 비용구조를 감안하여 가격과 가격변경기준의 조합별로 이익을 추정해야 한다.

〈표 10-2〉 어느 B2C사이트의 가상적인 삼단계 가격체계 적용결과

p1	p2	p3	기준 1	기준 2	이익증가율
0.5%	0.30%	0.20%	25회	50회	18%
0.5%	0.35%	0.20%	40회	70회	27%
0.5%	0.35%	0.25%	40회	60회	28%
0.5%	0.35%	0.25%	40회	70회	28%

위의 표를 보면, 월 25회 이하의 거래를 하는 고객에게는 0.5% 수수료를, 25회에서 50회 사이는 0.3%를, 그 이상은 0.2%의 수수료를 적용한 결과, 기존 이익보다 18% 상승할 것으로 나타났다.

위의 기본요금이나 삼단계요율을 결정하기 위해 필요한 작업은 개인고객별 구매금액이나 구매량별 유보가격을 측정하는 것이다.

개인별 유보가격을 측정하는 것은 이미 컨조인트를 통해 우리가 학습한 바가 있다. 독자여러분도 개인고객별 우리 상품에 대한 유보가격을 측정하기만 하면 비선형가격체계를 통해 회사의 이익이나 여러분의 사업이익을 증대시킬 수 있다.

3.3. 보충: Simon(2019)의 사례(어려운 수식이 있으므로 일반독자는 그냥 넘겨도 되는 단락)

Simon(2019)은 그의 가격분야 명저에서 개인별 i번째 제품에 대한 유보가격측정으로 얼마나 이익을 증대시킬 수 있는지를 명확히 보여준 바 있다. 먼저 세 가지를 가정했다.

- 각 소비자의 유보가격은 제품구매량이 많을수록 감소한다.
- 각 소비자의 i번째 제품에 대한 유보가격은 모두 다르다.
- 제품의 변동비는 0이다.

그는 소비자들에게 동일한 제품에 대해 최대가격을 개방형으로 질문했다. 그 결과인 〈그림 10-9〉를 보면 i번째 제품마다의 최적가격은 i번째 제품에 대한 유보가격에 따라 달라진다.

1. 각 주문량(제품단위)별로 개인별 이익극대화 가격을 찾는다. 첫 번째 제품에 대해 소비자1은 9, 소비자2는 10, 소비자3은 12의 유보가격을 보였다.
2. 만약 9원에 가격을 매기면 3개의 판매, 10원에 매기면 2개, 12원에 매기면 1개만 판매된다. 그러므로 9원일 때 매출이 극대화되어 최적가격은 9원이다. 이렇게 매 제품단위별로 최적가격을 구한다.
3. 예를 들어 3번째 동일제품 구매시 3.5원×3명=10.5원, 5.5원×2명=11원이므로 가격이 5.5원이 최적가격이다. 고객은 3개의 제품을 사면 가격=9+6+5.5=20.5원을 지불한다. 즉, 구매하는 수량마다 가격이 다르게 설계되는 것이다. 다섯 개까지 판매하고 난 후에 이 회사가 갖고 가는 매출총액은 67.5가 된다.

그림 10-9 Simon(2019)의 개인별 유보가격측정 사례

제품단위 (*i*)	각 소비자의 i번째 제품단위에 대한 유보가격(원)			i번째 제품단위의 최적가격	판매량 (누적판매량)	이익 (총이익 = 67.5)
	소비자1	소비자2	소비자3			
첫 번째	9	10	12	9	3(3)	27
두 번째	6	7.5	10	6	3(6)	18
세 번째	3.5	5.5	8	5.5	2(8) ❸	11
네 번째	2	4	6	4	2(10)	8
다섯 번째	1.1	1.5	3.5	3.5	1(11)	3.5
	❶		❷			

그렇다면 비선형가격책정이 아니고 단일요금으로 가격을 매긴다면 얼마가 매출을 극대화하는 가격일까? 〈그림 10-10〉의 가격대별 판매량을 이은 직선을 가격반응함수로 나타내면

$$q = 15.7 - 1.27p$$

가 되었다. 이 가격반응함수에서 이익을 극대화하는 가격은 6.18원이고 그 가격에서 판매량은 7.85개가 팔리고 이익(매출)은 48.52원이었다. 결국 비선형가격체계상의 이익 67.5원에 비해 선형가격체계는 48.52원에 불과하였다. 이익이 약 39% 증가하였다.

그림 10-10 단일가격과 비선형가격체계 간의 이익창출 비교

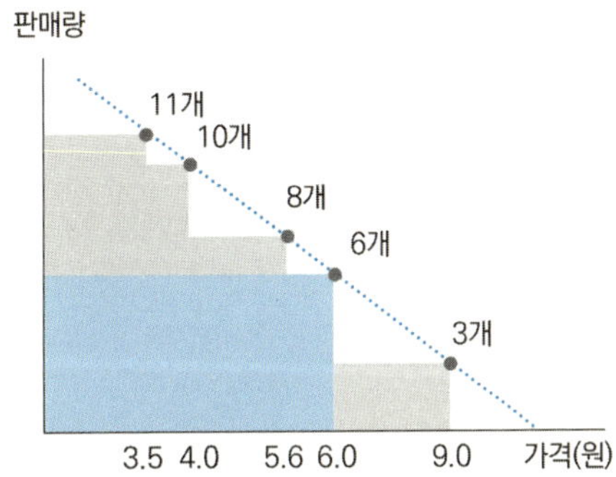

4. 요 약

한 제품에 대해서 2개 이상의 다양한 제품가격을 책정하는 방법은 고객의 니즈에 따라 가격체계를 고객 스스로 채택(self-selection)할 수 있도록 유도함으로써, 결과적으로 균일한 가격을 시장에 제시하는 것보다 회사의 이익도 상승하고 고객이 느끼는 가치도 증가하게 된다. 이를 앞 장에서 소개한 평평구간과 같이 기존제품의 가격인상과 연계한다면 더 효율적으로 회사의 이익을 증대할 수 있다.

그림 10-11 평평구간과 비선형가격체계의 연계

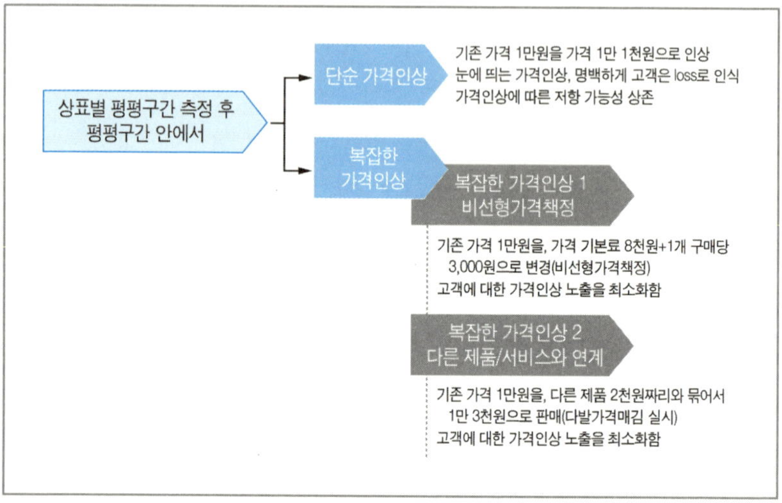

그러나 사례에서도 알 수 있듯이, 기존 고객을 유지하기 위한 가격 변경이 오히려 회사에 손해를 초래할 수도 있기 때문에 전문가의 도움이 필요한 가격책정방법임을 잊지 말아야 할 것이다.

- 고객이 한 시점에 특정제품에 대해 선택할 수 있는 가격의 종류가 많으면 많을수록 판매액이 많아진다.
- 마케터는 가능한 고객이 선택할 수 있는 많은 종류의 가격을 제공해야 한다.

5. 독자들의 연습장

독자가 자신의 제품에 대해 비선형가격체계를 구상할 수 있는 연습을 제공하고 한다.

1) 이중요율 중 정액제 설계

현재 독자가 취급하는 상품에 기본료를 책정한 적이 없다면 기본료를 책정하여 고객을 만족시키면서 동시에 기업의 이익을 증대할 수 있다. 기본료를 책정하는 경우 중 가장 특수한 사례인 '정액제'를 우리 상품에 만들어 보자.

- 멜론은 2020년의 경우 1개월에 '무제한듣기+무제한다운로드'를 제공하고 7,900원을 받는다. 그런데, 해지하려고 하면 조그만 글씨로 4개월에 2,900원에 해 주겠다는 할인 팁도 준다.
- 한국 CGV 등 전국적 체인을 가진 한국 영화관에는 '정액제(일정금액을 먼저 선불로 내면 일정기간 동안 더 이상 추가비용 없이 상품을 구매할 수 있는 비선형가격체계)'가 없다. 하지만 중국 왕징 Huatang의 星美영화관에는 정액제가 있다. 일정금액을 내면 한 달이나 세 달 동안 무제한으로 영화를 볼 수 있다.

먼저 현재 자신이 취급하거나 관심있는 상품과 1개당 가격을 적어보자.

- 정액금액으로 선불로 받을 금액을 두 번째 칸에 적어보자. 그리고 할인혜택이 이루어지는 기간이나 시기를 적어보자.
- 이렇게 정액제를 설정한 이유를 세 번째 칸에 적어보자

그림 10-12 정액제 연습장

현재 선형가격 (균등가격)	정액제 작성기준	정액제 작성기준설정 이유
✓ 제품명 ____________ ✓ 1개당(단위당) 가격 ✓ ____________	✓ 기본요금(정액제)값 ✓ ____________ ✓ 적용기간 ✓ ____________ ✓ 적용시기 ✓ ____________	1개 단위당 요금 대비 정액제를 사용하는 목표시장 ✓ ____________ 목표시장의 고객이 이 정액제를 선택한 이유 적용기간이나 시기를 결정한 이유 고객이 정액제를 통해 갖고 가는 혜택의 크기

2) 이중요율체계(기본료+할인폭 결정) 설계

이제 기본료+할인금액의 구조로 구성된 전통적 이중요율체계를 설계해 보자. 마케터가 결정해야 할 것은 1) 기본료(F)와 2) 정상가격 대비 새로운 할인가격이다.

- 파리바케트 등 전국적 체인을 가진 한국 빵집에는 '기본요금제(일정금액을 먼저 선불로 내면 일정기간 동안 할인된 가격으로 상품을 구매할 수 있는 비선형가격체계)'가 없다. 하지만 중국 왕징 Holiland(好利來)라는 빵집에서는 이 요금제도가 있다. 미리 선불로 얼마를 지불하면, 일정기간 동안 할인된 금액으로 빵을 구매할 수 있다.
- 중국 CGV도 VIP카드 제도가 있는데, 미리 카드를 사면, 영화보러 올 때마다 할인된 가격으로 영화를 볼 수 있다.

그림 10-12 이중요율 연습장

현재 선형가격 (균등가격)	기본요금(이중요율) 작성기준	기본요금(이중요율) 작성기준 설정이유
✓ 제품명	✓ 기본요금(F)값	1개 단위당 요금 대비 기본요금제를 사용하는 목표시장
__________	✓ __________	✓ __________
✓ 1개당(단위당) 가격	✓ 할인된 1개당(단위당) 가격	목표시장의 고객이 기본요금제를 선택한 이유
✓ __________	✓ __________	적용기간이나 시기를 결정한 이유
	✓ 적용기간	고객이 기본요금제를 통해 갖고 가는 혜택의 크기
	✓ __________	
	✓ 적용시기	
	✓ __________	

독자들은 먼저 현재 자신이 취급하거나 관심있는 상품과 1개당 가격을 첫째 칸에 적어보자.

- 기본료로 선불로 받을 금액을 두 번째 칸에 적어보자. 그리고 새롭게 제시되는 할인된 단위당 가격을 적어보자. 그리고 할인혜택이 이루어지는 기간이나 시기를 적어보자.
- 이렇게 기본요금제를 설정한 이유를 세 번째 칸에 적어보자. 특히 고객이 기본요금제를 통해 갖고 가는 혜택을 잘 계산해 보자.

3) 다단계요율 설계

이 연습장에서는 3단계요율을 설계해 보자. 수도요금처럼 얼마까지의 구매량까지는 단위당요금을 매기다가, 일정구매량을 넘으면 이 일정구매량 초과분에 대해서만 다소 다른 가격을 적용받고, 다시 더 큰 일정구매량을 넘으면 그 일정구매량 초과분에 대해서 또 다른 가격을 적용받는다. 따라서 3단계요율에서 마케터가 결정해야 할 것은 1) 3번의 가격과 2) 2개의 변곡점(가격이 달라지는 구매량)이다.

그림 10-14 다단계요율 연습장

현재 선형가격 (균등가격)

- ✓ 제품명
- ______________
- ✓ 1개당(단위당) 가격
- ✓ ______________

다단계요금 작성기준

- ✓ 1개당 가격
- ✓ ______________
- ✓ 첫 번째 할인 또는 할증이 적용되는 구매량
- ✓ ______________
- ✓ 첫 번째 할인 또는 할증이 적용된 가격
- ✓ ______________
- ✓ 두 번째 가격변동이 적용되는 구매량
- ✓ ______________
- ✓ 두 번째 가격변동이 적용된 가격
- ✓ ______________

다단계요금 작성기준 설정이유

- ✓ 첫 번째 할인/할증이 적용되는 구매량결정이유
- ✓ ______________
- ✓ 첫 번째 할인/할증이 적용된 가격결정이유
- ✓ ______________
- ✓ 두 번째 할인/할증이 적용되는 구매량결정이유
- ✓ ______________
- ✓ 두 번째 할인/할증이 적용된 가격결정이유
- ✓ ______________

구매량이 많을수록 할인을 해 줄 수도 있고, 할증을 할 수도 있는 것이다. 일반적으로 사기업에서는 고객이 구매량을 증가시키면 할인해 주지만, 공기업의 경우에는 많이 사용하면 사용량 증대를 방지하기 위해 할증을 하는 경우가 있다. 한국의 전기요금은 많이 쓰면 할증되는 시스템이고, 오리온의 초코파이는 많이 살수록 할인되는 가격시스템이다.

- 한국의 전기요금은 기본료+다단계요율로 구성되어 있다.
- 한국 대학교 등록금은 기본적으로 선형가격체계(1번 등록 시 일정한 금액을 지출)이다. 하지만 일부 미국의 대학교는 등록횟수가 증가하면 할인해 주는 비선형가격체계를 갖고 있다.

위의 연습을 다하고 나서 저자는 독자들이 다음과 같은 사항을 마음에 새겼으면 좋겠다.

> 현재 단일가격으로 선형가격을 매기고 있으면 비선형가격체계를 구상함으로써 고객의 이익을 증대시키고 동시에 기업의 이익도 증가시킬 수 있다.
> 이를 통해 숨겨진 이익(hidden profit)을 귀하의 것으로 만들 수 있다
> 현재 귀하의 가격체계는 최적이 아닐 가능성이 있다.

묶어 파는 것이 좋을까? 따로따로 파는 것이 좋을까?

Chapter 11

- 멜론은 1개월 이용권 7,900원으로 무제한듣기와 무제한다운로드가 가능하다. 다발가격매김만 한다.
- '학고재'라는 출판사의 '최순우전집'은 5권으로 되어 있고, 개별책으로는 판매되지 않는다(다발가격책정).
- 맥도날드의 햄버거와 콜라는 별도로도 살 수도 있고, 세트메뉴로 살 수도 있다(개별가격책정과 다발가격책정)

지금까지 우리는 하나의 제품에 대한 가격책정을 알아보았다. 이 장에서는 2개 이상의 제품을 함께 고려하여 가격을 책정하는 것에 대해 소개하고자 한다. 가격지불단위에 대해 논의를 시작하는 것이다.

지금까지 논의되었던 가격책정처럼 한 제품마다 따로따로 가격을 매기는 것을 '개별가격책정'이라고 한다면, 두 개 이상의 제품을 특정 가격에 묶어서 판매하는 것을 '다발가격책정'이라고 한다. 두 개의 제품이 개별로도 묶어서도 팔릴 수 있도록 가격을 매겨 놓는 경우를 '혼합다발가격매김'이라 한다.

저자는 4개 산업의 약 40개의 브랜드를 대상으로 개별가격매김, 다발가격매김, 혼합다발가격매김의 이익창출능력을 비교해 보았다. 그 결과, 혼합다발가격매김이 제일 이익이 많았다. 따라서 자기 산업에서 가능하다면 '혼합다발가격매김'을 하라고 저자는 권하고 싶다.

하지만, 마케터가 담당하고 있는 제품의 특성상 혼합다발가격매김을 실시할 수 없는 경우가 있다. 이 때에는 개별가격매김과 다발가격매김 중 하나는 선택해야 한다.

이 장의 처음에는 개별가격매김과 다발가격매김의 판매수량, 판매액을 계산하는 과정을 다룬다. 그 다음으로는 어느 조건에는 묶어서 팔고, 어느 조건에는 따로따로 파는 것이 좋은지에 대한 일반적인 기준을 나열한다.

1. 다발가격매김의 이익이 증가하는 이유

다발가격책정을 하는 이유는 고객의 다양한 니즈를 맞춰 줌으로써 구매량을 증가시켜 이익을 확보하기 위해서이다. 그럼 10장에서 설명한 하나의 제품만을 고려하여 가격을 책정하는 것과는 어떤 차이가 있을까? 그 차이점은 다발가격책정의 목적이 한 제품의 구매량을 증가시키기 위한 것이 아니라, 그 제품과 관련된 두 개 이상의 제품에 대한 구매량을 증가시키는 것에 있다는 것이다. 여행사에서 비행기표와 호텔 2일 숙박권을 구매하는 고객들의 행동을 생각해 보자.

그림 11-1 개별가격책정보다 다발가격책정시 이익이 증가하는 이유

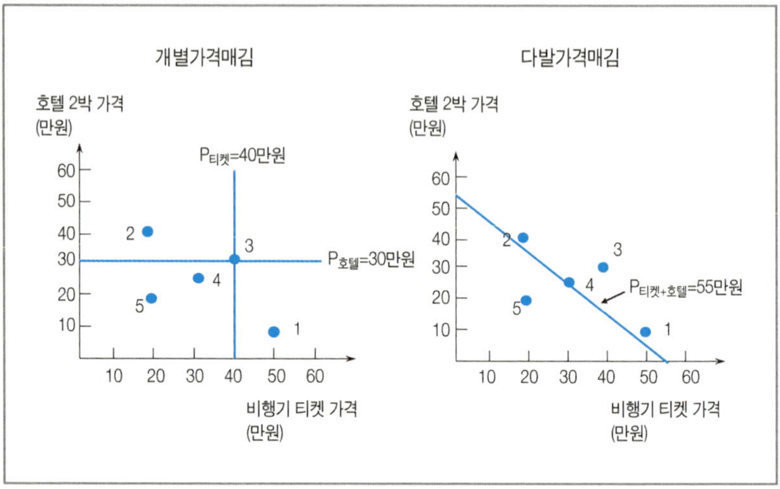

〈그림 11－1〉은 이 여행사의 고객이 모두 5명이라는 가정을 하고, 이 고객들이 비행기표와 호텔숙박권에 대해 어느 정도 지불하고자 하는 지를 점으로 표현한 것이다. 예를 들면, 고객 1의 경우, 호텔숙박권에 대해서는 약 10만원의 가치가 있다고 생각하지만 비행기표에 대해서는 50만원의 가치가 있다고 생각하고 있는 것이다.

이 여행사에서 상품마다 따로 가격을 책정하는 개별가격책정을 한 결과를 보면 왼쪽 그림처럼 비행기표는 40만원이었고, 호텔숙박권은 30만원이었다. 이러한 상황에서 고객 1은 비행기표에 대해 지불하고자 하는 가격이 50만원이었기 때문에 40만원인 비행기표를 구입할 것이고, 호텔숙박권에 대해서는 지불하고자 하는 가격이 10만원이었기 때문에 30만원 하는 호텔숙박권을 구입하지 않을 것이다. 이와 마찬가지로, 고객 2는 호텔숙박권만을 구입하고, 고객 3은 비행기표와 호텔숙박권을 모두 구입할 것이다. 그리고 고객 4와 고객 5는 아무것도 구

입하지 않을 것이다. 따라서 이 때 여행사가 얻을 수 있는 총매출은 각 고객의 구매의사를 반영한다면 140만원(40만원×2+30만원×2=140만원)이 될 것이다. 여기서는 이해를 쉽게 하기 위해 각 품목의 원가를 10만원이라고 하자. 이 경우 이익은 100만원(30만원×2+20만원×2=100만원)이 된다.

한편, 동일한 상황에서 이 여행사가 오른쪽의 그림과 같이 '호텔숙박권+비행기표'를 묶어서 55만원에 판매를 하는 다발가격책정을 할 경우를 생각해 보자. 이 경우 호텔숙박권과 비행기표 가격에 대해 지불하고자 하는 가격의 합이 55만원이 넘는 고객 1,2,3,4는 "호텔숙박권+비행기표"를 구매하게 되며, 지불하고자 하는 가격의 합이 55만원보다 적은 고객 5는 이 상품을 구매하지 않을 것이다. 따라서 이 여행사가 얻을 수 있는 총매출은 220만원(55만원×4=220만원)이 되고, 이익은 140만원(35만원×4=140만원)으로 개별로 가격을 매길 때보다 40만원의 이익이 증가하게 된다. 위의 예에서 다발가격책정을 할 경우, 개별가격책정의 경우보다 약 40%의 이익이 상승하는 것을 볼 수 있었다.

이처럼 이익이 증가하는 이유는 고객의 지불하고자 하는 가격을 정확히 측정하여 고객들의 개별적인 니즈를 커버할 수 있는 가격대로 상품의 가격을 묶어서 찾아내기 때문이다. 그러나 항상 다발가격책정이 개별가격책정보다 이익이 크다고 할 수는 없다. 문제는 우리 제품에 대한 고객가치가 어떻게 형성되어 있는지를 정확히 알고, 가격을 묶어서 매길 때 과연 고객가치가 증가하는지를 찾아내는 것이다. 다음에서는 우리 제품에 대한 고객가치를 분석하여, 제품을 묶어서 팔지 아니면 따로 팔지를 결정하는 과정에 대해 알아보기로 한다.

2. 최적가격책정 형태를 찾는 과정

우리 제품을 묶어서 팔지 아니면 따로 팔지를 결정하기 위해서는 아래 네 단계를 거치게 된다. 여기서는 여성의류의 재킷과 치마를 사례로 설명해보자.

그림 11-2 최적가격매김 형태 도출과정

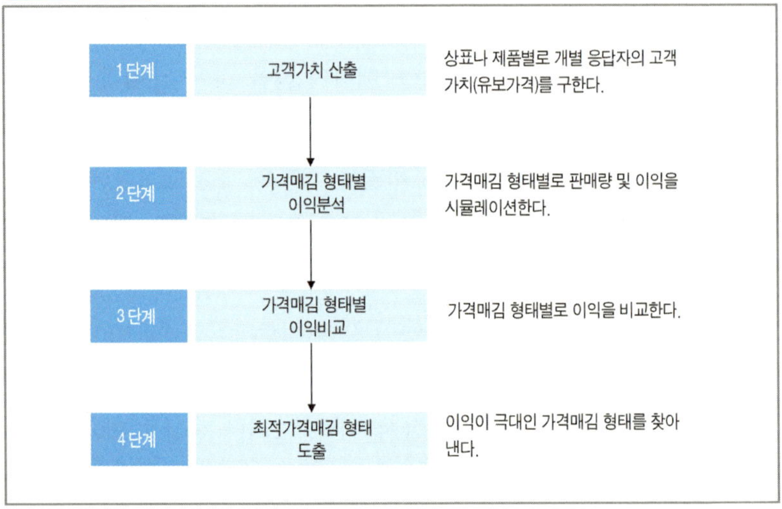

2.1. 제1단계 유보가격 구하기

최적가격책정 형태를 찾기 위해서는 먼저 개별 고객별로 지불하고자 하는 가격을 구해야 한다. 이를 위해서는 컨조인트 조사를 실시하여 고객별 가격반응함수를 도출해야 한다. 이미 제8장의 가격반응함수 도출사례에서 설명했듯이, 우리 제품의 가격을 올렸을 때 고객이

그림 11-3 우리 제품의 재킷과 치마의 고객별 유보가격분포

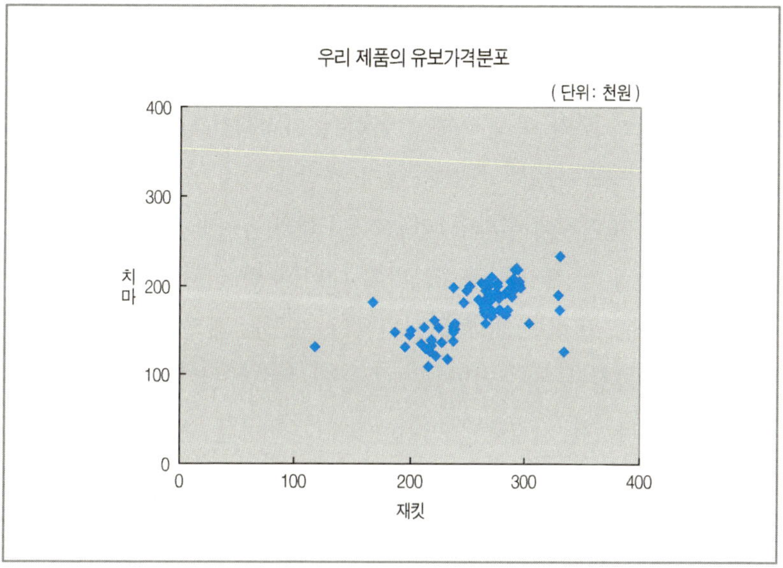

그 가격을 너무 비싸다고 판단하여 경쟁사 제품을 구매하게 되는 특정 가격대가 있음을 확인한 바 있다. 이 가격대가 고객이 우리제품에 대해 지불하고자 하는 유보가격이 된다. 이와 같은 방법으로 고객별 유보가격을 각각 측정할 수 있다.

예를 들어, 우리 제품의 재킷과 치마에 대한 유보가격을 구한다고 하자. 조사에 응답한 고객 수만큼 이런 과정을 반복하여 고객별로 유보가격을 구하면 〈그림 11-3〉과 같이 우리 상표의 재킷과 치마에 대한 고객별 유보가격을 점으로 표현할 수 있다.

2.2. 제2단계 가격매김형태별 판매량, 판매액과 이익구하기

〈그림 11－4〉는 개별가격매김의 최적가격을 구하기 위한 기본적인 그림이다. 먼저 우리 회사가 매겨야 하는 가격책정 대상이 재킷과 치마라고 가정하자. 재킷의 가격을 먼저 책정해 보자. 유보가격 중 가장 낮은 가격인 10만원에서부터 1만원씩 가격을 높여보고, 그 때마다 몇 명의 고객이 우리 재킷을 구매할지에 대한 수량이 결정되고, 그 수량과 해당 가격을 곱하면 판매액이 나온다. 이 때, 재킷 한 벌의 원가를 10만원으로 가정하자. 그러면 판매수량에 1벌당 원가를 곱하면 총비용이 산출된다. 각 가격대별 판매액에서 총비용을 빼면 이익이 나온다. 가장 많은 이익이 나오는 가격대가 최적가격이 된다.

그림 11-4 개별가격책정 시 구매자 유보가격분포와 이익계산 그림(가정)

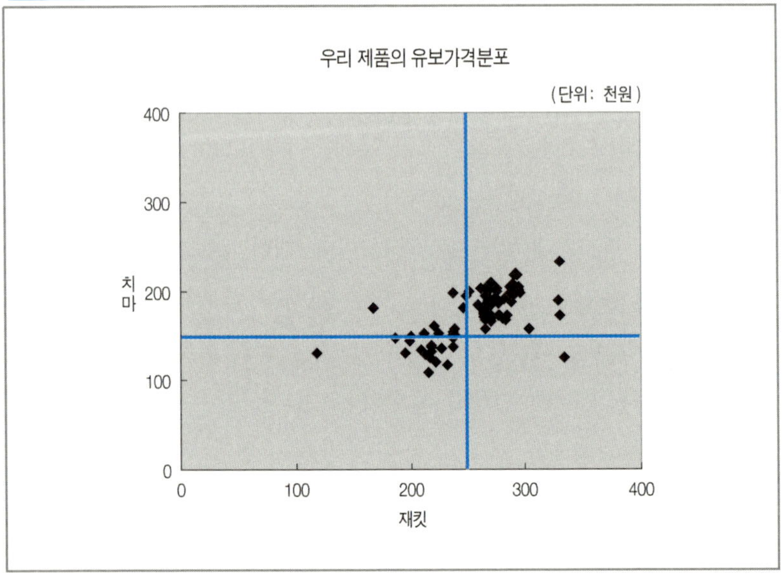

이런 과정을 거쳐 재킷이 25만원일 때 60명이 구매하면서 이익이 극대화되었고, 치마가 15만원일 때 65명이 구매하면서 이익이 극대화되었다면, 개별가격매김의 매출과 이익은 다음과 같다.

총매출은 2,475만원(25만원×60명+15만원×65명=2,475만원)
이익은 1,550만원(15만원×60명+10만원×65명=1,550만원)

이제 묶어 팔 경우의 최적가격을 찾아보자. 먼저 각 고객별로 재킷과 치마의 유보가격을 합한다. 그리고 재킷과 치마의 유보가격의 합 중에서 최고와 최저가격을 찾는다. 그 다음, 만일 최고묶음가격이 시장에 제시되면 아무도 묶은 제품을 사지 않게 되기 때문에, 최고묶음가격에서 가격을 조금씩 내리면서 최저묶음가격에 이르게 된다. 이 때, 각 가격대별로 몇 명이 묶은 제품을 구매하는지를 센다. 이를 통해 판매량과 이익을 계산할 수 있다.

아래의 가상적인 사례의 경우에는 35만원일 때, 85명의 고객이 자켓과 치마를 동시에 구매할 때 이익이 극대화되는 것으로 나타났다. 이 때

매출은 35만원×85명=2,975만원이었고,
이익은 1,700만원(20만원×85명=1,700만원)이었다.

그림 11-5 다발가격가격책정 시 구매자 유보가격 사례와 이익계산

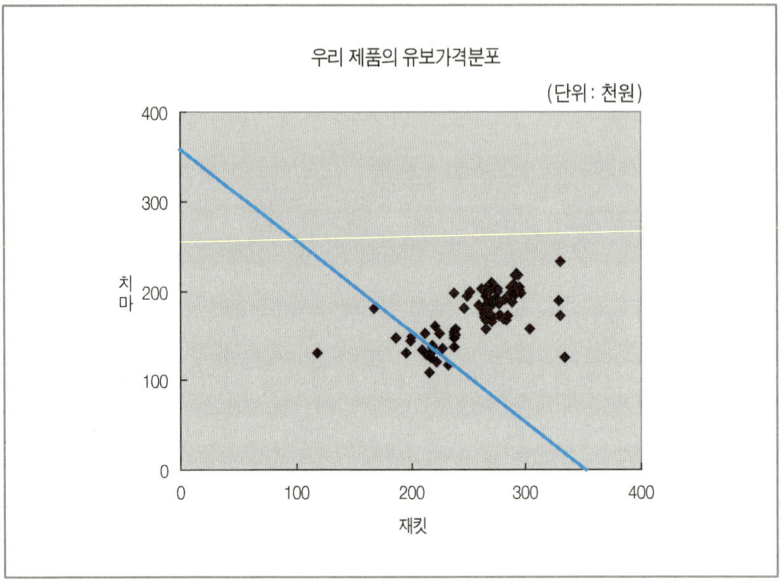

2.3. 제3단계 개별가격매김과 다발가격매김 이익비교하기

위의 과정을 거쳐서 개별가격책정, 다발가격책정별로 이익을 최대로 하는 가격대를 찾은 결과, 개별가격책정시 재킷은 25만원, 치마는 15만원이었고, 이때의 이익은 1,550만원이었다. 한편, 다발가격책정시 재킷과 치마를 묶어서 35만원에 파는 것이 묶은 가격 중 최적가격이었고 그때의 이익은 1,700만원이었다. 따라서 이 우리 회사의 투피스의 경우, 따로 파는 것보다 묶어 파는 것이 더 회사의 이익을 증가시키는 것으로 나타났다.

2.4. 제4단계 최적가격책정 형태 결정

따라서 위의 사례에서는 다발가격매김이 개별가격매김보다 이익이

많으므로, 이 회사는 다발가격매김을 실시해야 한다.

3. 다발가격매김과 개별가격매김 결정을 위한 일반적인 조언

위의 사례는 독특한 유보가격으로 인해 다발가격매김이 개별가격매김보다 많은 이익을 창출하였다. 하지만 반드시 다발가격매김이 개별가격매김보다 이익을 많이 발생시키는 것은 아니다. 따라서 각 기업은 같은 제품을 팔더라도 어떤 형태로 판매하느냐에 따라서 이익이 변한다는 것을 인식하고, 우리 제품에 맞는 최적가격 형태를 찾아볼 필요가 있다. 이를 위해서는 고객의 유보가격분포를 찾고, 비용구조를 확인하여 가격형태별 이익구조를 찾아보는 노력이 따라야 할 것이다.

만약 마케터가 고객의 유보가격을 체계적으로 수집할 수 없는 경우에 개별가격매김과 다발가격매김 중 어느 가격매김 형태를 가져야 할까? 이를 위해 기존 학술연구에서 제시하는 몇 가지 조언을 하고자 한다.

3.1. 한 제품에 대한 유보가격이 높고, 다른 제품의 유보가격이 낮으면 묶어 판다

만약 한 제품에 대한 유보가격이 높은데 다른 제품에 대한 유보가격이 낮으면 묶어 팔아야 한다. 예를 들어 햄버거는 좋아하는데 콜라는 싫어하는 사람이 있고, 콜라는 좋아하는데 햄버거는 싫어하는 사람이 우리 회사의 고객이라면, 이들에게는 묶어 팔아야 한다는 것이다. 학술적으로는 유보가격이 이질적으로 분포되어 있으면 묶어 팔라고

그림 11-6 유보가격이 이질적인 경우에는 묶어 팔아라

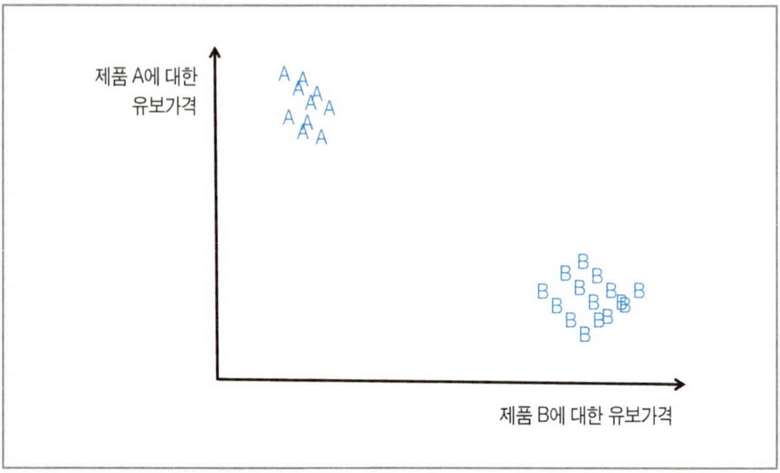

제시한다.

이런 사례의 특수한 경우가 끼워팔기(tie-in)이다. 예전에 마이크로소프트사가 윈도우를 팔면서 익스플로러를 끼워팔았다가 미국에서 법적인 문제가 된 바 있다. 이 경우는 윈도우에 대한 유보가격은 높은데, 익스플로러의 유보가격이 낮으므로 묶어 팔기를 시도한 사례이다.

3.2. 두 제품에 대한 유보가격이 모두 높으면 따로 판다

만약 두 제품에 대한 유보가격이 모두 높으면 굳이 묶어 팔지 말고 따로 팔아야 한다. 예를 들어 피자집에서 피자와 콜라의 판매가 거의 같은 숫자로 동시에 팔리는 경향이 있으면, 굳이 다발로 팔지 말고 따로 가격을 매겨야 한다는 것이다.

그림 11-7 유보가격이 동질적인 경우에는 따로 가격을 매겨 팔아라

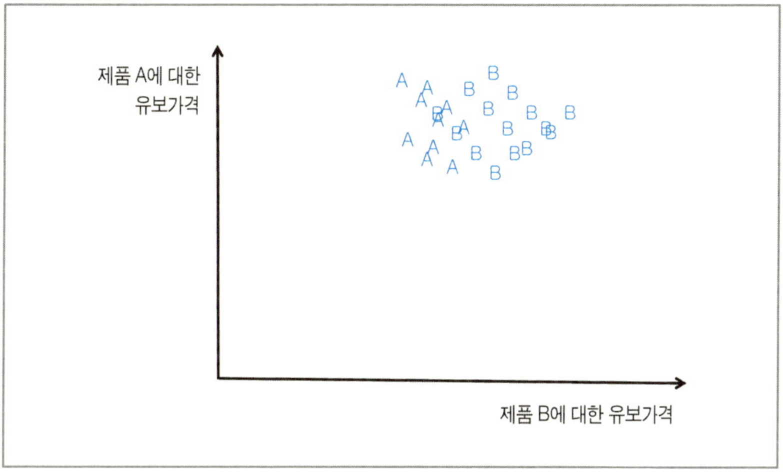

3.3. 두 제품이 서로 보완재이면 묶어 팔고, 대체재이면 따로 가격을 매겨라

만약 PC 본체와 모니터처럼 두 제품에 대한 보완성이 크면 묶어 팔고, 사과와 배처럼 대체재이면 따로 따로 팔아야 한다. 이 때, 보완성이 높으면 묶어 팔 때 가격을 개별매김의 합보다 깎아주는 것보다 오히려 묶어 판다는 이유로 비싸게 가격을 매기는 것을 고려해야 한다. 이런 경우를 프리미엄 번들링(premium bundling)이라 한다.

그림 11-8 다발가격매김과 개별가격매김에 대한 일반적인 조언

1. 유보가격이 하나는 높고, 하나는 낮으면: 묶는다
2. 유보가격이 둘 다 높으면: 따로 판다
3. 유보가격이 둘 다 낮으면: 묶는다
4. 가격 대비 비용비중이 하나는 높고, 하나는 낮으면: 묶는다
5. 가격 대비 비용비중이 둘 다 낮으면: 따로 판다
6. 가격 대비 비용비중이 둘 다 높으면: 묶는다
7. 보완재이면: 묶어 판다
8. 대체재이면: 따로 판다

4. 요 약

우리 회사 고객의 지불하고자 하는 가격 분포가 추가이익 창출을 위한 가격 책정의 기초가 된다. 다시 말해, 우리 회사에 대한 고객들의 유보가격분포를 찾는 작업이 가격매김 형태 결정에 선행되어야 한다.

5. 독자들의 연습장

독자가 자신의 제품에 대해 다발가격매김을 구상할 수 있는 연습을 제공하고자 한다.

- 귀하가 관심있는 제품 또는 서비스 중 Platform이 될 제품이름과 가격을 아래 빈 공간에 적어보십시오.
- 다발로 묶을 다른 제품이름을 적어보십시오.
- 다발로 묶인 제품의 새로운 가격을 적어보십시오.

	Platform 상품이름 ____________ (가격 　　　　)원
Platform과 묶을 제품2 이름 적기 (　　　　) 가격 적기 (　　　　)	새롭게 다발로 묶인 제품 이름 적기 (　　　　) 가격 적기 (　　　　)

- 위의 다발제품을 만든 이유를 적으시오

(　　　　　　　　　　　　　　　　　　　　　　　　　　　　　)

- 위의 새로운 가격으로 인해 가장 기뻐할 목표시장을 적어보십시오.

(　　　　　　　　　　　　　　　　　　　　　　　　　　　　　)

다발가격매김으로 제품을 구성할 경우, 묶어 팔아서 가격이 인하될 수도 있고, 인상될 수도 있음을 명심해야 한다.

- 양복 컵스버튼과 넥타이핀 다발은 묶었을 때가 개별가격매김할 때보다 비싸게 팔린다.
- 넷플릭스를 어느 인터넷통신사와 다발가격매김을 하면 할인해 준다.

다발가격매김의 구성요소는 제품뿐만 아니라 서비스도 가능하다. 더 나아가 사람과 사람도 가능하다.

- '제품+1년간 품질보증'을 합쳐서 가격을 매긴다.
- 성년자(adult)가 비행기 표를 편도로 사면 100의 가격을 매긴다. 하지만 성년자가 비행기 표를 편도로 100을 사면서 동시에 아이를 위한 미성년비행기표(50)를 사면 150의 가격을 매긴다. 그런데 미성년자 아이만 비행기 표를 편도로 사면 100을 매긴다고 공고한다. 하지만 아이가 먼저 100을 사고 아이의 부모인 어른이 해당편의 비행기좌석을 편도요금만 구매하면 공짜(multi-person pricing)라고 광고한다. 그러면 아이들 혼자만 보낼 예정이었던 부모가 총 100을 지불하고 아이를 데리고 편도로 여행하게 된다. 이 어른이 혼자 돌아올 때는 100의 요금을 지불해야 한다.
- Multi-person pricing은 다발가격매김의 일종으로 식당에서 사용할 수도 있다. 어느 식당의 경우 성인 1명당 뷔페값으로 100의 가격을 매겼다. 그런데 성인이 '노인'을 모시고 오면 총 150의 가격을 매긴다. 노인이 혼자 오면 70을 내야 한다. 이런 가격을 매기면 노인은 반드시 성인을 데리고 뷔페에 오게 된다.

Chapter 12 보상판매를 하면 이익이 증가할까?

중국 정부는 경기가 침체되는 것을 막기 위해 금융위기 이후와 코로나19 직후에 승용차와 경량트럭 등 중고차를 새차로 교환할 때 보조금을 지급하였다.

미국 정부는 경기가 후퇴하자 2010년대에 중고차 현금보상 프로그램을 실시하였다.

중국 정부는 농촌의 여객용 구형차량과 도시 버스, 화물 트럭 등을 폐차하고 신차로 교체할 경우 보조금을 지불해 주고 있다.

아이폰 신형이 출시되는 경우에 보상판매를 통해 구형 아이폰을 반납하고 신형 아이폰을 할인된 가격에서 살 수 있다.

이 장에서는 기업이 기존에 판매를 하고 있는 제품의 기능을 향상시킨 신모델을 출시할 경우 어떻게 가격을 책정하는가에 대해 다룬다. 신모델을 구매할 예상고객은 이미 구모델을 사용하고 있지만 신모델로 대체하고자 하는 고객이거나, 신모델을 처음으로 구매하는 고객일 것이다. 일반적으로 전자의 경우를 '대체구매자', 후자의 경우를 '신규 구매자'라 한다.

1. 보상판매란?

보상판매(trade-in pricing)는 고객들이 이미 구입해서 사용하고 있는 구모델에 대한 가치 공제의 한 형태로, 신모델 구입시 구모델의 중고 가치에 해당하는 금액만큼을 구모델로 대신 지급하도록 하는 것을 의미한다. 예를 들면, 고객이 구모델을 판매자에게 반납하는 조건으로 10만원짜리 신모델을 8만원에 살 수 있는 기회를 부여하는 것이다.

이를 통해 기업은 기존고객 중에서 신모델을 구매할 고객을 창출하는 기회를 가질 수 있고, 고객은 새로운 제품을 싼 가격에 살 수 있어서 가격할인의 혜택을 누리게 된다. 이런 목표를 달성할 수 있는 것이 바로 보상판매 가격책정이다.

제품가격을 깎아 주는 기존의 가격할인정책은 모든 고객에게 동일한 할인가격을 적용함으로써 단기적인 이익을 높일 수는 있지만, 장기적으로는 브랜드 이미지에 손상을 가져올 수 있다. 그러나 보상판매는 고객의 구매행동에 따라 차별적으로 할인을 해 줌으로써 구매를 유발시키고, 브랜드 이미지를 향상시킬 수 있는 방법이다. 즉, 신모델을 사는 사람 중에서 구모델을 갖고 오는 사람에 한해서만 가격할인을 해 주기 때문에, 고객별로 가격차별화가 가능하다. 따라서 보상판매는 고객 스스로에게 가격할인 혜택 여부를 판단하게 하는 고객별 가격차별화의 한 형태가 된다.

그림 12-1 보상판매가격책정의 혜택

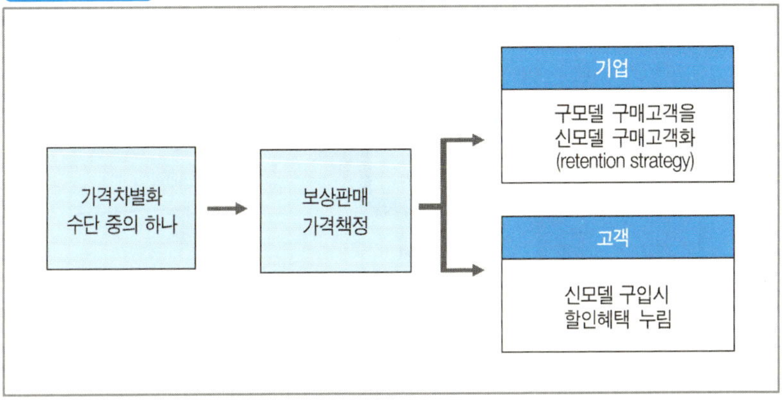

이런 맥락에서 제10장에서 다뤘던 가격체계는 고객 스스로가 구매하는 양을 달리함으로써 가격을 할인받게 되는 가격차별화이고, 제11장에서 다뤘던 가격체계는 고객이 구매하는 제품의 구성에 따라 가격을 달리 제시받는 가격차별화이다. 또한 이 장의 보상판매가격체계는 고객이 구모델을 갖고 오느냐 아니냐에 따라 가격을 할인받는 가격차별화이다.

이와 같은 보상판매는 아래와 같이 다양한 산업에서 사용하는 마케팅가격전술이다.

- 올림푸스코리아는 DSLR 카메라를 출시하면서 보상판매를 실시했다. 보상판매 대상은 올림푸스 제품뿐만 아니라 경쟁사의 제품까지도 포함시켰다.
- LG전자는 디오스 김장독에 대한 보상판매를 실시하자, 삼성전자도 자사의 김치냉장고를 보상판매를 했다.

그림 12-2 가격차별화의 한 수단으로서의 보상판매

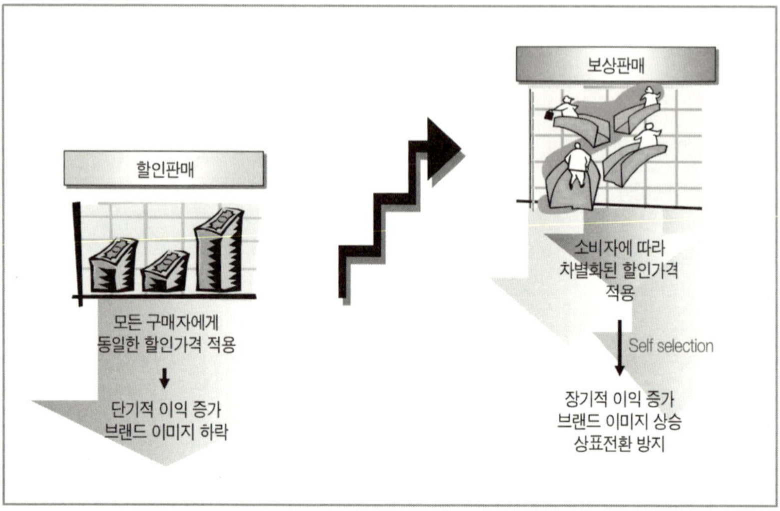

- 현대백화점은 '설날맞이 제수용품 보상판매전'을 열고 제기세트, 차례상, 병풍 등 제수용품을 구입하는 고객에게 제기세트는 5만원, 병풍은 6폭이 3만원, 8폭이 5만원, 자수병풍은 8만원씩 보상판매를 했다.

2. 이익이 증가하는 이유

〈그림 12－3〉에서 보상판매 없이 신모델의 가격을 매긴 경우(P3)에는 C개의 판매가 예상되고, 이때의 매출은 영역 ABCD에 해당한다. 하지만, 구모델을 이미 사용하고 있는 사람들을 대상으로 보상판매를 실시할 경우에는 구모델의 구매시기에 따라 가격을 달리 가져가는 것이

좋다. 왜냐하면 비교적 최근에 구매한 제품을 가져오는 고객과 오래 전에 구매한 고객과 차별을 두어야 하기 때문이다. 따라서 오래 전에 구매한 사람에게 제시될 가격인 P2와 최근에 제품을 구매한 고객에게 제시될 가격인 P1을 포함하여 모두 세 가격이 시장에 제시된다. 이때 기업의 매출은 보상판매를 하지 않았을 경우보다 증가할 수 있다. 왜냐하면, 대체구매자들은 신모델을 신모델의 판매가격인 P3보다 싼 가격(P1, P2)에 구매할 수 있게 됨에 따라 시장가격반응함수의 E와 F에 해당하는 판매가 추가로 이루어지기 때문이다. 그러나 보상판매를 하지 않아도 구모델을 신모델로 바꾸려고 했던 고객들이 많을 경우는 오히려 보상판매로 인해 이익이 감소할 수도 있다. 따라서 보상판매를 통해 가격을 할인해줘야 제품을 구매할 고객이 많을 거라고 예측될 때만 보상판매를 실시해야 된다. 반면 할인해 주지 않아도 신제품에

그림 12-3 보상판매 시 판매량 증가를 보여주는 시장가격반응함수

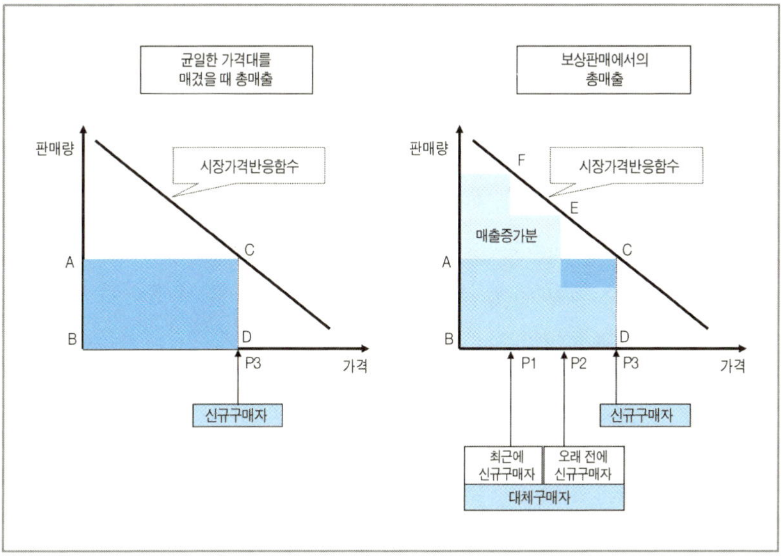

대한 고객의 구매의사가 높은 경우 보상판매가 오히려 기업의 이익을 해칠 수 있다.

3. 보상판매가격책정 과정

보상판매가격책정에서는 구모델을 구매했던 고객에게 신모델을 구매하도록 유도하는 것과 동시에 신규 구매고객에게도 합당한 가격을 제시할 수 있는 방안을 마련한다는 것이 주된 내용이 된다. 따라서 가격책정과정에서도 대체구매고객과 신규구매고객에 대한 종합적인 접근이 동시에 이루어져야 한다. 보상판매가격책정을 위해서는 일반적으로 세 가지 의사결정이 필요한데, 첫째, 보상판매를 실시해야 하는가의 문제, 둘째, 보상판매를 한다면 구모델에 대한 최적 보상가격은 얼마로 할 것인가의 문제, 셋째, 보상판매시 신모델의 최적 판매가격은 얼마로 할 것인가의 문제가 그것이다.

아래에서는 독자의 이해를 돕기 위해 저자가 수행한 경험 중 한 전자업체가 보상판매가격책정을 한 사례를 보여주고자 한다. 이 회사는 경쟁이 없는 독점 제품을 시장에 판매하고 있었는데, 기능이 업그레이드 된 신모델을 개발해 놓고 나서 보상판매 여부를 결정하려 하고 있었다. 그런데, 구모델이 출시된 지 오래되었기 때문에 (1) 최근에 구모델을 샀던 사람과 (2) 아주 오래전에 구모델을 샀던 사람에 대한 별도의 관리 대책이 필요하다고 판단하게 되었다. 그래서 이 회사가 내릴 의사결정은

그림 12-4 한 전자업체의 보상판매를 위한 목표고객 분류

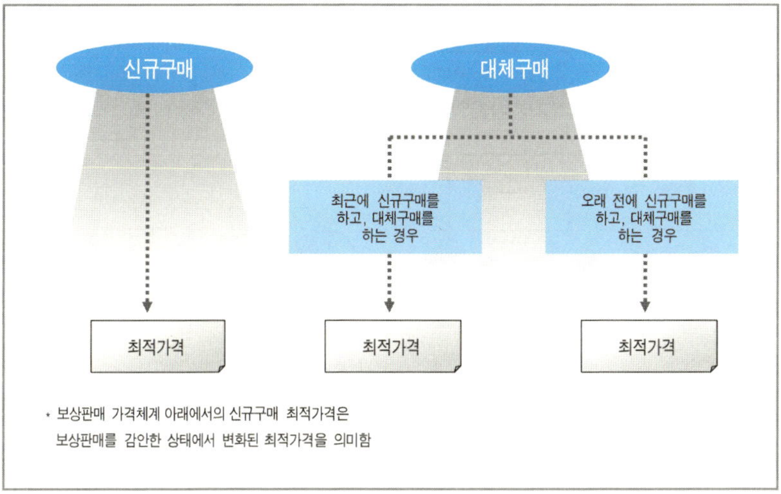

첫째는 보상판매를 실시해야 하는가,

둘째는 보상판매를 한다면 최적 보상가격은 (1)과 (2)의 기존고객들에게 각각 얼마인가,

셋째는 보상판매시 최적의 신모델의 판매가격은 얼마로 할 것인가이었다.

1단계 목표고객 선정하기

먼저 신규구매고객과 대체구매고객으로 목표고객을 구분하고, 대체구매고객은 다시 최근에 구모델을 산 사람과 아주 오래 전에 구모델을 산 사람으로 나누었다.

2단계 컨조인트분석 설문지 작성 및 수집

각 목표고객별로 신모델에 대한 가격반응함수를 도출하기 위해 아

그림 12-5 고객군별 가격반응함수 도출을 위한 컨조인트분석 과정

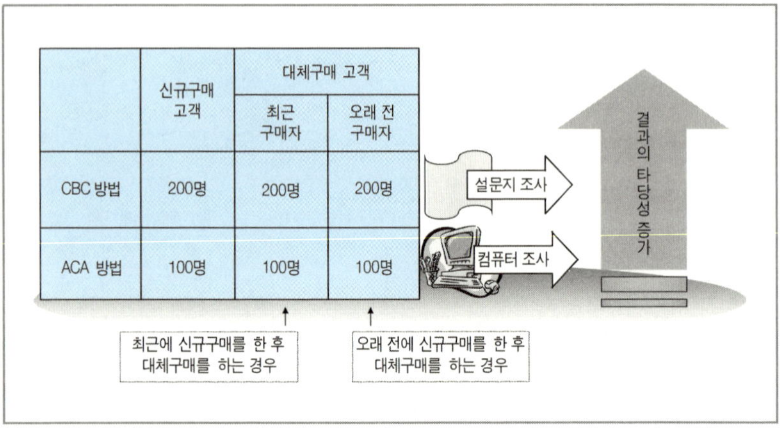

래와 같이 CBC와 ACA 방법을 이용하여 설문조사를 실시하였다.

3단계 개인별 가격반응함수 구하기

위에서 수집된 개인별 컨조인트 설문의 응답결과를 토대로, 개인별 효용값을 산출하였다. 그리고 산출된 개인별 효용값을 이용하여 가격반응함수를 도출하였다.

4단계 보상판매를 안 할 경우의 최적가격 및 이익 추정하기

전체 목표고객의 가격반응함수와 비용함수를 이용하여 보상판매가 없을 경우의 이익을 극대화하는 가격을 산출하는 단계이다. 〈그림 12-6〉은 그 예를 보여주고 있다.

그림 12-6 보상판매를 안 할 경우의 최적가격 도출

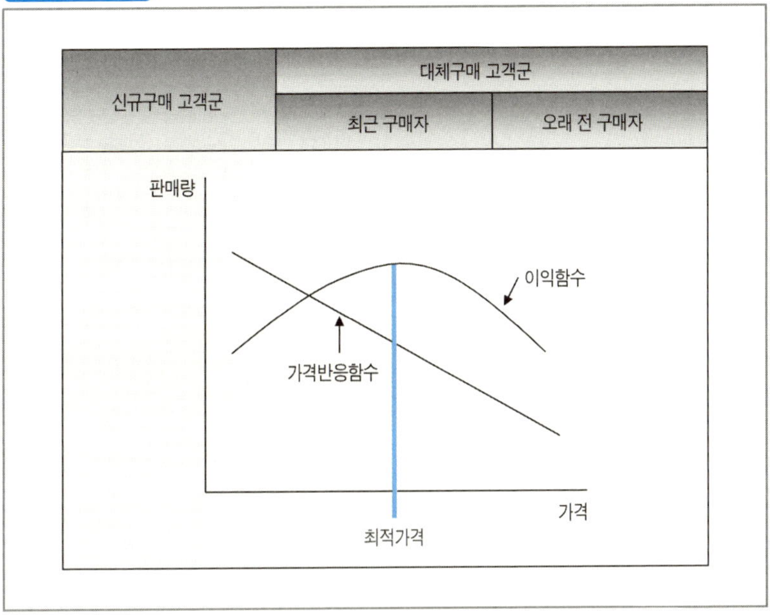

위 그림과 같은 가격반응함수를 이용하면 아래와 같이 각 가격대별 이익과 그에 따른 최적가격을 산출할 수 있다. 이 과정은 장의 신제품 가격책정과정과 동일하다. 〈표 12-1〉은 전체 목표고객의 가격반응함수와 비용함수를 이용하여 최적가격을 확인한 것이다. 이 경우에는 이익을 극대화하는 가격이 40만원이고 그때의 이익은 약 32억원이 되는 것으로 나타났다.

〈표 12-1〉 보상판매를 안 할 경우의 최적가격 도출결과

(단위 : 백만원)

가격	판매액	비용	이익
36만원	28,945	26,211	2,734
37만원	27,112	24,144	2,968
38만원	25,207	22,089	3,118
39만원	23,253	20,054	3,199
40만원	21,245	18,001	3,244
41만원	19,198	16,084	3,114
42만원	17,148	14,168	2,980
43만원	15,101	12,309	2,792

5단계 보상판매를 할 경우 가격책정 및 이익 추정하기

앞에서 살펴본 바와 같이 보상판매를 하지 않을 경우 이익은 약 32억원으로 나타났다. 그렇다면, 보상판매를 실시하게 되면 이익이 어떻게 될까? 이를 분석하기 위해서는 목표고객별로 따로따로 가격반응함수와 비용함수를 이용하여 최적가격을 구하는 작업이 수행되어야 한다.

그림 12-7 보상판매를 할 경우의 최적가격 도출방법

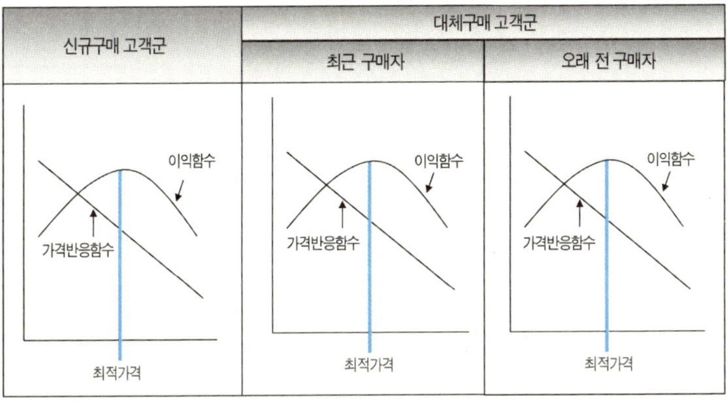

목표고객별로 최적가격이 도출되고 나면 구모델에 대한 보상가격을 책정해야 하는데 그 과정은 다음과 같다.

그림 12-8 일반적인 보상가격 책정방법

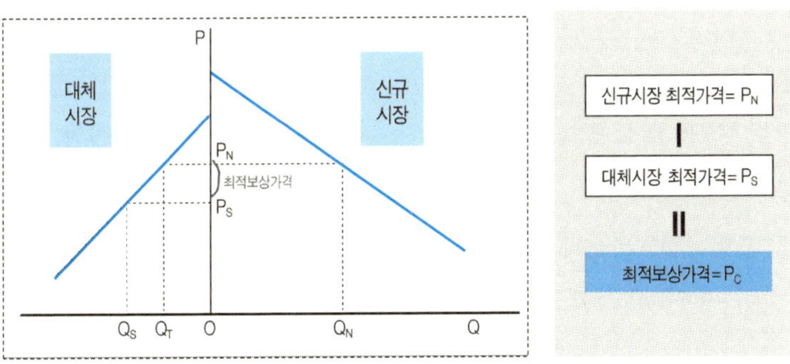

위의 그림에서 보듯이 일반적으로 구모델에 대한 보상가격은 신규

시장의 최적가격(Pn)과 대체시장의 최적가격(Ps)의 차이로 도출한다. 이와 같은 원리를 이용하여 이 장의 사례를 분석해 보면 다음과 같다. 분석결과 신규시장의 최적가격은 41만원이었고, 대체시장(최근 구매자)에서의 최적가격은 22만원, 대체시장(오래 전 구매자)에서의 최적가격은 28만원으로 각각 나타났다. 결국 보상가격은 최근에 구모델을 구입한 고객에게는 41만원에서 22만원을 제한 19만원이 최적이고, 오래전에 구모델을 구입한 고객에게는 41만원에서 28만원을 제한 13만원을 보상해 주는 것이 최적으로 분석되었다. 그리고 이 때의 이익은 다음과 같이 약 40억원으로 나타났다.

그림 12-9 보상판매를 할 경우의 목표고객별 최적가격과 이익 도출결과

시장구분		가격	이익	
신규시장		41만원	15.3억원	
대체시장	최근 구매자	22만원	11.4억원	
	오래 전 구매자	28만원	13.2억원	39.9억원

따라서 이 회사는 보상판매 없이 신모델을 40만원에 판매할 경우의 이익(32억)보다 보상판매를 했을 때의 이익(40억)이 더 높으므로 구모델의 기종별로 19만원과 13만원을 각각 보상해 주는 보상판매를 채택하는 것이 훨씬 유리한 것으로 분석되었다.

4. 요 약

보상판매는 가격차별화의 하나로 구모델을 가져 오는 특정고객만을 대상으로 할인혜택을 주어서 고객차별화를 통한 고객유지전략을 실천할 수 있는 수단 중의 하나이다. 이 보상판매를 위한 의사결정은 세 가지인데, 첫째는 보상판매를 실시해야 하는가? 둘째는 보상판매를 한다면 최적보상가격은 얼마인가? 셋째는 보상판매시 최적의 신모델의 판매가격은 얼마로 할 것인가이었다. 이처럼 보상판매는 단순한 가격전술이 아니라 고객차별화를 위한 정교한 가격전술이기 때문에 분석적이고 전략적인 의사결정이 필수적임을 다시 한번 강조한다.

5. 보상판매의 실행상의 문제점

앞서 살펴본 바와 같이 보상판매는 효과가 매우 많은데 왜 많은 기업들이 보상판매를 자주 실행하지 않는가에 대해 저자들은 다음과 같은 진단을 갖고 있다.

첫째, 보상판매가 익숙하지 않는 산업이 많아 보인다. 일본은 내구재인 자동차부터 비내구재인 속옷까지 다양한 제품카테고리에서 보상판매가 이루어진 역사를 갖고 있다. 하지만 한국은 가전이나 자동차, IT제품 등 특정산업에서만 이루어지는 관행처럼 여기는 것일 수 있다.

둘째, 보상판매의 실행이 너무 어려워보인다. 보상판매의 원할한 진행을 위해 기업이 내려야 하는 의사결정을 정리해 보자.

- 보상판매 실행검토 여부: 보상판매 여부에 따른 정교한 이익/비용 검토가 필요.
- 보상판매의 제품범위: 자사의 기존 상품만 포함하는 경우, 경쟁사의 것도 포함하는 경우
- 보상판매의 할인금액: 일정액을 할인하는 경우, 할인폭이 다양한 경우
- 보상판매의 시간범위: 과거 언제 것까지 보상판매를 해 줄 것인가에 대한 결정
- 보상판매 후 수거된 재고의 처리문제: 예를 들어 자동차 보상판매 후 수거된 자동차를 국내 유통망에 흐르게 하면 중고가격이 폭락

따라서 관행적으로 보상판매가 이루어지는 산업 이외에 다른 산업에서 보상판매를 하기 위해서는 많은 시간과 돈이 필요한 정교한 '계획'이 필요하다. 섣불리 실행할 수 없는 것이다.

셋째, 고객의 보상판매에 대한 부정적 시각이 존재한다고 생각한다. 고객은 보상판매를 하는 상품은 일부러 판매단가가 높다거나, 중고가격이 낮을 것이라는 인식을 가질지도 모른다.

위와 같이 보상판매를 실행하려면 너무나 복잡한 일들이 발생하기 때문에 대기업일수록 이런 의사결정을 내리는 것보다 기존 판매관습을 답습하게 되는 것이다. 하지만 용기있는 보상판매를 멋지게 실시하는 사례도 존재한다.

- 청주고등학교 인근에 위치한 식기도소매상점포에서는 1년 내내 헌 그릇이나 프라이팬을 갖고 오면 새로운 제품을 할인해서 내주는 행사를 진행한다.
- 진주의 어느 골프용품 매장은 중고골프채를 들고 오면 새 골프채를 살 때 할인해 준다.

6. 독자들의 연습장

독자가 자신의 상품에 대해 보상판매를 구사하기 위해서 다른 회사가 어떤 방식으로 보상판매를 하는지 검색하고 학습할 필요가 있다. 더나가 다른 회사의 실행방안을 참조해서 우리 회사 상품의 보상판매를 개발할 수 있다.

다른 회사이름 다른 산업이름	그 회사의 가격지불단위 중 보상판매사례
	-무엇을 대상으로 -무엇을 갖고 오면 -얼마로 할인해서 -캠페인의 실시기간 -캠페인의 실시간격

우리 회사이름/상품	위의 실행결과를 보고 우리 회사에 응용하는 경우의 실행방안
	-무엇을 대상으로 -무엇을 갖고 오면 -얼마로 할인해서 -캠페인의 실시기간 -캠페인의 실시간격 -보상판매량

이제 보상판매 때문에 수거된 옛날제품의 재고처리 대책을 세워보자.

1. 수거지: 고객의 옛날제품이 수거되는 매장 또는 장소적기	2. 수거지에서 저장소까지 운반대책 적기(누가 언제 무엇을 이용해서 이동시킬 것인가. 그리고 비용)	3. 저장소위치와 저장용량 적기(비용 포함)	4. 저장소에서 재고구매처 운반대책적기 (비용 포함)	5. 재고구매처와 cash-inflow 규모적기

첫째, 보상판매 수거제품의 수거지를 결정해 놓아야 한다. 이곳의 연락처와 장소가 명확히 고객에게 전달되어야 한다. 수거서비스의 업무매뉴얼도 개발되어 있어야 한다. 매장직원과 고객 간의 보상판매율에 대한 마찰이 없도록 사전에 보상범위와 보상금액이 결정되어 공고되어야 한다.

둘째, 수거지에서 재고를 일시보관할 창고인 저장소까지 운반대책이 명시되어 있어야 한다. 수거지에서 누가 언제까지 또는 얼마간격으로 수거하여 어떤 운반도구를 사용하여 상품의 손괴를 최소화한 상태로 저장소까지 이동할 것인지를 명확히 해 놓아야 한다. 이 때 발생한 비용도 사전 계산되어 있어야 한다.

셋째, 저장소 정확한 위치와 저장용량이 명확히 계산되어 있어야 한다. 보상판매의 수요예측 시의 수거량이 충분히 저장되어야 한다.

넷째, 저장소에서 재고가 머무는 시간이 최소화되어야 한다. 저장소에서 재고구매처까지 누가 언제 어디서 얼마나 얼마의 비용으로 운반할지를 사전에 정해 놓는다.

다섯째, 재고를 구매해 줄 구매처의 리스트와 각 구매처별 판매단가를 통한 cash－inflow를 명시해야 한다. 사실 재고를 구매해 줄 구매처를 보상판매 이전에 결정해 놓고 계약도 해 놓는 것이 가장 안전한 대처법이다.

가격지불단위 의사결정

Chapter 13

- 사모아항공은 몸무게에 따라 요금을 매긴다. 가격지불단위가 연령이 아니라 몸무게이다.
- 유럽의 어느 케이블카는 날씨가 좋으면 요금을 비싸게 받고, 흐리면 요금을 할인해 준다. 가격지불단위가 날씨다.
- 영화 볼 때 아침에 볼 것인가(조조할인), 밤에 볼 것인가(야간할인)와 같이 구매하는 시간에 따라서 가격이 달라진다.
- 한국의 수박은 대중소 등 눈으로 보는 크기에 따라 가격이 다르다. 중국은 무게를 잰다. 진나라 때부터 그랬다.
- 한국의 영화관람료는 1편을 기준으로 한다. 중국 북경 왕징에 있는 싱메이영화관은 선불로 몇백 위안을 지불하면, 한 달간 무제한으로 영화를 볼 수 있다. 가격지불단위가 '편'이 아니라 '기간'이다.

1. 가격지불단위

가격지불단위(pricing unit)란 가격을 매기는 기준이 되는 단위를 말한다. 한 산업 내부에 있는 많은 기업들은 매우 비슷한 가격지불단위를 가진다. 오래된 특정 산업 내부에서 일정한 가격지불단위를 갖는 것은 관습적인 이유가 가장 크다. 선배들이 이 산업에 종사하면서 익숙한 지불단위를 그대로 사용하는 것이다. 하지만 산업 간에는 독특한 가격지불단위가 발생하기도 한다. 산업만이 갖고 있는 독특한 고객요인, 상품요인, 환경요인이 적용된 결과이다. 따라서 산업간 공통적인 가격지불단위와 이질적인 가격지불단위가 존재한다.

이 장에서는 매우 다양한 가격지불단위가 있다는 사실을 부각시키고, 마케터가 자기 산업에 사용하는 가격지불단위가 얼마나 다양하지 않는지를 느끼게 하는 데 목적을 가지고 있다. 그리고 자신의 산업에서 사용하지 않은 가격지불단위를 개발하여 다양하게 사용하도록 자극하고자 한다.

이미 우리는 지난 다발가격매김이나 보상판매, multi-person pricing를 통해 특수한 가격지불단위를 제시한 바 있다. 이 장의 목적은 앞에서 지적한 일부 특수 가격지불단위 이외에 상식선에서 개발할 수 있는 다양한 가격지불단위를 나열하여 독자들을 자극시키고자 한다.

그림 13-1 특수한 가격지불단위

가격지불단위 점검 (특수사례)		
	다발가격매김	제품 카테고리가 다른 두 개 이상의 제품이나 서비스를 묶어서 판매하는 경우
	Tie-in	우월한 제품에 열위한 제품이나 필수적이지 않은 제품이나 서비스를 묶어서 판매하는 경우
	보상판매	중고제품을 반환하는 조건으로 신제품의 가격을 할인하여 판매하는 경우
	사전 제품+ 사후 서비스 판매	팩스머신을 팔고 나면, 주요 수익이 복사용지에서 나오는 경우처럼 사전판매된 제품과 사후 제공되는 서비스가 연계되어 있는 경우
	복수고객가격 (multi-person pricing)	다수의 사람들을 한데 묶은 뒤 그 그룹을 대상으로 가격을 설정하는 방식

독자들도 놀라겠지만 의외로 매우 많은 가격지불단위가 존재한다. 〈표 13-1〉은 여러 산업에서 사용되는 가격지불단위와 그 사례를 보여준다.

첫 번째, 가장 많이 사용되는 가격지불단위는 수량이다. 동일한 제품에 대해 한 번에 구매하는 양에 따라 수량할인(quantity discount)이라는 명목으로 값을 달리 받는다. 주로 구매하는 양이 많아지면 가격을 낮추어 준다. 협상에 따른 가격책정을 하는 산업에서 많이 사용된다.

두 번째, 동일한 제품에서 구매하는 양의 크기에 따라 가격을 달리 받는다. 주로 용량이 가격지불단위이다. 아이스크림 가게나 커피매장에서 이 방법을 주로 사용한다.

세 번째, 구매하는 시점에 따라 가격을 달리할 수 있다. 24시간 중 특정시간대, 일주일 중 특정요일에, 12개월 중 특정 계절이나 월에 가격변화를 제공하는 경우를 말한다. 영화관의 조조할인이나 야간할인도 이 사례이다.

네 번째, 구매횟수를 가격지불단위로 하는 경우에는 반드시 특정기간 동안에 이루어진 구매횟수를 기준으로 해야 한다. 여러분들은 커피점 등에서 구매할 때마다 쿠폰을 받아본 적이 있을 것이다.

다섯 번째, 구매간 간격(inter-purchase time)은 매우 좋은 가격지불단위이다. 하지만 자주 사용되지 않는 지불단위이다. 주로 이번 구매 후 언제까지 다시 구매하러 오시면 할인해 준다고 유인한다.

여섯 번째, 거래금액은 1회 구매금액이나 특정기간 내 거래금액 총액에 따라 가격을 다르게 매기는 가격지불단위이다. 주로 금액이 클수록 가격을 낮추어 주는 경향이 있다. 백화점의 VIP고객들 중 일부는 이 자격을 유지하기 위해 백화점 내 구매금액을 증가시킨다는 풍문이 있다.

일곱 번째, 제품이 팔리는 장소에 따라 가격이 달라진다. 콜라가 영화관에서 팔리느냐 식당에서 팔리느냐 자판기에서 팔리느냐에 따라 가격이 다르다(〈그림 13-1〉 참조).

여덟 번째, 사용자의 인구통계학적 특성에 따라 가격을 달리 매기는 경우가 대부분이다. 어린이 할인, 노인할인, 여성할인, 군인할인, 청소년할인이 여기에 속한다. 하지만 조직구매자인가 개인구매자인가에 따라 가격이 다른 바이러스백신을 판매하는 안랩도 있고, 한국전력도 있다.

아홉 번째, 사용공간에 따라 가격을 다르게 매길 수 있다. 뮤지컬 등을 보는 공연장은 관람석 위치에 따라 가격이 다르다. 영화관도 관람석 위치에 따라 가격을 다르게 매길 수 있다.

열 번째, 성능에 따라 가격을 달리 매긴다. 품질에 따라 가격이 다르기 때문이다. 자동차 배기량 등이 여기에 해당한다.

열한 번째, 거래기간은 매우 좋은 가격지불단위이다. 협상을 오랫동안 한 업체에게 가격할인을 하거나, 약정기간을 많이 설정한 휴대폰에 저렴한 가격대를 제공하는 것을 말한다. 은행은 상황속도와 거래기간에 따라 대출이자율이 다르다.

열두 번째, 사용자 수에 따라 가격이 달라진다. 호텔에서 공용화장실은 가격이 무료거나 저렴하고, 독점 화장실을 사용하는 경우에는 가격이 높다.

열세 번째, 색상도 역시 가격지불단위이다. 아이폰이 무채색만 사용하다가 유채색을 사용하자마자 수요가 급증하였다. 이렇듯 색상은 구매를 자극하므로 색상이 다르면 당연히 가격이 달라야 한다. 일부 자동차회사가 동일한 상표지만 색상이 다르면 가격을 달리매긴다. 금의 색상도 보면 14K, 18K, Rose gold와 같이 함량과 색상에 따라 가격이 다르다.

열네 번째, 지불수단에 따라 가격을 달리할 수도 있다. 카드를 사용하면 가격을 올려받는 나쁜 관행이 우리나라에는 있다.

열다섯 번째, 날씨에 따라 가격을 달리 받는 경우가 있다. 스페인과 일본에서 온도에 따라 콜라요금을 달리 받은 바 있다. 케이블카 요금이 흐린 날씨와 맑은 날씨에 따라 달라지기도 한다.

〈표 13-1〉 가격지불단위의 다양한 사례

가격지불단위	원리와 사례
구매수량	한번에 구매하는 양에 따라 가격이 다르다. - 미국 Texas Tech University는 2학기를 동시에 등록하면 등록금을 10% 할인해 준다.
구매용량 (크기)	한번에 구매하는 제품의 용량에 따라 가격이 다르다. - 스타벅스에서는 short, tall, grande라는 용량 크기에 따라 동일한 커피의 가격이 다르다. - 배스킨라빈스는 pint 등의 용량에 따라 가격을 부과한다.
구매시간	특정시간/요일/월에 따라 가격이 다르다. - 영화관은 아침에 오면 조조할인해 준다. - 진주의 탑마트는 수요돌풍이라고 해서, 수요일과 목요일에 제품가격을 낮추어 준다. - 에어콘을 겨울철에 할인판매한다.
구매횟수	특정 기간 동안에 구매횟수에 따라 가격이 다르다. - 증권의 선물옵션거래는 한 달 기간 동안의 거래 횟수에 따라 수수료가 다르다. - 커피매장에서 10번 커피를 구매하면 한 번 무료로 커피를 준다.
구매간격	구매와 구매 사이에 간격이 좁으면 가격을 달리 매겨준다. - 일주일 안에 다시 오는 고객에게 도미노 피자는 가격을 할인해 주는 경우가 있다.
거래금액	1회 구매금액이나 특정기간 내 거래금액 총액에 따라 가격이 다르다. - 한꺼번에 구매하는 금액에 따라 백화점은 사은상품권의 가격이 다르다. - 증권사는 한 번 주식을 매매할 때, 그 금액의 크기에 따라 수수료율이 다르다.
장소	제품이 팔리는 장소에 따라 가격이 달라진다. - 콜라가 영화관에서 팔릴 때와 자판기에서 팔릴 때 가격이 다르다
사용자	사용자가 누구냐에 따라 가격을 달리 매기다. - 직업할인: 군인할인, 학생할인, 청소년할인 - 안랩의 바이러스 백신(기업 또는 개인) - 전기요금(기업 또는 개인)

공간	사용공간에 따라 가격이 다르다. - 뮤지컬 R석, S석 - 파리 카페는 테라스, 매장 안 테이블, 매장 안 스탠드에 따라 커피 가격이 다르다.
성능	성능에 따라 가격을 달리 매기다. - 2,000cc, 3,000cc의 배기량에 따라 가격이 다르다. - 100수, 200수에 따라 옷의 가격이 다르다. - 영화 볼 때 2D보다 3D영화 비싸다.
거래기간	거래기간에 따라 가격을 달리 매기다. - 휴대폰의 약정거래 기간에 따라 달라지는 가격
사용자수	사용자수에 따라 가격을 달리 매기다. - MS가 조직에 자사의 프로그램을 판매하는 경우에 해당 프로그램을 이용하는 사람의 숫자에 따라 가격을 달리 매기는 사례가 여기에 속한다.
색상	색상에 따라 가격이 다르다. - 2020년 메르세데스벤츠 E250은 외장컬러에 따라 추가비용을 받는다. 기본 유료 컬러는 selenite grey magno, diamond white bright, hyacinth red metalli이다. 이 색상을 선택하면 74만원에서 395만원의 비용을 추가지불한다.
지불방법	지불방법에 따라 가격이 다르다. - 옷가게 가서 옷을 살 때 현금 주면 싸고 카드로 결제하면 비싸다.
거래통로	거래가 이루어지는 채널이나 통로에 따라 가격이 다르다. - 증권사 주식 거래 통로는 여러 개이고, 이 통로별로 수수료가 다르다(HTS, 지점거래).
원산지	원산지에 따라 가격이 다르다. - SEIKO 시계는 중국산은 싸고 일본산은 비싸다. - 중국 영화시장에는 미국영화는 비싸고 본국영화는 싸다.
날씨	날씨 상황에 따라 가격이 다르다. - 스페인에서는 온도에 따라 콜라요금을 달리 받은 적이 있다. - 유럽 어느 케이블카 요금은 날씨가 좋으면 비싸고 나쁘면 싸다.

그림 13-2 구매하는 장소에 따라 가격이 달라지는 경우(콜라 사례)

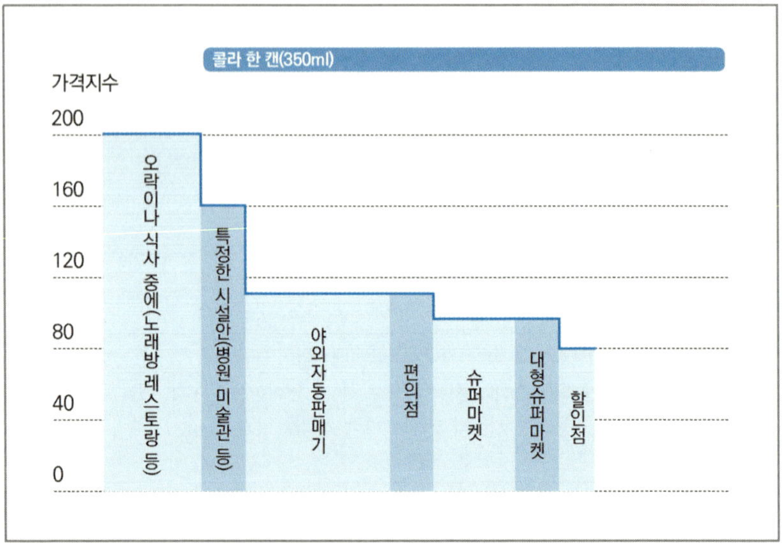

2. 이익이 증가하는 이유

우리는 이미 비선형가격책정이나 다발가격매김, 보상판매를 다룰 때, 고객이 선택할 수 있는 가격의 종류가 많으면 많을수록 판매액과 이익이 증가한다고 역설한 바 있다. 동일한 논리로 고객에게 제시되는 가격지불단위가 많으면 많을수록 고객이 스스로 선택할 수 있는(self-selection) 폭이 넓어져서 판매자의 판매액과 이익이 증가하게 된다.

3. 중국 극장산업 사례

〈표 13-2〉는 중국 상해에 있는 CGV와 인근 경쟁극장이 시행하고 있는 가격전술을 가격지불단위로 정리해 본 것이다. 중국은 영화가격이 자율화되어 있다. 만일에 가격자율화가 시행된다면 한국의 영화극장산업 종사자가 참고하기에 좋은 보기이다. 독자들은 극장산업과 같

〈표 13-2〉 중국 CGV상해 지역 영화관의 가격지불단위

가격지불단위	가격전술
1회 구매량	- 2장이면(couple) CGV 20% 할인(커플 요금제) - 단체 구매하면 할인(단체구매)
시간	- CGV 화요일 50% 할인(현장구매 중 요일할인) - CGV 목요일~일요일 오후 2시 전에 할인(현장구매 중 요일/시간할인) - 万达国际影城 화요일, 수요일 50% 할인(현장구매 중 요일할인) - 星美正大影城, 永华电影城 12:30 전에 50% 할인, 22:00 이후 50% 할인(현장구매 중 시간할인)
영화제작년도	- 새롭게 상영한 영화는 비싸다(제작년도할인). - 옛날에 개봉한 영화를 재상영하고 있는데, 새로운 영화보다 저렴한 관람료를 지불한다.
구매통로	- Gewara(상해지역 최대 공동구매사이트)에서 구매하면 할인(인터넷에 구매 할인) - 공동구매에서 구매하면 할인(인터넷에 공동구매 할인) - VIP카드로 구매하면 20%~50% 할인(현장구매 회원할인)
연령	- 万达国际影城 70세 이상 노인 50% 할인(현장구매 연령할인)
직업	- CGV 학생 20~35위안 특가표 있다(현장구매 직업할인). - 万达国际影城 학생 군인 50% 할인(현장구매 직업할인)
원산지	- 수입영화는 비싸고 국산영화는 싸다(현장, 인터넷에서 원산지에 따라 할인).
상영관 종류	- 시설차이에 따라 영화 가격이 다르다(현장, 인터넷에서 상영관 종류할인).

은 특정산업에서 얼마나 많은 가격지불단위가 존재할 수 있는지를 보고 놀랄 것이다.

4. 가격지불단위의 산업간 차이

독자들이 다른 산업의 가격지불단위에 관심을 갖게 하기 위해 〈그림 13-3〉을 준비했다. 증권업과 은행업의 가격지불단위를 비교한 것이다. 증권업에는 있는데 은행업에는 없는 가격지불단위는 거래건수이다. 은행도 증권사처럼 일정 기간 내 거래 건수에 따라 수수료를 달리 해 볼 수 있을 것이다. 반대로 은행업에는 있는데 증권업에는 없는 가격지불단위가 거래시점과 공동마케팅분야이다. 증권사는 거래시점에 따라 수수료를 달리 받을 수 있지 않을까 고민해야 한다. 이렇게

그림 13-3 증권업과 은행업의 가격지불단위 비교

- 증권업 지불단위변화와 은행업 지불단위변화를 비교함으로써, 새로운 지불단위를 모색해 봄
- 은행업에는 있는데 증권업 지불단위에 없는 것은 거래시점 가격책정과 거래묶음 가격책정임
- 증권업에는 있는데 은행업 지불단위에 없는 것은 거래건수 가격책정과 거래종목 가격책정임

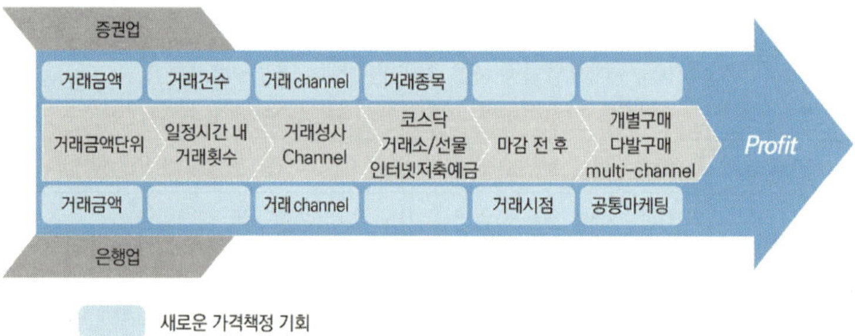

한 산업의 마케터는 다른 산업의 가격지불단위를 파악함으로써 우리 산업에서 사용할 수 있는 새로운 가격지불단위를 만들어 낼 수 있다.

5. 요약과 연습

다양한 산업에서 다양한 가격지불단위를 갖고 있음을 알 수 있다. 마케터는 끊임없이 다른 산업의 가격지불단위를 관찰하고, 이를 우리 산업에 적용할 수 있을지를 검토해야 한다.

이제부터 저자들과 함께 독자들은 weverse shop이라는 K-Pop 굿즈판매 앱의 가격지불단위를 검토하고 다른 산업에서 사용하는 가격지불단위를 사용할 수 있는지 판단해 보자.

먼저 다른 산업이나 회사가 사용하고 있는 가격지불단위를 나열해 보았다. 구매수량, 구매횟수, 거래금액, 사용자, 거래기간. 이렇게 5개의 가격지불단위 중 아직 weverse shop을 사용하고 있지 않는 지불단위는 '사용자'단위를 제외한 4가지였다. 고객시각에서 저자가 검토한

그림 13-4 weverse shop 가격지불단위의 가상적 검토

가격지불단위	Weverse shop에서 사용여부	다른 산업 적용사례	Weverse shop적용가능성검토(고객시각)
구매수량	NO	오리온 초코파이 12개입 대비 24개입 수량할인	한꺼번에 특정 굿즈를 *개 이상 구매고객에게 할인해 줄 수 있지 않나!
구매횟수	NO	증권사 선물옵션 거래는 1달간 거래 횟수에 따라 수수료가 다름	발매 후 1개월 안에 고객별 구매횟수가 *회가 넘으면 일정 %를 payback해주면 좋겠네!
거래금액	NO	백화점 GOLD VIP클럽고객은 1년에 3000만원 이상 구매 시 각종 서비스를 제공받음	구매금액이 1년에 **원 이상이면 VIP로 별도 관리하면 팬들에게 공정성문제 야기. 안되겠네!
사용자	YES (ARMY이면 온라인콘서트 할인)		3번 이상 ARMY로 등록한 팬을 더 할인해 주어야 되지 않나?
거래기간	NO	은행은 거래기간에 따라 적용이자율이 다름	ARMY 1기, 2기, 3기, 4기, 5기, Global ARMY 각각 다른 할인율 적용해야 한다!

결과를 보면 거래금액을 지불단위로 사용할 경우 팬들 간의 공정성 문제가 야기될 것으로 예상되어 이를 제외하였다. 따라서 저자는 이 회사에 적어도 3가지 가격지불단위를 사용하여 새로운 가격정책을 고객들에게 제시할 것을 권고할 수 있다.

이렇게 다른 산업이나 회사가 사용하는 가격지불단위를 목격하고, 회사에 도입할지의 여부를 검토해 보아야 한다. 기본적으로 가격지불단위의 증가는 고객이 선택할 수 있는 가격옵션을 증가시켜 회사의 이익을 〈그림 13-5〉처럼 증가시킨다.

그림 13-5 가격지불단위 증가를 통한 이익삼각형 구현

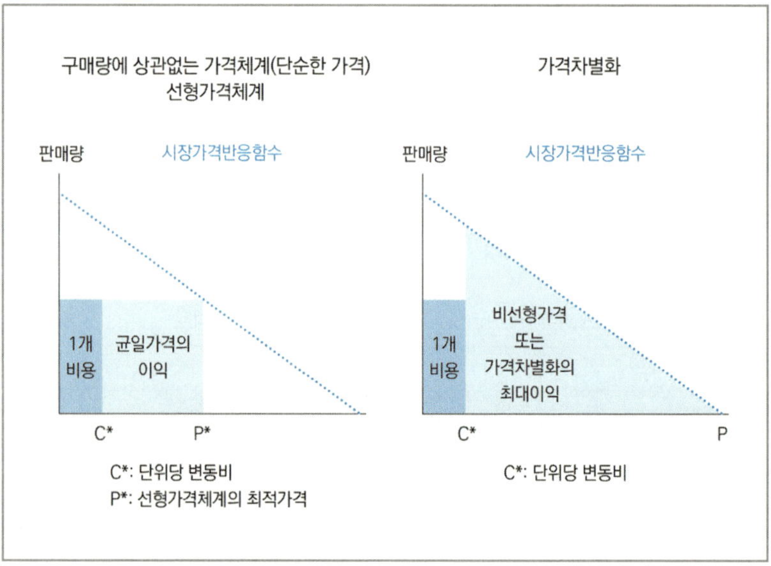

앰비그램(ambigram)을 이용한 신제품 개발과 가격지불시점변경(돈을 나중에 내게 할까? 먼저 내게 할까?)

Chapter 14

- 중국 CGV에서는 VIP카드를 살 수 있다. 이 카드를 사면, 영화를 관람할 때마다 반 값만 지불하고 영화를 볼 수 있다. 영화가격을 미리 지불한 셈이다(선불제).
- 미국의 대학생들은 정부로부터 학자금을 대출받아서 대학을 다니고 대학을 졸업할 수 있다. 졸업 후 몇 십년에 거쳐 학자금 대출을 나누어 갚으면 된다. 오바마 대통령은 대학교 때 빌린 학자금 대출을 대통령 재임기간에야 다 갚았다(후불제)
- 짜장면을 배달시키면 배달과 동시에 돈을 지불해야 한다(현금 박치기)

지금까지의 다루어진 가격전술은 최적의 가격수준을 정하거나 최적의 가격체계 또는 가격지불단위를 개발하는 것이다. 이 장에서는 최적의 가격지불시점을 검토하게 된다. 이를 위해 앰비그램(ambigram)이라는 것을 소개한다. 이를 응용하여 마케팅가격전술 중 가격지불시점의 변경을 통해 신상품을 만들어 판매량과 이익을 증가시켜 본다.

1. 앰비그램이란?

'글자를 뒤에서부터 거꾸로 읽는 게 아니라, 아예 위와 아래를 뒤집어놓고 읽을 수 있는 단어나 문장을 만드는 것', '글자나 그림을 180도 돌려보아도 위아래가 같은 모습으로 읽혀지는 것' 이것을 앰비그램(ambigram)이라 한다. 〈괴델, 에셔, 바흐〉의 저자 더글러스 호프스태터라는 사람이 만든 신조어이다. 진중권은 〈놀이와 예술 그리고 상상력〉이라는 책에서 앰비그램을 글자나 그림의 위아래를 뒤집어 놓고 보는 일종의 물구나무 세우기라고 정의하고 있다. 앰비그램에 대한 몇 가지 사례를 간단한 것부터 복잡한 것 순서대로 나열해 보자.

- 우리 말에는 초성, 중성, 종성을 거꾸로 해도 말이 되는 말이 있다. 우리 말의 '곰'이라는 글자를 거꾸로 세우면 '문'이라는 말이 된다.
- KBS 2TV 〈상상플러스〉에 출연한 영화배우 최민수는 어릴 적 학창시절에 포르노 비디오를 보았다는 표현을 '노루표'라고 말했다. 이것은 우리의 속어들 중에서 앰비그램을 사용하고 있는 것이 많다는 것을 의미한다.
- 〈궁〉이라는 드라마에서 황태자비로 등장하는 윤은혜는 회문(回文)시를 만들어 등장인물을 놀라게 하는 장면이 있다. 황제 가족이 정자에 앉아서 차를 마시면서 시를 한 수씩 읊는 장면이었다. 회문이란 바로 읽으나 거꾸로 읽으나 뜻이 통하는 문장을 말하는 것으로 지어진 한시를 거꾸로 해서 다른 의미를 만든 것이다. 그가 노래한 시는 다음과 같다.

花香滿園亭[화향만원정] 꽃이 만원정에 향기로우니
亭園滿香花[정원만향화] 정원이 꽃 향기로 가득하구나.

가령 이규보의 〈美人怨〉에는 첫 소절이 '腸斷啼鶯春[장단제앵춘] 꾀꼬리 우는 봄날 애간장 타는데'로 시작되는데, 이 시의 맨 마지막엔 '春鶯啼斷腸[춘앵제단장] 봄 꾀꼬리 우는 소리에 애간장 타누나'로 끝난다. 이 두 소절은 완벽하게 한문을 거꾸로 쓴 것이다.

그림 14-1 앰비그램의 사례

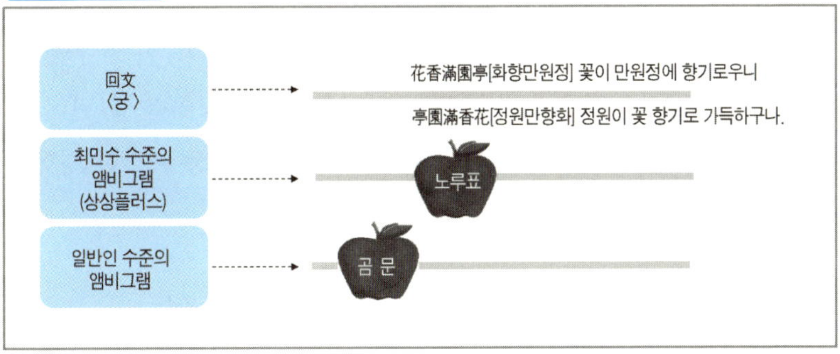

더 복잡한 형태가 〈다빈치 코드〉의 저자 댄 브라운의 소설 〈천사와 악마〉에서 나타난다. 이 소설에서는 살해당하는 시신마다 정교한 '앰비그램'이 낙인 찍혀 있다. 작가인 댄 브라운이 만든 것은 아니고, 디자이너인 존 랭던이라는 사람이 댄 브라운의 부탁을 받고 소설 〈천사와 악마〉를 위해 만든 것이다. 댄 브라운이 이 디자이너의 이름을 따서 소설 속의 주인공인 로버트 랭던의 이름을 지었다는 설도 있다. 〈그림 14-2〉는 이 소설의 첫 희생자의 몸에 새겨져 있던 '일루미나티'라는 문구의 앰비그램이다. 거꾸로 읽어도 '일루미나티'이다. 참고로 air라는 단어의 앰비그램도 첨부하였는데, 거꾸로 읽어도 air이다.

그림 14-2 앰비그램의 디자인 사례(illuminati, air)

[illuminati] [air]

스페인 화가 살바도르 달리의 그림 〈코끼리를 비추는 백조〉를 보면 이미지를 뒤집는 도구로 호수의 수면이 사용되고 있다. 이 호수에 뜬 세 마리 백조가 수면에 드리운 그림자는 코끼리 형상이다. 그런데 그림을 뒤집어도 똑같은 이미지가 나타난다. 이것이 가장 복잡한 형태의 앰비그램이라 할 수 있다.

2. 앰비그램과 제품/서비스개발

앰비그램을 마케팅에 응용하면 기존에 있던 것의 순서를 앞뒤를 정확히 바꾸어서 새로운 의미를 고객에게 주는 것으로 해석할 수 있다. 가령, 제품의 구성요소나 제품의 사용순서를 정확하게 바꾸면 새로운 제품이 된다. 〈슈퍼맨〉이라는 영화의 주인공인 크리스토퍼 리브의 옷, 〈원더우먼〉의 옷, 〈우뢰매〉에서 심형래가 입은 옷. 가수 마돈나가 공연 중에 입은 옷, 야구선수들의 유니폼에서의 공통점은 무엇일까? 그것은 속옷과 겉옷을 거꾸로 입었다는 것이다. 이것이 제품에 응용된 앰비그램이다. 겉옷과 속옷을 입는 순서를 완벽히 반대로 함으로써 새로운 패션과 정체성(identity)을 만든 것이다.

〈슈퍼맨〉이라는 영화의 주인공 크리스토퍼 리브나 이 시리즈물의 다른 주인공이 착용한 옷을 보면, 스타킹류를 먼저 입고 그 위에 팬티를 입었다. 〈우뢰매〉의 경우에도 빨간 타이즈를 먼저 입고, 그 위에 사각 속옷의 변형된 옷을 입었다. 야구선수들은 긴팔 옷을 입고 나서, 반팔 옷을 입는다.

그림 14-3 앰비그램의 마케팅적 응용

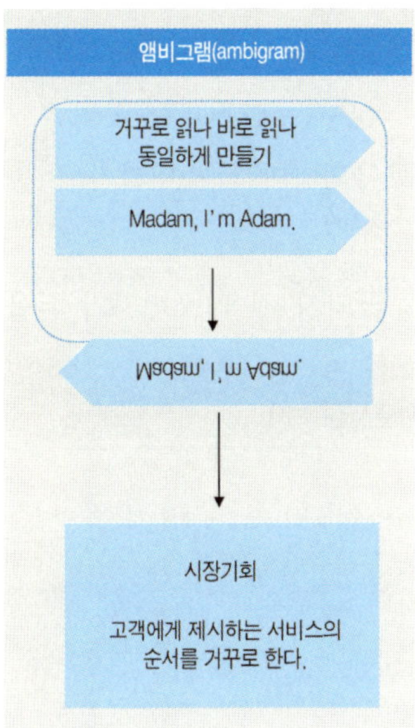

또한 서비스의 제공순서가 정확하게 바뀌면 새로운 서비스가 된다. 가령, 남자들이 이발을 위해 이발소에 가면 머리를 손질한 후에 머리

를 감겨준다. 하지만 동일한 남자가 미장원에 가면 머리를 감겨 준 다음에 머리를 손질해 준다. 순서가 완벽하게 바뀌어져 있다.

3. 앰비그램을 이용한 가격지불시점변경

제품과 서비스를 제공하고 가격을 주고 받는 교환과정을 크게 아래와 같이 세 부류로 구분할 수 있다.

제품과 서비스가 공급되고 나서 일정시간이 지난 후 소비자로부터 돈을 받는 '제품공급 이후 돈 받기'(어음, 외상)

제품과 서비스가 공급되자마자 소비자가 돈을 지불하는 '제품공급 시점 돈 받기'(현금 박치기)

제품과 서비스가 공급되기 전에 소비자가 돈을 지불하는 '제품공급

그림 14-4 가격지불시점 차이

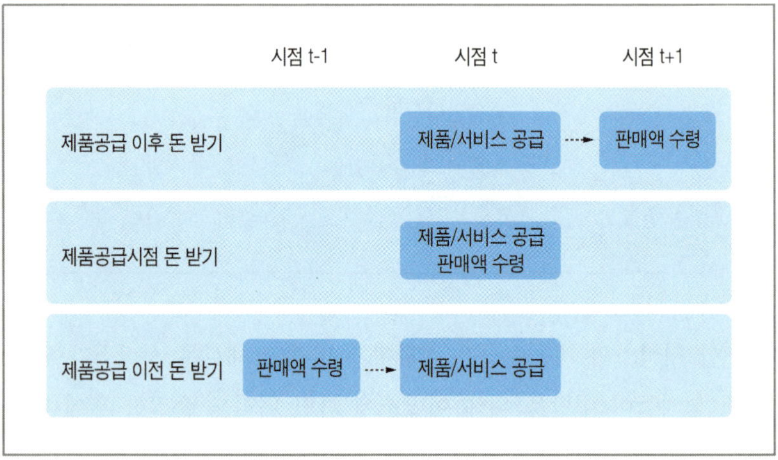

이전 돈 받기'(입도선매)

위의 세 보기 중 마케터의 입장에서는 3번 항을 가장 선호하게 된다.

'제품공급 이전 돈 받기'의 장점은 다음과 같이 세 측면에서 살펴볼 수 있다. 우리 회사 측면에서는 돈을 미리 받기 때문에 현금흐름이 좋아지고, 소비자 측면에서는 돈을 미리 지불하는 대신에 가격할인 등의 혜택이 있으며, 경쟁사 측면에서는 돈을 미리 지불한 고객은 쉽게 상표전환을 유도하기 어렵다는 점이다.

그림 14-5 지불시점변경의 이익

	자사(회사) 측면	소비자 측면	경쟁사 측면
장점	▪ 고객의 안정적인 유지가 가능하다(retention 전략가능), 경쟁사에게 고객을 뺏길 염려가 적어진다. ▪ 현금흐름이 좋아진다. ▪ 제품/서비스의 판매예측이 사전에 가능해져서, 생산효율성을 높일 수 있다. ▪ 매출증대여지가 있다(미리 돈을 냈기 때문에 구매를 늘리는 현상이 발견된다) ▪ 사족: 가끔은 고객들이 미리 돈 낸 사실을 잊어버리기도 한다.	▪ 가격을 미리 지불함으로써 안정적인 제품/서비스 공급을 확보하게 된다. (골프회원권으로 booking하기 쉬워진다) ▪ 가격을 미리 지불함으로써 할인혜택을 얻을 수 있는 기회를 가지는 경우가 많다. (이런 할인혜택으로는 인해 같은 돈으로 더 많은 양을 구매할 수 있다)	▪ 경쟁사에게 고객을 빼앗아 오기가 힘들어진다.

'제품공급시점 돈 받기'에서 '제품공급 이전 돈 받기'로 가격지불시점을 옮긴 사례나, 두 가격지불시점을 동시에 제공하고 있는 사례는 제품/서비스 등에서 다양하게 나타나고 있다.

- K-Pop 아티스트 팬클럽 가입비
- 한국도로공사의 고속도로 사용자가 이용할 수 있는 할인카드 정액권
- 지하철의 충전카드
- 골프장 회원권
- 콘도 회원권
- 김장배추를 확보하기 위해 밭떼기로 배추를 확보하는 경우
- 가전회사에서 판매하는 가전을 구매할 때 몇 년치의 서비스를 받을 수 있는 조건으로 미리 돈을 내는 제도를 만든 경우
- 영화관이나 극장의 선불카드

'제품공급 이전 돈 받기'를 하기 위해서는 많은 분석과 의사결정을 필요로 한다. 첫째, 고객 측면에서는 고객들이 돈을 미리 낼 만한 충분한 이유를 제공해야 한다. 주로 가격할인이나 이용편리성 증대 등과 같은 소비자행동 자극요인이 이용된다. 가령 골프회원권을 사는 이유는 booking하기 쉽다거나 1회 이용비용이 저렴하기 때문이다. 또한 교통카드와 같이 매번 돈을 준비하는 것보다는 카드 하나로 빠른 시간 내에 요금소를 지날 수 있다는 장점이 있기 때문이다.

둘째, 고객 측면에서 검토해야 할 문제는 어느 집단을 대상으로 지불시점변경제도를 시행할 것인가 하는 문제이다. 과거 어느 증권사는 얼마의 돈을 미리 내면 1년 동안 이루어지는 모든 거래에 적용하는

수수료를 아주 저렴하게 하는 제도를 시행하고 있는데, 이것은 고액계좌를 대상으로 한 특별할 가격할인제도이다. 이렇게 특정집단만을 대상으로 지불시점을 변경할 수도 있고, 전체시장을 대상으로도 가격지불시점을 변경할 수도 있다.

셋째, 경쟁사 측면에서는 가격지불시점변경으로 가격경쟁을 촉발시켜서는 안 된다는 고려가 있어야 한다. 가격지불시점변경이 자칫 가격인하처럼 눈에 띄게 시행된다면 경쟁사 간의 가격인하를 초래할 가능성이 있고, 이런 가격인하는 시장참여자의 이익을 저해하기 때문이다.

넷째, 회사 측면에서는 이런 가격시점변경이 다른 경쟁산업과의 경쟁에서 우위를 차지할 수 있는 계기로 사용되어야 할 것이다.

그림 14-6 가격지불시점변경을 위한 고려사항

	4C 분석		고려 사항
Consumer	고객이 받는 혜택 구체화	→	고객이 미리 돈을 지불할 혜택을 크게 보이게 해야 함
	어느 집단에게 이 제도를 제공할 것인가?	→	'제품공급 이전 돈 받기'에 민감한 집단이 따로 있음
Competitor	업종 내 경쟁심화	→	이 제도가 시장전체이익을 감소시킬 가능성 있음 (증권사가 대표적임)
Company	업종 간 경쟁에 도움	→	이 제도는 업종 내 경쟁보다는 업종 간 경쟁에 도움이 됨 (골프 회원권은 레저산업 간의 경쟁에서 우위를 줌)
	맞춤 서비스 체제로 이행	→	이 가격지불시점변경을 채택할 수 있는 기회와 선택하지 않아도 되는 선택기회를 부여해야 함
	안정적 수익구조	→	미리 고객이 내야 하는 가격이 얼마이냐에 따라 회사이익이 모두 달라지므로, 분석적 방법이 필요
Channnel	채널 간의 갈등요인이 없어야	→	이 가격제도로 인해 채널과의 갈등이 초래되어서는 안됨

다섯째, 회사는 이 가격지불시점변경을 선택하지 않는 고객들이 소외되는 느낌이 없도록 각별히 주의해야 한다.

여섯째, 이 가격지불시점변경은 미리 돈을 내는 것이기 때문에 얼마의 가격을 미리 내게 할 것인가 하는 분석적인 방법이 반드시 선행되어야 한다.

일곱째, 가격지불시점변경이 영업망에서 받아들여지지 않거나 갈등을 일으키는 사례가 보고된 바 있다. 마케터는 가격지불시점이 채널 간 혹은 채널 내에서 야기시킬 지도 모르는 갈등을 사전에 검토해야 한다.

가격지불시점에 대해 살펴보면 산업별로 재미있는 현상이 목격된다.

첫째, 산업마다 지불시점이 다른 경우가 있다. 교통카드는 돈을 미리 내고 도로를 나중에 이용한다(제품공급 이전 돈받기). 중국집에 짜장면을 배달시켰더니 8분 후에 음식을 들고 나타났다. 그래서 3,000원을 지불하고 짜장면을 먹었다(제품공급시점 돈 받기). 친구 중의 하나는 꼭 외상으로 짜장면을 배달해 먹는다(제품공급이후 돈받기). 이렇게 산업마다 제품이나 서비스의 교환시점과 가격의 지불시점이 다를 수 있다. 참고로 김장배추는 대개 '밭떼기'라는 형식으로 미리 돈을 지불하고 제품은 나중에 수거된다.

둘째로, 같은 산업에서도 선택에 따라 가격지불시점이 다를 수 있다. 〈표 14-1〉을 보면 어느 증권사 지점에서 판매하는 적립식 펀드의 제품설명과 수수료체계이다. 두 펀드의 수수료지불시점이 다르다. '적립식 저축 랩운용형'이라는 복잡한 이름을 가진 것은 수수료가 선취이다. 이는 이 금융상품을 사기 위해 일정금액의 돈을 고객이 입금

〈표 14-1〉 어느 증권사 지점에서 판매하는 적립식 저축펀드의 가격지불시점 차이

<적립식 저축 랩운용형>

구분	상품명	주식편입비	환매수수료	신탁보수	운용사
대표기업지수운용펀드	대표기업지수 인덱스형	60% 이상	없음	선취 0.17%+연 0.33%	PCA투신운용
	대표기업지수 혼합 30형	30% 이하		선취 0.2%+ 연 0.3%	
	대표기업지수 시스템형	90% 이하		연 0.45%	산은자산운용

<적립식 저축 펀드운용형>

구분	상품명	주식편입비	환매수수료	신탁보수	운용사
성장형 펀드	미래 인디펜더스 주식형	60% 이상	90일 미만 이익금의 70%	연 2.50%	미래에셋자산운용
	PCA 업종일등 주식형 K-1			연 2.455%	PCA투신운용
	KTB마켓스타 주식형			연 2.30%	KTB자산운용
	산은 하이디 배당주식형			연 2.50%	산은자산운용
	마이다스 블루칩 배당주식형		없음	선취 1%+ 연 1.21%	마이다스에셋운용
혼합형 펀드	미래 인디펜던스 한아름 혼합형	30%미만	90일 미만 이익금의 70%	연 1.96%	미래에셋자산운용
	신영 고배당 혼합형			연 1.33%	신영투신운용

* 3일 기준가 4일 환매 (단, 주식편입비 50% 이상 상품의 경우 3시 이전 환매시 2일 기준가 4일 환매임)

시키자마자 신탁보수의 선취수수료만큼 미리 돈을 떼고 나머지를 갖고 돈을 운용해 주겠다는 것이다. 이는 제품공급 이전 돈 받기 방식이다. 하지만 '적립식저축 펀드운용형' 중 혼합형 펀드에서는 모두 입금된 돈을 운용하고 난 뒤에 고객이 돈을 찾아갈 때 비로소 수수료를 받는 체계이다. 즉, 제품공급 이후 돈 받기 방식이다.

증권업에서는 이런 사례가 많다. 미래에셋증권의 선물옵션거래에서는 금액기준으로 수수료를 낼 수도 있고, 거래건수기준으로 수수료를 낼 수도 있다. 이 때 거래건수기준으로 수수료를 낸다고 고객이 선택하면, 한 달 동안 거래를 수수료 없이 선물/옵션거래를 실시한 후, 한 달이 지나면 그 때까지의 한 달 간 거래건수에 따라 후취로 수수료를 정산한다. 이 때 거래건수가 비교적 적으면 거래건당 수수료율이 상대

〈표 14-2〉 어느 증권사의 과거 선물옵션 인터넷 수수료

약정금액	수수료율
월 50건 이하	약정금액x0.395554%
월 50건 초과~월 100건 이하	약정금액x0.195554%
월 100건 초과	약정금액x0.095554%

적으로 비싸고, 거래건수가 비교적 많으면 거래건당 수수료율이 저렴하다. 〈표 14−2〉를 보면 어느 증권사는 월 50건과 100건을 기준으로 옵션거래 매매건수 기준으로 후취하는 가격지불시점을 가졌다.

4. 가격지불시점변경을 대학교 등록금에 응용한 경우

이렇게 앰비그램은 가격지불시점 가격책정에서 유용하게 쓰일 수 있는 기법이다. 아래 〈표 14−3〉은 대학교의 가격인 등록금을 받을 때 사용할 수 있는 방안을 마련하기 위해 만들어진 표이다. 이 표에서 첫 번째 열에는 가격지불시점의 3가지 경우를 나열하고 있다. 둘째 열에서 현재 우리 대학이 채택하고 있는 가격지불시점에 대한 현황을 동그라미로 표시한다. 그러고 나면, 아직 동그라미가 있지 않은 공간이 생기게 되는데 바로 이 공간이 시장기회인 신서비스제공 공간이 된다. '현금박치기 방식'과 '제품공급 이후 돈 받기 방식'이 비어 있다.

여기에서 '제품공급 이후 돈 받기 방식'의 집행방안을 모색해 보자.

예를 들어, 학기 1/3선까지 학생들에게 등록하지 않을 선택의 자유를 준다. 이 때, 학교는 학기 1/3선에 가까이 와서 등록할수록 기존의 방식보다 다소 비싼 등록금을 받게 된다. 물론 미리 등록하고 나중에 수강하는 현재의 방법을 학생들이 선택할 수도 있다. 이런 방식은 학생들로 하여금 각 과목별로 수업을 일단 듣고 난 후에 마음에 들지 않으면 변경할 수 있는 기회를 제공한다. 반면에 교수들 입장에서는 학생들이 1/3선까지 남아 있지 않으면 여러 가지 면에서 곤란하므로, 수업의 질에 더욱 신경 쓰게 된다는 장점이 있다.

〈표 14-3〉 대학등록의 앰비그램인 등록금지불시점변경

구 분	현재지불시점	가격지불시점변경을 위한 방안	장 점
선가격지급 후서비스 방식	○	선등록 후수강 계속 서비스	
현금박치기 방식			
선가격지급 후가격지불 방식		학기 1/3선까지 등록가능 선등록 후수강에 비해 비싼 학자금	학생 선택의 폭 강화 교육서비스제공자의 품질향상유도

5. 한국도로공사의 주행료체계와 독일 Bahn카드

한국도로공사는 일반고속도로 주행료 이외에 출퇴근할인제도 및 도로교통카드제도를 시행하고 있다. 일반적으로 고속도로를 운행하는 경우에는 고속도로를 진입할 때 통행권을 자동화기기에서 수령한다. 차를 몰고 주행을 하다가 자신이 원하는 인터체인지로 나갈 때 통행료 징수원에게 돈을 지불한다. 하지만 교통카드를 사면, 고속도로에

진입할 때 통행권을 자동화기기에서 수령하고, 그 다음으로 주행을 하고 나서, 자신이 원하는 인터체인지로 나갈 때에 통행료 징수원에게 돈 대신에 카드를 냈다가 돌려받는다. 이 교통카드의 경우에는 현장영업소에서 살 수도 있지만 대개의 경우에는 지난번 주행시의 출구에서 카드를 구매하게 된다.

반면에 출퇴근통행권을 보자. 이 통행권은 해당 영업소에서 미리 구입한 후에 사용된다. 독일의 Bahn카드라는 기차요금제도와 동일하다. 미리 카드를 구입하여야 하고, 이 카드를 가진 사람만이 할인혜택을 누린다.

〈표 14-4〉 한국도로공사와 독일철도의 요금제도 차이

구분	카드 구입	고속도로 진입	주행	카드 구입	통행료 지불
일반적인 고속도로 이용					
고속도로 교통카드	선택			선택	
출퇴근 통행권	선택			선택	
독일의 Bahn카드					

한국도로공사 입장에서 보면, 일반적인 고속도로 주행료는 '제품공급 이후 돈 받기 방식'이고, 교통카드나 출퇴근통행권은 '제품공급 이전 돈 받기' 방식이다.

6. 요 약

마케터가 속한 산업에서 선불제를 실시하고 있다면 후불제에서 시장기회가 있을 수 있다. 그 반대도 가능하다. 현재 제품과 서비스가 공급되고 가격이 지불되는 시점을 각 마케터가 점검하고 거꾸로 하기를 검토해 볼 필요가 있다. 아래 〈표 14-5〉는 중국 CGV영화관 중 상해를 중심으로 한 극장에서 사용하고 있는 가격지불시점을 정리해 본 것이다. 후불제가 없는 것을 발견할 수 있다. 이 회사의 마케터는 적극적으로 후불제를 개발할 필요가 있다.

〈표 14-5〉 중국 상해 CGV의 가격지불시점 정리

선불제	현금박치기	후불제
VIP 공동구매 커플요금제 단체구매 인터넷예매 인터넷에서 상영관종류할인 인터넷에서 원산지할인	현장판매 중 요일할인 현장판매 중 연령할인 현장판매 중 직업할인 현장판매 중 시간할인 현장판매 중 원산지할인 현장판매 중 상영관종류할인	

7. 실제기업의 가격지불시점사례

앞서 살펴본 바와 같이 가격지불시점은 고객만족 및 경쟁전술로 많이 활용할 수 있지만 실제 기업에서는 특정 지불시점만을 고집하는 경향이 있다. 현재 사용하고 있는 지불시점이 관행처럼 굳어져서 다른 지불시점전술에 대한 아이디어가 조직 내에서 거부되는 현상을 저자들이 목격하곤 했다. 하지만 아주 훌륭하게 기존 지불시점에서 벗어나 고객만족과 이익을 동시에 실현한 사례가 있다.

물고기보일러 사례

어느 지방의 보일러 생산업체는 기존 연료방식과 다른 기술을 채택하여 보일러의 전기사용량을 50% 절약할 수 있는 '신제품보일러'를 개발하였다. 그런데 이 기업의 사장님이 이 절약형 보일러를 아파트, 공장, 모텔, 상가건물 등에 아무리 영업을 해도 매출이 그다지 증가하지 않았다. 영업을 할 때마다 고객들에게서 되돌아오는 답은 대부분 이런 말들이었다.

- '어떻게 50%의 전기료가 줄어드는지 확신할 수 있겠어요. 설치비만 들고 전기절약이 안되면 나만 손해지요!'
- '다른 보일러 업자들도 나를 찾아와서는 모두 전기가 절약된다고 해요!'
- '공연히 새 보일러 설치비용만 들고, 절감효과는 없었어요'

그래서 저자들은 보일러업체 사장님과 대화 속에서 보일러시장은 1) 경쟁자가 많고, 2) 보일러가 사용하는 원료나 방식이 매우 다양한 시장이며, 3) 영업력이 중요한 시장임을 파악할 수 있었다. 저자들은 다음과 같은 컨설팅결과를 제출하였다.

1) 목표시장을 좁히자: 지상에 있는 물고기양식장만을 목표시장으로 한다.
2) 우리 회사의 Identity를 만들자: 물고기보일러회사(지상 물고기양식장 밑에 설치되는 보일러만을 전문생산하는 업체)
3) 경쟁우위를 만들자: 후불제로 물고기보일러 설치해 드립니다!
4) 실행방안: (1) 물고기보일러를 양식장에 우리 회사비용으로 설치한다. (2) 보일러 설치 전 양식장의 1년 평균 전기요금을 확인한다. (3) 설치완료한 해당 월부터 매월 전기료를 확인한다. (4) 사전 월평균 전기요금에서 '설치 후 전기요금'의 차감액을 계산한다. 이것이 절감액이다. (5) 절감액의 50%를 양식장에서 보일러업체에게 5년간 지불한다.
5) 양식장혜택: 양식장 입장에서는 내 돈 들이지 않고 새 보일러를 얻는다. 월평균 절감액 중 50%를 절약하여 비용이 지불된다. 평상시의 75% 수준

의 전기값만 5년간 지불할 것이다. 5년 후부터는 절감액의 100%가 양식장의 몫으로 비용이 줄어든다. 즉, 5년 후부터는 전기값을 보일러 설치 전보다 50%수준에서 지출하게 된다.

6) 보일러업체혜택: 물고기보일러 전문업체의 이미지를 갖는다. 5년간 나누어 받는 절감액이 보일러설치비보다 많기만 하면 된다. 이 cash-inflow는 보일러설치비 + 이자비용보다도 높다. 이 방법은 대형보일러업체와의 경쟁을 피하는 블루오션이 될 수 있다. 단, 미리 보일러를 설치해 주는 데 필요한 재무비용이 증가한다.

저자들은 위 가격지불방법을 '분할후불제'라고 이름 붙였다. 사장님과는 영업 시에는 후불제라고만 하시라고 조언했다. 이 사례는 목표시장을 정확히 파악하고 그 목표시장이 원하는 가격지불시점을 설계해 주었다는 특징이 있다.

어느 증권사의 대대적인 후불제 도입

증권사는 고객의 증권거래와 동시에 수수료를 가져가는 '현금박치기'가격지불시점을 대부분 갖고 있었다. 2000년대 초반 대우증권이 선물옵션거래에 있어서 후불제를 도입하면서 업계에 후불제가 도입되었다. 아래 사례는 다양한 가격지불단위가 도입되는 동시에 후불제가 증권사에 적극적으로 도입된 현황을 보여준다.

가시성(고객 눈에 잘 뜨이는 정도)

수익성	높음(TIME)	중간(Bundling)	낮음
높음	• 주식오프라인 약정금액 후불제 • 주식 온라인 약정금액 후불제 • 주식 온라인 ON-MATE 추천종목 할인제 • Analyst 특진제(할증제)	• 주식 오프라인 + 수익증권 Bundling(후불할인제) • 주식 온라인 선불제 • 주식온라인 + 옵션 cash back(할인제) • 주식 on-mate 수익증권 Bundling(할인제)	
중간	• 주식 온라인 매매건수 후불제	• 지점 master 특진제	
낮음		• 옵션 약정금액 후불제	• 주식 오프라인 매매건수 후불제

8. 독자들의 연습장

독자가 자신의 상품에 대해 가격지불시점을 검토해 볼 수 있는 장표를 준비했다.

먼저 상품이름을 적으십시오. ______________________________

그리고 아래 표 안의 질문에 답을 해 보십시오.

현재 가격지불시점을 선택하십시오
• 제품공급 후 돈받기 • 제품공급 시 돈받기 • 제품공급 전 돈받기

미래 가격지불시점을 선택하십시오
• 제품공급 후 돈받기 • 제품공급 시 돈받기 • 제품공급 전 돈받기

실행방법을 적어보십시오

그 이유를 적어보십시오

가격노출전술

Chapter 15

- 부산 COSTCO 입구에 약 3억원짜리 다이아몬드 반지를 판매하고 있다. 아무도 안 산다. 이렇게 높은 가격의 상품을 일부러 고객에게 매장입구에서 보여주어야 하나?
- 상품가격이 비싼 것부터 싼 것 순으로 보여줄까? 그 반대로 할까?
- 고객이 가격을 기억하기 쉽게 고정시켜 놓을까? 기억하기 어렵게 수시로 변경할까?
- 불경기에 가격인하나 세일을 할까? 적은 용량의 상품을 만들어 기존 상품보다 낮게 팔까?

이 장은 가격을 시각적으로 노출하는 방법을 개선하여 고객의 제품 구매의사결정을 돕고, 동시에 판매자는 이익을 증가시킬 수 있는 몇 가지 조언을 실시하는 데 목적이 있다. 마치 제품론에서는 제품 display를 개선함으로써 이익을 증대하듯이, 가격론에서도 price presentation을 개선함으로써 이익을 증대시킬 수 있기 때문이다.

저자들의 눈에는 기존 가격관련 서적이나 연구결과 중에는 가격노출에 대해 체계적으로 다루거나 정리해서 보여준 것을 발견하기 힘들었다. 그래서 저자들이 아는 한 가격노출에 대한 이슈를 찾아내고 그 실행방안을 정리해서 이 장에 나열하였다.

그림 15-1 가격노출의사결정에 관련 이슈 및 실행방안

	이슈	근거	실행방안
❶	현재 가격의 이름이 적당한가? 다른 이름은 없나?	가격은 고객에게 손실이므로 손실감이 적은 가격이름이 필요	고객에게 부담감이 적은 이름으로 바꾼다.
❷	가격노출 여부 (가격을 노출시킬까 말까?)	가격을 보여주지 않아서 이익을 증대시킬 수 있는 경우가 있다.	목표시장과 상품에 따라 고객에게 가격사전/사후 노출 의사결정을 내린다.
❸	한 상품의 가격옵션의 수는 몇 개가 적당할까?	가격체계의사결정에서 고객이 선택할 수 있는 가격옵션이 많으면 많을수록 이익이 증가한다 했다.	한 상품의 가격선택옵션을 관리비용이 지나치지 않을 때까지 증가시킨다.
❹	내림차순 or 오름차순?	가격을 내림차순으로 배치하는 것이 올림차순배치보다 높은 가격수준의 상품이 많이 선택된다.	메뉴는 내림차순으로 배치한다.
❺	Grouping or not? (상품을 묶어 배치할까? 산포할까?)	일반적인 사람들은 너무 많은 정보가 들어오면, grouping하여 생각하는 경향이 있다.	일정한 종류별로 grouping하여 배치한다.

	이슈	근거	실행방안
❻	포지셔닝 내 상품가격만 or 포지셔닝 외 상품가격 포함?	포지셔닝을 넘은 상품과 가격이 함께 제시되면 두 포지셔닝 모두의 고객에게 외면받는다.	가격-품질 포지셔닝 내의 상품의 가격만 노출시킨다.
❼	Mad Max!	미친 척하고 맨 위에 아주 비싼 상품을 배치하면, 그 바로 밑의 상품이 팔린다.	- Mad max를 맨 위에 배치 - 마진이 좋고 상품성 좋은 상품은 그 밑에 배치한다.
❽	가격기대효과	미래 가격이 인상되거나 인하될 것을 기대하여 구매를 앞당기거나 늦추는 현상	가격인하는 실시하지 않는다.
❾	가격하방경직성	가격은 한 번 올라가면 내려가지 않는다는 것을 고객에게 장기적으로 학습시켜야 한다.	가격인하는 생각하지도 마! 세일, 가격인하라는 말을 절대하지 말라!
❿	가격은 움직이는 거야 가격변동성	가격은 시간 장소 채널에 따라 항상 다르다는 것을 학습시켜 놓아야 한다.	한 상품에 대해 다양한 시간과 장소에 따라 다른 가격이 제공되어야 한다.

	이슈	근거	실행방안
⓫	모를 땐, 2/3법칙	고객들은 익숙하지 않은 상품을 만나면 위에서 2/3선의 제품을 선택하는 경향이 있다.	마진이 좋고 상품성 좋은 상품은 메뉴판의 2/3선에 배치한다.
⓬	가격간격문제	가격가격이 멀면 낮은 가격상품이 선택된다.	상대적으로 높은 가격대에 상품을 촘촘히 배치한다.
⓭	기억하기 쉽지 않은 복잡한 숫자	복잡한 가격은 단순한 가격보다 기억하기 쉽지 않다. 고객의 준거가격을 흔들리게 할 수 있다.	가격인하는 실시하지 않는다.
⓮	상대적으로 왼쪽에 배치된 상품이 잘 팔린다 (일본, 중동 제외)	고객동선을 왼쪽에서 오른쪽으로 하면, 왼쪽배치의 상품이 구매가 좋다.	온라인 오프라인 모두 상대적으로 왼쪽에 중점상품을 배치해야

1. 현재 가격의 이름은 적당한가? 다른 이름은 없는가?

가격은 매우 다양한 이름을 갖고 있다(〈그림 15-2〉 참조). 상대적으로 고객에게 거부감이 적은 가격이름이 있고, 거부감이 많은 가격이름이

그림 15-2 다양한 가격의 이름

그림 15-3 가격이름 바꾸어 보기

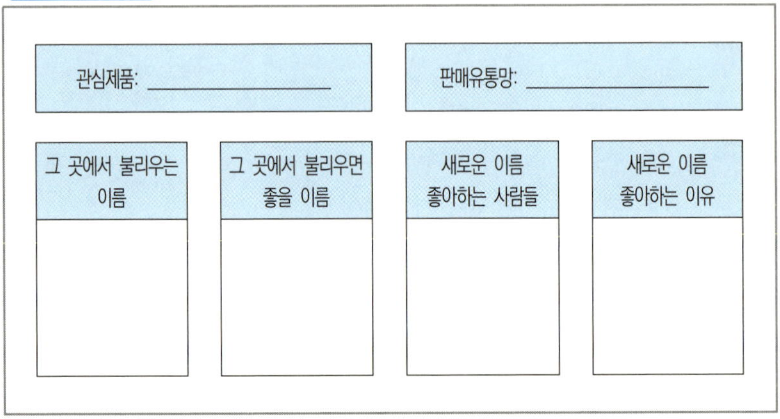

있다. 가격은 기본적으로 고객의 돈을 가져와서 기업의 것으로 하는 것이므로 저항감 없는 가격이름을 갖는 것이 좋다.

팬들을 대상으로 굿즈를 판매하는 기업은 왜 '가격'이라고 표시하거나 덩그러니 '$30'이라고 표시할까? '소장료'라고 표시하면 안 될까? 항공사는 요금이라는 말 대신에 여행객에게 비행기값을 '운임(운반에 들어가는 비용)'이라고 불러서 거부감을 적게 하고 있다.

가격에 대한 부담감을 없애기 위해 가격을 분할하여 제시하는 경우도 있다. 1) 고객 눈에 돈을 빼앗아 가는 것처럼 보이는 본연적 의미의 '가격' 부분과 2) 고객이 스스로 선택하거나, 3) 구매자인 고객과 판매자인 기업, 이 두 주체와는 아무 관련없어 보이는 '어쩔 수 없는 추가비용' 부분으로 가격을 나누어 고객에게 제시하는 것이다.

여행사들은 고객에게 가격인 '항공권요금'을 제시할 때 '항공운임'이라는 본연의 가격과 '유류할증료, 제세공과금, 발권대행수수료'라는 어쩔 수 없는 추가비용을 부과한다. 이 이외에 좌석승급이라던가 비상구 자리 선택, 추가 짐 붙이기 가격을 고객이 선택할 수 있게 한다.

제주도에서 자동차를 렌트하는 경우에 대여료와 함께 '고객면책 포함'이라는 것을 함께 구매할지를 결정해야 한다. '고객면책 포함'이란 보험료이다. 대여료는 렌트회사 간에 경쟁으로 인해 매우 저렴하다고 느낄 정도로 낮은 가격이다. 하지만 보험료를 렌트회사마다 상이하다. 이 렌트회사들의 비즈니스모델은 다음과 같다. 낮은 대여료(가격)로 고객을 유인한다. 고객면책 포함이라는 보험을 들게 한다. 고객이 '고객면책 포함'을 지불하면 렌트카회사는 보험회사에 그 일부를 납부하고 나머지는 렌트카 회사의 수입으로 한다. '고객면책 포함'이라는 이름으로 고객이 선택을 하도록 하지만 이것도 가격이다.

미국 'Best Buy'에서 노트북를 구매하면 가격 이외에 몇 년짜리 warranty를 구매하라는 권유를 받는다. 이 warranty는 고객이 선택하는 가격이다.

그림 15-4 가격이름 분할하기

가격이름		가격부분		어쩔 수 없는 추가비용		고객의 선택
항공권 요금	=	운임	+	유류할증료, 제세공과금, 발권대행수수료	+	좌석승급, 추가 짐 붙이기
가격이름		**가격부분**				**고객의 선택**
제주도자동차렌트비 (1일 172,000원)	=	대여료 (72,900원)			+	고객면책 포함 (99,100원)
가격이름		**가격부분**		**어쩔 수 없는 추가비용**		**고객의 선택**
	=		+		+	

독자들은 〈그림 15-4〉의 마지막 행을 이용하여 자신이 관심있어 하는 상품의 가격을 적어도 세 가지로 분할해 보길 바란다.

2. 가격노출 여부

마트에서는 제품 밑에 바로 가격표가 붙어 있는 것처럼 가격을 시각적으로 노출하여 고객의 제품구매 의사결정을 도울까? 아니면 가격을 노출시키지 않고 있다가 고객이 묻거나 구매의사결정이 내려진 후에 제시할까? 그렇지 않고, '앙드레 김' 의상처럼 가격이 없다가 고객이 알아서 작품가격을 나중에 매장사무원에게 보내게 할까?

오트쿠튀르(Haute couture)는 파리 쿠튀르 조합 가맹점에서 봉제하는 맞춤 고급 의류를 말한다. 프레타포르테(Pret-a-porter)는 유명패션상표에서 제작한 명품의류를 말한다. 오트쿠튀르와 프레타포르테에도 가격을 명시하는 경우가 있고, 그렇지 않은 경우가 있다. 무엇이 정답일까?

그림 15-5 가격노출 여부에 대해 생각해 보기

구매 전 가격 사전노출	숨겨두기	가격의 구매 후 노출
구매의사결정을 적극적으로 돕는 경우	고객이 일부러 열심히 탐색하여만 가격이 노출되는 경우	구매의사결정에 가격이 영향을 안 미치는 경우
마트 매대	샤넬 홈페이지에서 상품별 가격을 탐색해 보라	제품 구매 후 일정 시점 후 사후 결제

- 관심있는 상품을 적으시오. ______________________________
  팔리는 유통망을 적으시오. __________________________
- 사전가격노출실시, 숨겨서 가격노출, 가격을 알리지 않는 경우. 이렇게 세 가지 중 한 가지를 선택하여 key message란에 적으시오.
- 그렇게 생각한 이유를 why란에 적으시오.
- 구체적인 실행방안을 what란에 적으시오.

Key message			
Why			
What			

3. 가격옵션의 수(More Price Option 원칙, Better Price Option 원칙)

우리는 가격지불체계 및 가격지불단위를 다루면서 고객에게 제시되는 가격옵션의 종류가 많으면 많을수록 회사의 이익이 증가한다는 원칙이 지속적으로 강조했다. 따라서 가격책정결과는 단일가격보다 다양한 가격옵션을 제시해야 한다.

그런데 어느 산업에서는 다양한 가격을 제시하지 않는 경우가 있다. 2019년 10월에 우리나라 엔터테인먼트 회사들의 콘서트 티켓가격을 검색하면 K-Pop 기획사들은 브랜드력과는 관련없이 '묵시적 단합'으로 11만원 근처의 공연장 입장료를 받고 있었다. 하지만 기획사에 따

그림 15-6 가격옵션이 많으면 판매자의 매출이 많아진다는 그림

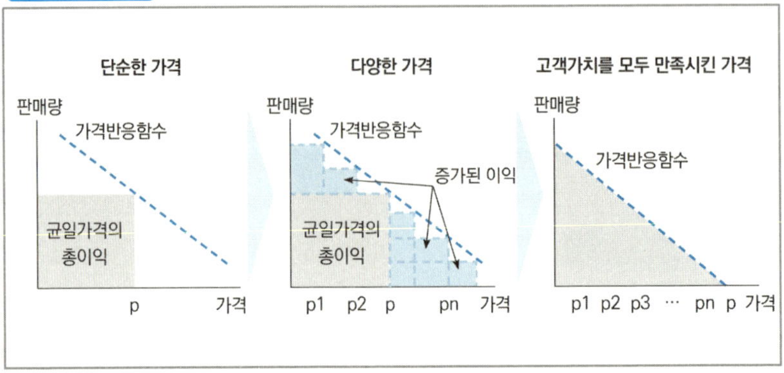

라 가격옵션 수에 약간의 차이가 있다. 아래를 보면 '다이나믹 듀오'의 가격제시가 BTS 기획사의 가격옵션보다 많으므로 고객들을 만족시킬 수 있는 기회가 좀 더 많고 공정한 느낌을 준다. BTS공연장은 아티스트가 잘 보이는 자리와 그렇지 않는 자리 사이에 가격차이가 없는 것이다. 고객이 자리에 대한 불공정성을 느끼게 된다.

그림 15-7 공연장 입장료의 가격옵션 차이(인터파크 검색)

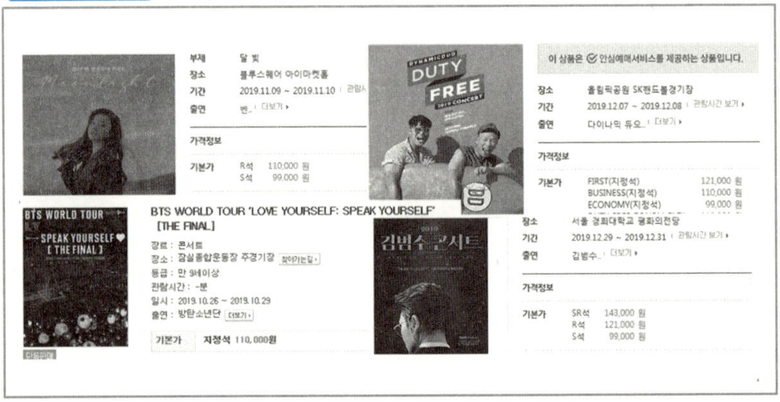

저자들은 연예산업 이외에 많은 산업에서 가격옵션이 상대적으로 차이가 발생하는 경우를 많이 목격하였다.

- 당구장은 PC방보다 가격옵션 수가 적다.
- 한국 영화관의 관람료는 중국 영화관 관람료보다 가격옵션 수가 적다.
- 영화산업은 공연산업보다 가격옵션 수가 적다.
- 한국의 국영철도회사에 비해 독일철도회사의 가격옵션 수가 많다.
- 한국의 대학교 등록금은 단일가격이다. 미국은 학기당 등록금이 단일가격이 아니다.

기업이 만약 자신의 상품에 대해 단일가격을 매기고 있다면 아래와 같은 그림에 빈 곳을 한 번 채워보기를 권한다. 왜냐하면 회사가 단일

그림 15-8 가격옵션 늘려보기

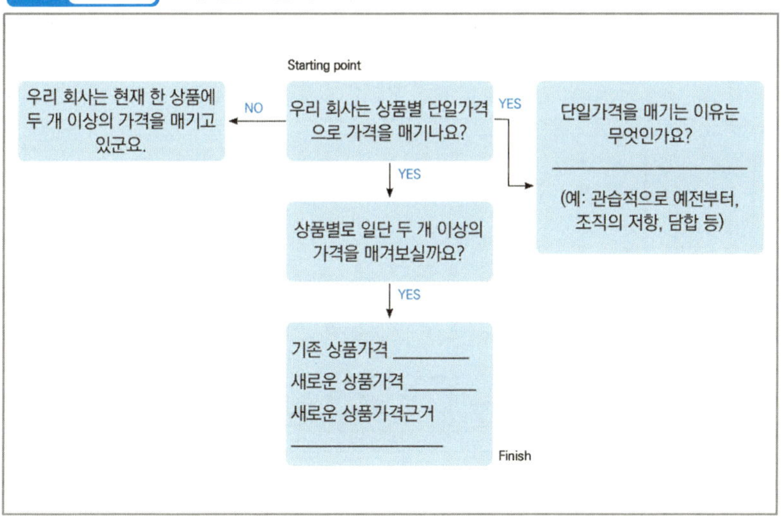

가격을 매기는 경우에 이 회사에서 왜 단일가격을 매기는지 '기술(적어 보기)'한 적이 거의 없을 것이기 때문이다. 그리고 하나만 더 가격을 개발하여 적어도 2개의 가격옵션을 만들어 보기를 권해본다.

4. 내림차순 또는 오름차순: 어느 것이 좋을까?

가격의 내림차순이란 가격이 비싼 것부터 싼 것 순으로 보여주는 것이다. 가격의 오름차순이란 가격이 싼 것부터 비싼 것 순서로 보여주는 것이다. 고객에게 제시되는 가격을 내림차순으로 보여준 것이 오름차순으로 보여준 것보다 '평균구매가격대'가 높으며, 상대적으로 비싼 상품의 선택이 증가했다는 Lee and Lichtenstein(2012)의 실증연구 결과가 있다. 따라서 가격을 내림차순으로 보여주어야 한다.

그림 15-9 고가상품 선택에 긍정영향을 주는 내림차순 가격노출에 관한 실증분석

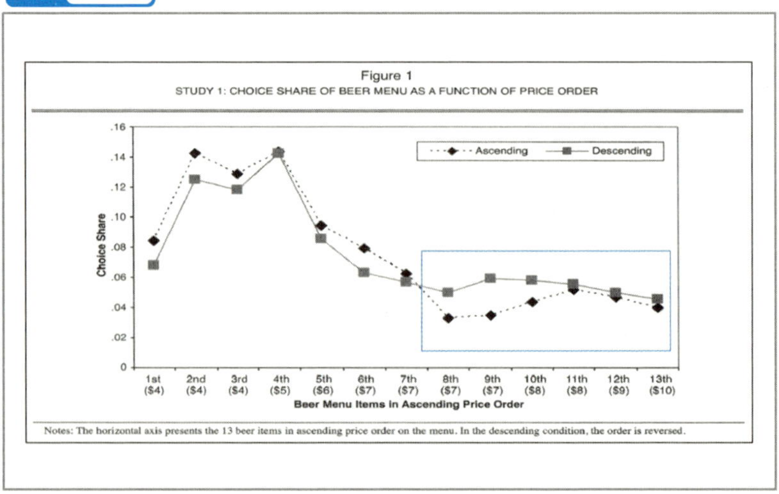

그렇다면 우리 주변에 있는 매장에 가서 메뉴를 살펴보자.

- 스타벅스는 제품군별로 군집화되어 있고(Teavana, Chocolate, coffee & Espresso) 모두 내림차순으로 구성되어 있다.
- 맘스터치는 제품군별로 군집화되어 있기도 하고, 그렇지 않기도 하고, 내림차순도 아니고 오름차순도 아니게 노출되어 있다.
- 김밥천국과 용우동은 가격을 오름차순으로 보여준다.

매장마다 내림차순 오름차순을 사용하거나 차순을 사용하지 않는 것을 발견할 수 있다. 따라서 우리 주위에서 가격을 순서대로 정비해 볼 것을 권유하고 싶다. 이것은 비단 매장의 경우가 아니라 인적영업을 할 때도 비싼 가격을 먼저 부르고 나중에 낮은 가격을 고객에게 제시하라는 의미이다.

5. Grouping or not!

몇 개의 상품을 묶어서 보여주는 게 나을까? 아니면 쭉 나열해서 보여주는 것이 좋을까? 일반적인 사람들은 너무 많은 정보가 들어오면, grouping하여 생각하는 경향이 있다. 너무 많이 나열하면 사람들은 선택이 어려워진다는 것이다. 따라서 상품을 grouping하여 제시해야 한다!

그렇다면 우리 주변에 있는 매장에 가서 메뉴를 다시 살펴보자.

스타벅스는 제품군별로 군집화되어 있고(Teavana, Chocolate, Coffee & Espresso) 모두 내림차순으로 구성되어 있다.

맘스터치는 제품군별로 군집화 정도가 약하고, 내림차순도 아니고 오름차순도 아니게 노출되어 있다.

김밥천국과 용우동은 제품군별로 군집화가 되어 있지만 가격을 오름차순으로 보여준다. 이것은 목표시장의 고객들이 주로 싼 제품을 먹는 것을 고려한 매장의 전술일 테고, 비싼 가격의 제품일수록 음식제조시간이 상대적으로 오래 걸리는 것이어서 생산성이 떨어지는 것이 원인일 수 있다.

한 번 더 깊게 들어가보자. 여러분은 인터넷 검색을 통해 스타벅스의 메뉴판에 군집별 상품 수와 김밥천국의 군집별 상품 수를 비교해 보라. 심리학에서 평균적인 인간이 기억할 수 있는 숫자의 범위가 7개 이내라는 점을 고려할 때, 스타벅스는 7개 이내 상품으로 구성되어 있지만 김밥천국은 이것을 벗어난 군집 내 상품 수를 제시하고 있다. 누가 더 쉽게 선택할 수 있을까? 만약 고객들이 메뉴판을 보고 선택에 이르는 시간을 측정한다면 스타벅스가 김밥천국보다 빠른 선택시간을 갖게 될 것을 추론할 수 있다.

지금까지 논의된 사항을 정리하면 다음과 같다.

- 소비재뿐만 아니라 산업재에서도 기업의 상품을 군집화한다.
- 군집화된 상품군 내에서 내림차순으로 가격리스트를 작성한다.
- 기업의 업무매뉴얼에 군집화와 내림차순을 명시해 놓고 조직 내재화작업을 한다.

6. Inner Positioning or not!

이 이슈는 매장 내부에서 고객에게 노출되는 상품의 가격대가 목표 고객의 포지셔닝 안에서만 이루어져야 하는가? 아니면 포지셔닝을 넘나드는 제품계열과 가격을 노출시킬 것인가하는 이슈이다. 고객 눈앞에 펼쳐진 상품과 가격대가 포지셔닝 안에 있지 않으면

- 부자들은 낮은 포지셔닝의 제품과 자신이 사고 싶어하는 제품이 함께 디스플레이되어 있는 것 자체를 싫어하기도 하고, 동시에 이 회사를 싸구려를 파는 회사로 생각해서 이탈 가능성이 증가한다.
- 상대적으로 경제력이 약한 사람들은 자신이 사고자 하는 제품과 자신의 경제적 능력을 벗어난 제품과 가격이 함께 노출되어 있으면 높은 포지셔닝의 제품과 가격에 대해 좌절할지도 모르고, 동시에 이 회사의 상품에 접근불가능하다는 인식을 할 수도 있다. 이탈가능성이 역시 증가한다.

예를 들어 현대자동차를 구매하기 위해 매장에 가 보면 AVANTE부터 G90까지 구매가능한다. G90 full option을 구매하러 온 고객은 자신이 구매하고자 하는 차량 옆에 가격이 ¼인 AVANTE가 전시되어 있는 상황을 좋아할까? 반면에 토요타의 Lexus는 미국에서 Toyota딜러상과는 다른 별도의 매장에서만 구매가능하다. 별도의 유통망을 구축하지 않는 현대자동차는 Genesis 브랜드를 Lexus와 경쟁하는 상표로 키우기 위해서 유통 전략의 변화가 필요하다.

그림 15-10 현대자동차와 Lexus의 매장 내 상품포지셔닝 분포

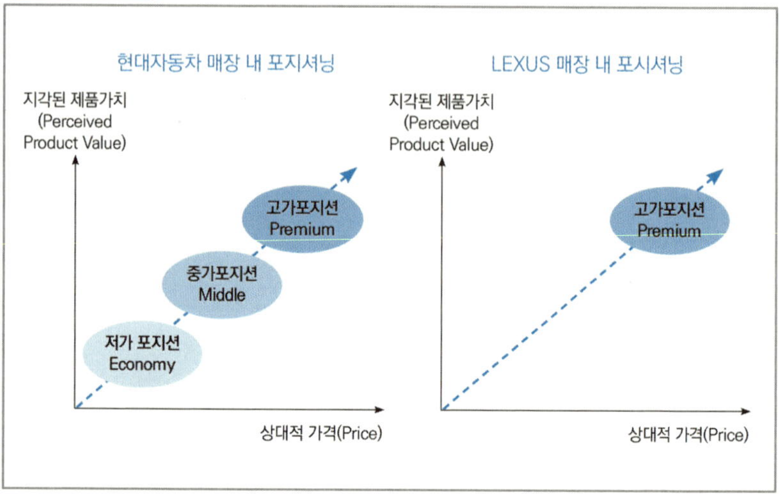

7. Mad Max! : 미친 척하고 비싼 상품을 맨 앞에 내세우기

바로 앞에서 다룬 inner positioning전술과 모순된 전술이 'Mad Max!'가격전술이다. 고객에게 미친 척하고 맨 위에 아주 비싼 상품을 배치하면, 그 바로 밑의 상품이 상대적으로 저렴해 보여서 구매를 유도하는 전술이다. 오프라인의 와인 리스트에서 많이 사용한다. 온라인에서 상품 디스플레이에서도 사용가능하다. 아주 비싼 상품을 Mad Max로 상품과 가격을 보여주면서 그 밑에 마진이 좋고 상품성과 매출이 좋은 중점상품을 평상시보다 약간 가격을 올려서 배치시킨다.

그림 15-11 mad max! 아주 비싼 상품을 맨 위에 배치한다.

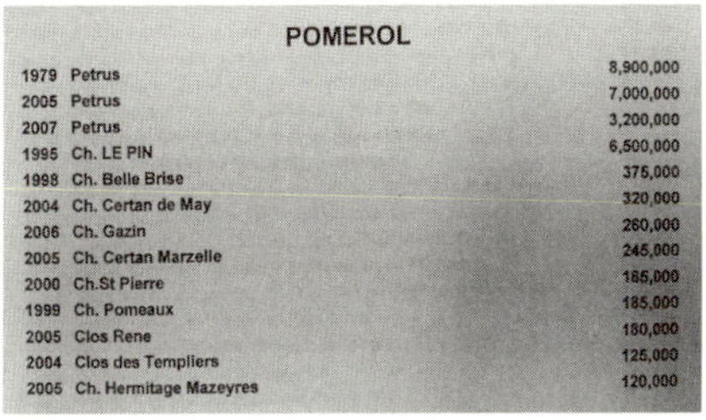

POMEROL

1979	Petrus	8,900,000
2005	Petrus	7,000,000
2007	Petrus	3,200,000
1995	Ch. LE PIN	6,500,000
1998	Ch. Belle Brise	375,000
2004	Ch. Certan de May	320,000
2006	Ch. Gazin	260,000
2005	Ch. Certan Marzelle	245,000
2000	Ch.St Pierre	185,000
1999	Ch. Pomeaux	185,000
2005	Clos Rene	180,000
2004	Clos des Templiers	125,000
2005	Ch. Hermitage Mazeyres	120,000

예

이름	가격	선택비중
Mad Max	$7.50	0%
저축통장 겸 신용카드	$2.50	86%
신용카드	$2.50	2%
저축통장	$1.00	12%

그림 15-12 COSTCO 매장 입구에 전시된 다이아몬드 액세서리

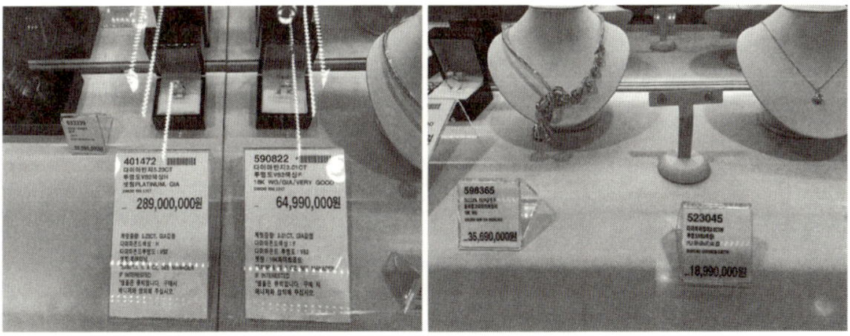

그렇다면 부산 해운대 COSTCO 매장 입구에 전시된 3억에서 2천만 원짜리 다이아몬드 액세서리는 Mad Max!인가? 아니다. 이런 경우는 매장매력성을 높여 집객효과 및 fun을 고객에게 제공하는 이미지상품일 뿐이다.

8. 가격인하는 생각하지도 마! (가격기대효과 price expectation effect)

가격이 인하되는 경험이 있는 제품은 가격이 떨어질 것을 예상하고 구매를 늦추는 경우가 있다. 이를 가격인하기대효과라 한다(price decrease expectation effect). 중가 여성의류, 가전, IT제품의 경우와 같이 시간이 지남에 따라 가격인하 세일 등의 경험이 있는 경우에 발생한다. 기업은 정상가격에서 판매량을 유지하는 것이 유리하므로 가격인하 기대효과가 발생하는 것을 방지해야 한다. 절대 가격인하나 세일을 실시하지 말아야 한다.

그 반대의 경우로 가격이 인상되는 경험이 있는 제품은 가격이 오를 것을 예상하고 영혼까지 끌어모아 구매를 앞당기는 경우가 있다. 이를 가격인상기대효과라 한다(price increase expectation effect). 부동산 가격 및 명품의 경우와 같이 지속적으로 가격이 인상된 경우에 발생한다.

이 책에서는 가격인하기대효과만을 다룬다. 고객의 머릿속에 '우리 회사 이름이나 상표'와 '가격인하', '세일', '공짜', '무료'라는 단어가 함께 묶여 연상되게 해서는 안 된다. 가격인하를 하면 그 낮은 가격이 고객이 지불하고자 하는 새로운 기준(준거가격)이 되기 때문이다.

그렇다면, 가격인하를 고민하는 위기의 순간에 기업은 어떤 결정을 내려야 할까? 이럴 때는 제품변경과 가격을 동시에 사용하기를 많은 학자들이 권한다.

- 낮은 품질 제품을 개발하고 상대적으로 기존 제품보다 낮은 가격을 매긴다.
- 다른 제품카테고리와 묶어 팔거나
- 대량구매시 할인 해 준다.

예를 들어 오뚜기를 보면 판매가 부진하거나 경쟁이 심해지면 '햇반 5개+김', '햇반 5개+라면' 묶기 등 다양한 상품조합이 등장하는 것을 흔히 마트에서 발견한다. 어떤 때는 이 회사사람들은 정말 아이디어를 내고 실행하고 있구나 하는 느낌이 팍팍 든다. 또 오리온은 중국에서 우리나라에서 판매하지 않는 포장단위를 선보이기도 하는데 32개짜리, 20개짜리, 2개짜리 등 다양한 조합으로 포장을 변경한 바 있다.

9. 가격 하방 경직성

한 번 올라간 가격은 절대 내려오게 하지 말라는 전술이다. 아래쪽(하방)으로는 움직일 수 없다(경직성)는 전술이다. 앞서 지적한 가격기대효과와 관련성이 높다. 독일의 가격전문가 Simon(2017)은 가격변화의 방향성에 대해 다음과 같은 몇 가지 조언을 남겼다.

- 가격인하를 경험한 고객의 준거가격은 낮아진다.
- 가격은 시간이 지남에 따라 항상 인상되는 것을 고객에게 학습시켜야 한다. 그래야 미래 가격통제권을 회사가 가질 수 있다.
- 불경기여서 판매가 부진할 경우 가격인하보다는 판매량 감소를 감수하더라도 가격을 인하하지 않는 것이 낫다!

그림 15-13 가격변동의 방향성

가격인하 (세일 등)

- 정상가격일 때 판매부진
- 가격인하 시에 판매증가
- 고객이 지불하고자 하는 가격(준거가격)수준을 낮춤

가격인상

- 정기적인 가격인상 바람직(가격인상 훈련 실시)
- 가격인상과 더불어 상품이 변화해야 함
- 품질이 향상되는 것을 인식할 수 있는 정도의 상품변화 반드시 실시
- 준거가격을 지속적으로 상승시킴

2020년 코로나19의 팬데믹상황에서도 프랑스나 이태리의 명품패션상품은 가격인상을 예고했고, 일부 고객들은 백화점의 명품패션상품 판매매장 앞에 마스크를 쓰고 가격인상 전 상품구매를 위해 줄을 섰다.

Stressless라는 노르웨이 브랜드는 할인을 절대 안 해 주는 것으로 유명하다. 동일 모델 가구의 가격은 시간이 흐르면서 꾸준히 상승하고 중고가격도 높게 형성되어 있다.

김연경 선수는 터키에서 한국으로 팀을 옮기면서 흥국생명과 자신이 평소에 받는 액면연봉의 1/5만을 받았다. 올림픽을 위한 것이라지만 이렇게 낮은 연봉을 받은 기록은 나중에 다른 외국으로 진출할 때 연봉삭감요소로 작동할 수 있는 위험을 감수한 것이다.

10. 가격은 움직이는 거야! (가격변동성)

고객에게 제시되는 가격이 시간 장소 상품에 따라 변동하는 모습을 계속 보여주면 변동하지 않았을 때보다 미래에 가격인상이 손쉽다. 하지만 가격이 변동하지 않으면 고객 준거가격이 확실해지고 지불용의 가격이 고정된다. 따라서 고객의 머릿 속에 시장 장소 상품에 따라 가격이 변동됨을 학습시켜 놓아야 한다.

> 동일 품질의 상품을 동일한 가격에 절대 제공하지 않는다. 가격은 계속 올라간다.

첫째, 시간에 따라 가격은 움직이는 것을 학습시키는 경우이다.

- 비행기가격이 언제 예약을 하는지에 따라 다르다. 2018년 여름 중국국제항공(China Air) 부산출발–북경–LA도착 항공권은 출발 6개월 전에는 74만원이었다. 출발 3개월 전에는 47만원이었다. 출발 직전에는 100만대 초반 가격이었다.
- 애플과 삼성전자는 아이폰과 갤럭시 시리즈를 1년에 한 번씩 출시하면서 반드시 가격인상을 한다.

둘째, 장소에 따라 가격은 움직이는 것을 학습시키는 사례이다.

- 프랑스 파리 어느 카페는 커피를 어디서 마시는 가에 따라 가격이 세 가지가 있다. 매장 안에서 서서 커피를 마시는 경우, 매장 안에서 앉아서 커피를 마시는 경우, 매장 밖 테라스에서 커피를

마시는 경우
- EPL 아스널 에미레이트 스타디움의 좌석은 여전히 프리미어리그에서 가장 비싸다. 아스널에서 가장 저렴한 시즌권 가격은 891파운드(약 135만원)다. 가장 비싼 건 1,768파운드(약 267만원)다.

결론적으로 고객의 니즈에 맞춰 가격변동전술을 사용하여 이익을 높인 사례를 통해 CEO가 가격은 항상 고정되어 있지 않게 해야 한다는 조언을 제시하고자 한다.

11. 모를 땐, 2/3법칙!

사람들이 익숙하지 않은 상품은 가격리스트 위에서 2/3선의 제품이 많이 선택한다는 보고가 있다. 상대적으로 마진이 좋고 상품성이 좋은 중점상품을 메뉴판 또는 상품배치의 위에서 2/3선에 배치해 보는 것은 어떨까?

이 전술은 소매상 가격리스트(식당 메뉴판 등)에 해당된다. 특히 고객들이 외국어 등으로 표기되어 있거나 신제품과 같이 상품에 익숙하지 않는 상황에서 작동된다.

하지만 산업재의 영업 상에서도 응용할 수 있다. 기술적으로 복잡한 제품의 경우에는 '가격이 품질의 지표'로 사용되어 비싼 제품이 상대적으로 저렴한 것보다 더 잘 팔린다.

따라서 Mad Max를 가장 위에 배치할 때처럼 전체 가격리스트의 2/3선상에 집중적으로 고객이 선택가능한 상품을 배치한다.

12. Joker가격전술: 가격간격과 분포문제

두 개의 상품만이 있고, 가격 간의 차이가 많으면, 낮은 가격쪽 선택확률이 높아진다는 실증연구 결과가 있다. 한편, 상품의 종류가 많으면 가격분포가 많은 곳에 선택이 증가한다는 결과가 있다. 아래 실험 2에서 '신용카드'를 판매상품(열위한 상품)에 넣자, 상대적으로 유리한 상품에 대해 고객들의 선택비중이 높아졌다. 따라서 마진이 높고 생산성이 높은 제품계열에 상대적으로 많은 상품을 나열하면서 그들 간에는 가격간격을 좁혀 놓아야 한다. 그러면 분포가 조밀한 쪽에서 우위한 상품의 선택확률이 높아진다.

그림 15-14 가격간격이 좁고 많은 상품이 몰린 곳에서 판매가 좋다

실험 1

상품	가격	선택비중
저축통장 겸 신용카드	$2.50	59%
저축통장	$1.00	41%

실험 2

상품	가격	선택비중
저축통장 겸 신용카드	$2.50	81%
신용카드	$2.50	2%
저축통장	$1.00	17%

이런 효과를 만들기 위해서 〈그림 15-14〉의 실험 2와 같이 기존상품에 없던 '경쟁열위'의 신용카드 상품을 품질대비 상대적으로 비싼가격에 배치했는데 이런 상품을 Joker라 한다. 그런데 반드시 경쟁열위 상품을 추가할 필요는 없다.

한 가지 사례를 더 들어보자. 제품이 두 개 있다고 가정하자. 한 개는 10달러, 두 번째는 20달러라고 하자. 새로운 신제품을 개발하여 이 두 개 제품 사이에 넣는다면, 어느 가격수준을 매겨야 할까?

- 12달러짜리 신제품을 넣는 경우
- 18달러짜리 신제품을 넣는 경우

먼저 12달러짜리 신제품을 새롭게 출시되면, 세 개의 상품 중 10달러와 12달러의 선택확률이 높아진다. 반대로 18달러짜리 신제품을 넣는 경우에는 18달러와 20달러짜리 고가격의 선택확률이 증가한다는 보고가 있다. 분포가 밀집한 곳에서 선택이 이루어지는 경향이 있기 때문이다. 따라서 Joker를 새롭게 우리 제품계열에 넣을 때는 상대적으로 높은 가격수준의 상품을 개발하여 우리 상품 mix를 구성하는 게 이익을 증가시킨다.

사실 '미끼상품'도 joker!이다. 어느 지방의 마트 체인은 '수목돌풍'이라는 전술을 사용한다. 다른 요일보다 낮은 가격대 제품을 구매할 수 있는 요일을 고객 머릿속에 심어 놓는 작전이다. 수목돌풍 며칠 전에는 아파트 단지에 '수목돌풍' 때 낮은 가격으로 제시되는 물품을 소개하는 전단지가 뿌려진다. 고객은 수목요일에 매장에 와서 수목돌풍 물품 이외에 다른 상품도 구매한다(cross sales). 가능하면 미끼상품은 다른 제품의 보완재이면 더욱 좋다. 제품간 교차구매를 촉진하기 때문이다.

13. 기억하기 쉽지 않은 복잡한 숫자가 좋다

가격기억에 대한 두 가지 이슈를 다루고자 한다. 시각적 기억에 관한 odd pricing과 장기기억과 관련된 가격수준에 대한 것이다.

이슈 1 odd pricing 효과증명은 없다.

끝이 9나 8로 끝나는 숫자를 가진 복잡한 가격(odd pricing)이 0 등으로 끝나는 기억하기 쉬운 가격보다 매출이 좋다는 실증연구결과는 없다(Simon 2017). 일반인들이 odd pricing에 익숙해져 있을 뿐이다라고 Simon은 주장한다.

이슈 2 기억하기 쉬운 가격은 피해야 한다.

26,000원은 25,856원보다 고객의 머릿속에 기억하기 쉽다. 30,000원보다는 32,300원이 더 좋은 가격이다. 기억하기 쉽지 않기 때문이다. 가격은 기본적으로 고객의 돈을 판매자가 뺏는 것이다. 고객이 구체적으로 기억하는 숫자로 가격을 매기면 빼앗기는 기억이 선명하다. 가격숫자가 복잡하면 고객이 빼앗기는 '感'만 있고, 구체적인 숫자를 기억하지 못한다. 따라서 고객에게 제시하는 가격은 숫자가 복잡할수록 판매자에게 유리하다. 나중에 가격인상하기도 좋고!

> 마케터에게 드리는 조언 '가격은 기억시키는 것이 아니다'

- 피자헛 가격을 기억하시나요? 메뉴판을 보십시오. 백원 단위까지 가격을 매긴 경우도 있었습니다.
- 삼성전자 갤럭시 노트 시리즈 가격을 기억하시나요? 계속 비싸지기만 했다는 것은 기억하시죠?
- IT제품을 미국 달러로 표시하는 게 좋을까요? 한국 돈으로 표시하는 게 좋을까요? 한국 돈의 자릿수가 많아서 마케터는 한국에서 가격매기는 것이 고객에게 가격을 기억시키지 않은 기회가 더 많아요.
- 식당에서 마케터에게는 한국처럼 세금포함한 가격이 좋을까요? 미국처럼 세금이 포함되지 않는 가격을 메뉴판에 표시하는 것이 좋을까요? 당연히 팁까지 숨어 있는 미국에서 가격매기는 것이 유리하죠.

14. 왼쪽에서 오른쪽으로!

제품이 가로로 나열되어 있으면, 왼쪽 것이 상대적으로 많이 선택된다는 결과가 있다(강진석). 그러므로 고객동선이 왼쪽에서 오른쪽으로 흐르면 왼쪽 바로 오른쪽에 마진이 좋고 이곳에 중점상품을 배치해야 한다. 일본과 중동은 반대이다. 이들 국가나 지역은 문자를 오른쪽에서 왼쪽으로 쓰거나 위에서 아래로 글을 배치하는 문화가 있어서 오른쪽부터 본다.

그림 15-15 고객동선 상 제품위치가 매출에 미치는 영향(강진석)

사각라인	골드라인	소구라인
3.2%	19.7%	6.1%
4.4%	27.2%	8.4%
3.4%	21.1%	6.5%

소비자 동선 진행방향

15. 독자들의 연습장

저자들은 독자 여러분이 다른 사람의 매장 메뉴를 보고 개선하는 작업을 돕고 싶다. 그래야 자신의 메뉴(상품+가격)도 잘 구상할 수 있을 것으로 판단한다.

그림 15-16 메뉴판 진단-개선하기

이름 ______________________ 날짜______________________

독자들의 연습: 매장을 하나 선택하라. 메뉴판을 사진을 찍어라 작성

1. 이 메뉴판의 문제점을 진단하라
2. 이 메뉴판을 앞서 제시한 여러 법칙을 이용하여 개선안을 제시하고 그 이유를 적어라

현재 메뉴 상태 사진 또는 작성	문제점 진단	개선안 제시와 그 근거

찾아보기

저자 약력

곽 영 식(Kwak, Youngsik, 郭荣植教授)

한국 경상국립대학교 경영학부
Benet Pricing 代表理事
中國 Opentide China 諮問教授
대우경제연구소(大宇经济研究所)市场战略部门长
missmr line merchandiser
成均馆大学经营学学士
成均馆大学经营学硕士
Texas Tech University: Clothing, Textile and Merchandising, Master of Science
成均馆大学经营学博士(marketing)

홍 재 원(Hong, Jaewon, 洪在元教授)

한국 경상국립대학교 국제통상학부
韓國 동서대학교(東西大学校) 경영학과(经营学)教授(2008-)
대우경제연구소(大宇经济研究所)市场战略部门研究委員
Benet Pricing 理事
成均馆大学经营学学士
成均馆大学经营学硕士
成均馆大学经营学博士(marketing)

이 윤 경(Lee, Yunkyung, 李允慶)

한국문화관광연구원(韓國文化觀光研究院) 연구위원(2005~)
Benet Pricing 理事
대우경제연구소(大宇经济研究所)市场战略部门研究委員
成均馆大学 패션마케팅 学士
成均馆大学 패션마케팅 硕士
成均馆大学 패션마케팅 博士
San Jose State University : Visiting Scholar

마케팅 가격전술

초판발행 2021년 3월 31일

지은이 곽영식 · 홍재원 · 이윤경
펴낸이 박노일

총괄기획 김중용 · 최준규
편 집 심성보 · 김인숙

펴낸곳 pnc publishing and culture 피앤씨미디어

경기도 고양시 일산동구 강송로 153 310-1501
등록 제396-2012-000203호
전 화 070)7550-3758 팩 스 02)718-8554
홈페이지 www.pncmedia.co.kr 이메일 pnc@pncmedia.co.kr
ISBN 979-11-5730-767-8 93320

정 가 18,000원